お腹の赤ちゃんの成長が毎日わかる！
## はじめての妊娠・出産
# 安心マタニティブック

A.Christine Harris●著
竹内正人●監修
医学博士・産婦人科医

永岡書店

The Pregnancy Journal
Text copyright © 1996, 2005 by A. Christine Harris.
All rights reserved.
First published in English by Chronicle Books LLC,
San Francisco, California.
Japanese translation rights arranged with Chronicle Books,
through Usagi Publishing Company, Ltd., Tokyo.

はじめての妊娠・出産
# 安心マタニティブック

## contents

前書き／謝辞……4
日本版発行にあたり……5
本書の使い方〜あなただけの一冊にするために……6
あなたの妊娠について……8

**1ヵ月** 0〜3週……11
　　　0〜1週……12　　2週……14　　3週……18

**2ヵ月** 4〜7週……23
　　　4週……24　　5週……28　　6週……33　　7週……38

**3ヵ月** 8〜11週……43
　　　8週……44　　9週……48　　10週……53　　11週……57

**4ヵ月** 12〜15週……61
　　　12週……62　　13週……66　　14週……71　　15週……75

**5ヵ月** 16〜19週……79
　　　16週……80　　17週……84　　18週……88　　19週……93

**6ヵ月** 20〜23週……97
　　　20週……98　　21週……102　　22週……106　　23週……110

**7ヵ月** 24〜27週……115
　　　24週……116　　25週……120　　26週……125　　27週……129

**8ヵ月** 28〜31週……133
　　　28週……134　　29週……138　　30週……142　　31週……146

**9ヵ月** 32〜35週……151
　　　32週……152　　33週……156　　34週……160　　35週……164

**10ヵ月** 36週〜出産予定日……169
　　　36週……170　　37週……175　　38週……179　　39週……183
　　　出産予定日……187

**出産予定日以降**……188

出産の記録……196
索引……202

## 前書き

　ヘザー（3つ年上の長女）とウェンディーの二人の娘を妊娠していた時、自分の体がいかに変化するのか、日々本当に驚かされました。いろんな意味で、肉体的に普段とは違うということを感じましたし、子どもを身ごもっているというので特別にも感じました。そこには驚きも多少ありました。休養をとっても、普段とは比べものにならないほどの疲れを感じましたし、心配性にもなりました。また、妊娠時の体や精神の発達、行動に関しての知識のないことも痛感しました。

　私の主治医は、きちんとしたケアをしてくれました。それでも私が知りたいと思っていた、赤ちゃんの成長に関する質問に対する彼からの答えは、私にとってはあいまいなものでした。私が「赤ちゃんの調子はどう？」と聞くと、「元気だよ」「ちゃんと赤ちゃんの心音も聞こえる」という返事。でも、私はもっと詳しく知りたかったのです。いま、赤ちゃんの体のどの部分ができてきているの？　私の赤ちゃんは動き回ることができるの？　赤ちゃんにはもう感覚があるの？　体重はどのくらい？　発達のどの段階にいるの？　などなど。

　これらの答えは、のちに子どもの成長に関する本を通して得ることができましたが、私自身の妊娠経過と比較するには遅すぎました。そこで、この『Pregnancy Journal』を作りました。この本が、これから親になる皆さんに、妊娠に関する知識を与え、より安心して妊娠期間を過ごす助けになれば幸いです。また、この『Pregnancy Journal』は、いま、お腹の中にいるあなたの子どもたちが大きくなり、妊娠・出産の機会が訪れた時に、あなたの体験したことを彼らと共有できるすばらしい思い出の一冊にもなることでしょう。

　1996年の発刊以来、この本を手にした多くの女性から、ご主人、パートナー、特別な友人、自分の母親と一緒に読んだとのコメントをいただきました。子どもが大きくなった時に共有できるようにと、自分たちの経験やプランを書き込んだ人もいます。女性は、いまお腹の中にいる赤ちゃんが、初めての子どもであろうと最後の子どもであろうと、まだ生まれてこない子どもにできる限りのアドバンテージを与えたいと思うものです。

A. Christine Harris

## 謝辞

　本の執筆というのは、妊娠同様に愛情と献身の行為であり、非常に重労働です。今回の執筆にあたり、私を支え、励まし、よきアドバイスを与えてくれた以下の人々に感謝の意を述べたいと思います。私の妹のキャロリン・ジョンソン。カリフォルニア州、サンノゼのメトロ・デザイン・センターで働いている彼女が、つまらなかったサンプルレイアウトを人目を引く素敵なものにしてくれました。同僚のキャサリン・フーパー。彼女はちょうどよい時期に妊娠していました。彼女の親切や人脈にも感謝します。クロニクルブック社のロブ・シェーファーとカレン・シルバー。彼らは、このプロジェクトに非常に興味を持ってくださり、素晴らしい編集上のアドバイスを与えてくれました。ウエスト・パブリッシング社の編集長、クライド・パーリー・ジュニア。すばらしい

アイデアの数々と情熱で、長期にわたったこのプロジェクト中、変わらずに私を助け、励ましてくれました。社会科学／人文科学の学部長であるビル・カーンズ。思慮深さと素晴らしいユーモアで私を助けてくれました。よき友人であるカレン・アンドリュー、キャシー・ケネディー、バーバラ・ミッチェル、ベッキー・ペレグリン、コズーム・リバー大学の友人たち、私の同僚たち。彼らの強さに対して感謝します。ボブ・ヘザーとウェンディーには、彼らの忍耐強さと理解に対して。クロニクル・ブックス社の役員とギフト・エディターのケリー・コルバーン、ミッチェル・ポスナーには、改訂版の作成にあたってのサポートに感謝します。『The Pregnancy Journal』が出版されて以来、この本は７カ国で翻訳出版されてきました。この翻訳がなされたことにも感謝します。私にとってとても大切な友人や家族にも感謝します。キャロリン・ジョンソン、キャス・フーパー、ボブ・ハリスにも本当にお世話になりました。また、私の家族に新たにヤスミン・アレクシスとアリセリ・アザベラの二人の孫娘、そして妹のデボラ・デイ・カルマンが加わったことも感謝しています。

日本語版によせて
　私の著書『The Pregnancy Journal』の日本語版を心よりサポートいたします。この翻訳版に携わった皆様に感謝の言葉を贈ります。私の本が妊娠中のガイドブック、また親になるための準備として、日本のカップルに読まれるのはとても名誉なことです。ありがとうございました。

## 日本版発行にあたり

　妊娠出産は、身体的、精神的、情緒的変化だけでなく、パートナー、家族、友人との関係性から、社会や世界へ向けられる視点まで、あなたの中にたくさんの変化を引きおこします。そして、それは刻々と育まれる胎児の成長、発達に呼応しているのです。本書では、その神秘につつまれた命の発生から誕生が、女性の体と心の変化、関連する世界の歴史、知恵、出産文化などをまじえて、日を追って丹念につむがれてゆきます。ページをめくっていくだけで、あなたは胎児や周囲とのつながりを自然に意識するようになることでしょう。いままでになかったコンセプトの本をこうして皆様に紹介できることを、監修者としてとても嬉しく思います。

　なお、この日本版は基本的に原書に忠実ですが、栄養面の摂取目安の基準は「日本人の食事摂取基準2005年版」に基づいています。そのほか、妊娠出産および育児についても、日本の事情、習慣等にそぐわないところは一部変更・加筆してあります。

竹内　正人

# 本書の使い方
## あなただけの一冊にするために

　この本は、あなたの出産予定日を基準にして読み進めることができるように作られています。つまり、あなたがこれから目にする内容は、どの妊婦にもあてはまることの羅列ではなく、あなたというひとりの妊婦に起こる出来事なのです。

　本書をあなただけのオリジナルの一冊にするために、まずは187ページを開き、266日目の日付記入欄に、あなたの出産予定日を記入しましょう。そして、カレンダーと照らし合わせながら、266日から1日ずつさかのぼって日にちを書いていきましょう。

　　たとえば出産予定日が1月2日の場合──
　　266日目＝1月2日
　　265日目＝1月1日
　　264日目＝12月31日
　　　　⋮　　　　⋮
　　0日目＝4月11日

　このようにして、妊娠0日目までのすべての日にちを埋めていくのです。0日目に書き込んだ日にちが、おそらくあなたが妊娠した日になります。人工授精などで妊娠した人は、自分の妊娠した日を確実に知っていることでしょう。そのような場合は、自分の妊娠した日を0日目の欄に記入し、順々に日にちを埋めていきましょう。なお、0日目（妊娠した日）の前に、日にちを記入しない「妊娠0～1週」があります。これは、日本では妊娠前の最終月経がスタートした日を「妊娠0週と0日」と数え、まだ妊娠していない日が妊娠期間として数えられているためです。

　さて、これであなただけのマタニティ・ダイアリーができあがりました。毎日、この本を手にすることによって、妊娠と赤ちゃんの発達において起こる出来事を理解できるようになります。その日の説明を読んで、今日の赤ちゃんの成長具合を知ることもできるし、先を読んで、これからどのようなことが起こるのかを予測することもできます。ときには過去のページを読んで、振り返ってみるのもいいでしょう。また、妊娠中期以降のページでは、母乳育児や子育て全般に関する情報やアドバイスも紹介しています。本書を読むことで、少しずつ親になる心構えができてくることでしょう。

　週のはじめのページには体重・ウエストサイズの記入欄を用意しました。妊娠中の体重管理のためにぜひ活用しましょう。各ページに設けてあるdiary＆memo欄には、その時のあなたの気持ちや体調、体の変化の様子、食べたもの等を自由に記入してみましょう。日記をつけることは体調管理や心のケアに役立ちますし、貴重な思い出にもなります。8～10ページには、赤ちゃんを授かったことに対するあなたの素直な気持ちを書いてみましょう。196～201ページには、出産の記録や感想を書き残しておきましょう。

妊娠経過を表す週数と日数

妊娠した日からのトータル日数

出産予定日までの日数

お腹の赤ちゃんの
成長・発達について

妊娠経過に沿ったママの体や
心の変化、起こりやすい
症状・トラブルについてなど
把握しておきたい知識やアドバイス

その時の気持ちや体調の変化、
食べたもの等を自由に記入するスペース。
各ページに設けてあります。

日付記入欄
出産予定日がわかった時点で、187ページの266日目に予定日の日付を記入し、1日ずつさかのぼって日にちを記入。

体重＆ウエストサイズ記入欄
その時点でのママの体重とウエストサイズを測り、記入。各週の最初のページに設けてあるので、週に1回、決まった曜日にサイズ測定をするなどして、体重管理に利用できます。

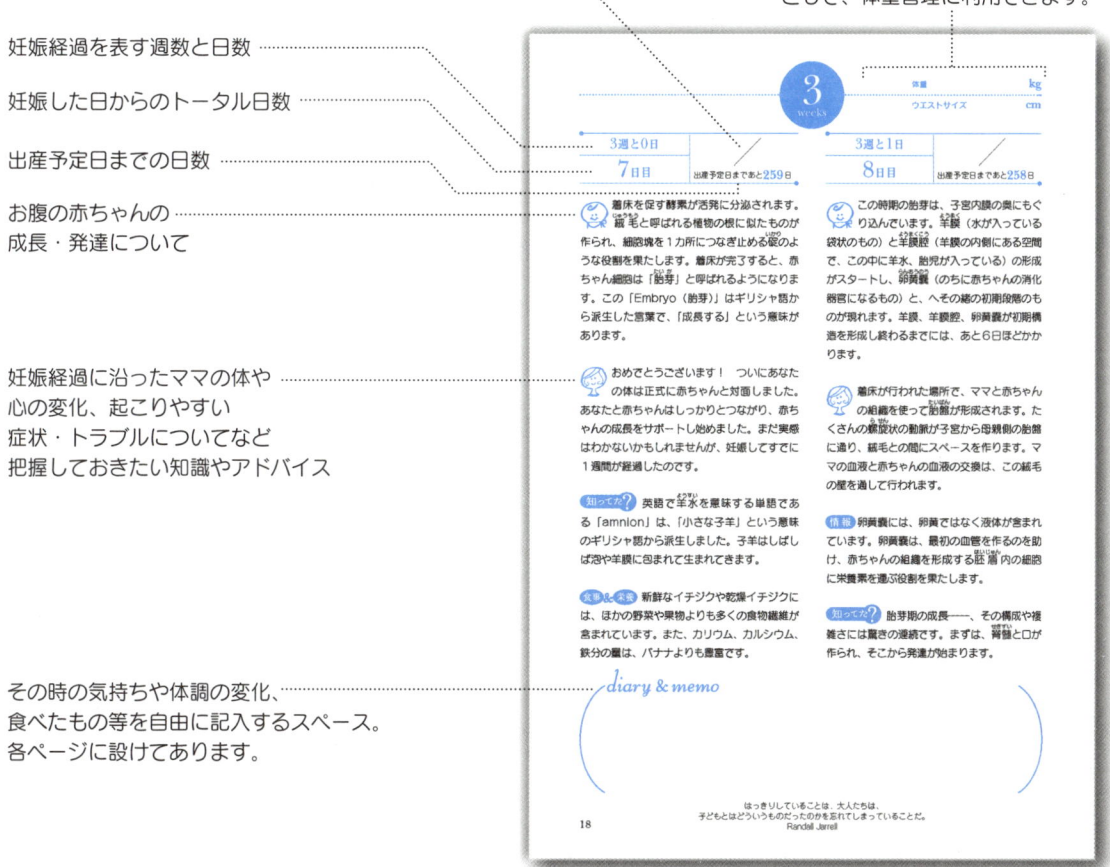

●そのほかのマークについて

✚ 医師の診察が必要な体調の変化などについての知識やアドバイス

食事＆栄養 妊娠中の食事、栄養摂取についてのアドバイス

●重要● 妊娠中にとくに気をつけたいこと、把握しておきたいこと

健康 妊娠中の日常生活に関するアドバイス

知ってた？
情報 赤ちゃんの成長や発達、お産に関するさらに詳しい情報を紹介

考えてみましょう よりよい出産、子育てをするために考えておきたいこと、パートナーと話し合っておきたいこと

出産文化いろいろ 世界各地域の妊娠・出産事情やお産にまつわる風習について

赤ちゃん今昔 昔の妊娠・出産の様子や考え方などを紹介

育児の小さな知恵 出産後に備え、子育てのコツや工夫などを紹介

赤ちゃんの食事 母乳育児に関する知識や母乳育児を成功させるコツなどを紹介

兄弟が生まれるママへ すでに子どもがいるママのために、子どもが増えることに対する心がまえや、上の子に対する接し方などを紹介

# あなたの妊娠について

**Q** 妊娠したかもしれないと最初に思ったのはいつですか？

**Q** 妊娠が確実なものだとわかった時、あなたはどのように感じましたか？

**Q** 今回の妊娠は、予定していたものですか？ いつ頃から赤ちゃんがほしいと思っていましたか？

**Q** 今回の妊娠が予定外だった人は、赤ちゃんを生もうと思ったのはいつですか？

**Q** 妊娠するまでにどのくらいかかりましたか？
　　それは、あなたにとって早かったですか？ 遅かったですか？

**Q** 妊娠していちばんよかったのはどんな点ですか？

**Q** 今回の妊娠で、あなたや周囲の人にどのような変化が起こると考えていますか？

**Q** あなたの妊娠を最初に知ったのはだれですか？ その人の反応は？

**Q** お腹の赤ちゃんのために最初に購入したものは何ですか？

**Q** 赤ちゃんに望むこと、夢は何ですか？

**Q** あなたとあなたのパートナーに必要な、親としてのいちばん重要な資質は何だと思いますか？

**Q** あなたの両親が、親としてすぐれていたのはどんなところですか？

**Q** あなたはどんなママになりたいですか？　あなたのパートナーはどんなパパになると思いますか？

**Q** 名前はもう決めましたか？　どのような名前を考えていますか？

**Q** これだけは嫌だ！という名前はありますか？　それはどんな名前ですか？

**Q** 赤ちゃんの性別は、すぐに知りたいですか？　それはなぜですか？

**Q** あなたにはないもので、赤ちゃんには絶対に備わっていてほしいと思うものは何ですか？

**Q** 赤ちゃんはだれに似てほしいですか？　顔は？　体つきは？

**Q** 赤ちゃんの感情面、性格は、だれに似てほしいですか？　それはどんなところですか？

**Q** 赤ちゃんが生まれる前にやっておきたいことは何ですか？

人生は期待に満ちた贈り物——まるで子どものようだ。
Anne Morrow Lindbergh

### 二人目以降の赤ちゃんを妊娠した人へ

**Q** 前回の妊娠と今回の妊娠は、どんな点が似ていますか？ どんな点が違いますか？

**Q** 前回の妊娠で学んだことで、今回にも役立ちそうなことは何ですか？

**Q** 赤ちゃんが生まれたら、上の子たちとはどのような関係になってもらいたいですか？

**Q** 上の子には、どのような幼稚園や保育所を選びましたか？

**Q** 今回の妊娠中、親類（祖父母、おじおば、いとこなど）にお願いしたいことはありますか？
前回はどうでしたか？

上の子たちの手のひらをこのページに置き、手形をなぞりましょう。
（今回の妊娠中、上の子たちがどのくらいの大きさだったのか記念に残すことができます）

**妊娠初期**

胎児の発達は月周期で数えます。1カ月は28日間で、1週は7日間なので、4週間で1カ月ということになります。

# 1
*Lunar Month*

## 今月の体の変化＆心がけたいこと

妊娠1カ月のうち、前半の2週間はまだ妊娠していません。後半の2週間も、妊娠しているものの、それに気づきにくい時期です。赤ちゃんを望んでいる人や妊娠の可能性がある人は、以下のようなことに気をつけて生活しましょう。

**こころ＆体の変化**
- 妊娠の兆候として、次のような体調の変化に気づくかもしれません
  体が熱っぽい／乳房がはれぼったい感じになる／胃がむかむかする／眠い

**日常生活**
- タバコをやめる。受動喫煙にも気をつける（家族にも禁煙の協力を）
- 薬の服用やレントゲン撮影は、事前に医師や薬剤師に妊娠の可能性があることを伝えて、指示を受けてから
- 十分な睡眠と休養を心がける

**食生活**
- バランスのよい食生活を心がける
- タンパク質、鉄分、カルシウム、葉酸、ビタミンなどの不足に気をつける
- アルコールやカフェインの摂取を控える

## 0〜1 week

| 体重 | kg |
| ウエストサイズ | cm |

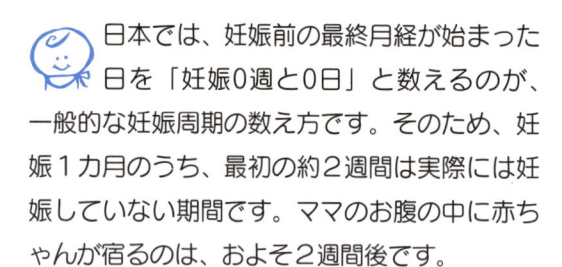

日本では、妊娠前の最終月経が始まった日を「妊娠0週と0日」と数えるのが、一般的な妊娠周期の数え方です。そのため、妊娠1カ月のうち、最初の約2週間は実際には妊娠していない期間です。ママのお腹の中に赤ちゃんが宿るのは、およそ2週間後です。

生理が28日周期の場合、排卵日は、最終月経の開始日から約2週間後になります。排卵後の約24時間以内に受精が行われることを考えると、妊娠2週の初期が受精した日になります。つまり、実際に妊娠がスタートするのは「妊娠2週から」というわけです。

0〜1週の時期は、妊娠に対する準備を体が行う時期。ホルモンの刺激によって十分に成熟した卵胞から卵子がひとつはじき出され、排卵を迎えます。排卵が行われると子宮内膜は厚く、ふかふかになって受精を待ちます。この時期にタイミングよく精子が入ってくれば、受精となるわけです。

●重要● 赤ちゃんを待ち望んでいる人、いつ妊娠してもかまわないと思っている人は、「いつ赤ちゃんを授かっても大丈夫」と思える生活を始めましょう。じつは妊娠期間中で、赤ちゃんの発育にとって重要な時期は妊娠初期です。でも受精直後の妊娠2〜3週や妊娠2カ月目は、赤ちゃんを授かったことに気づかずに過ごしてしまうこともあります。ですから、「赤ちゃんができてもいいな」と考えた時から以下のことを心がけて、妊娠生活に備えた生活をスタートすることが大切です。

- タバコをやめる
- お酒を控える
- 安易に薬を飲まない
- バランスのいい食生活を心がける
- 健康的で規則正しい生活を心がける

また、楽しく、安定した気持ちで生活することも、とても大切です。赤ちゃんができる前に、パートナーや友だちと旅行に行くのもいいでしょう。

このページの上にある体重・ウエストサイズ記入欄に、いまのあなたのサイズを記入しておきましょう。この最初のサイズ測定は、妊娠中のママの体調管理にとても重要です。また、このサイズと妊娠期間中のサイズを比較し、どれだけ自分の体が変化したのかを知って楽しむこともできます。

*diary & memo*

( )

子どもを天使と混同することは危険だ。
Sir David Maxwell Fyfe

# バランスのよい食生活を実践するコツ

妊婦の食生活の基本は、「バランスのよい食事」。必要な栄養素を過不足なく摂るコツは、食品を4つのグループに分けて、すべてのグループの食品を含む献立を考えることです。

## 4つの食品グループ

| | | |
|---|---|---|
| 第1群 | 牛乳・乳製品・卵 | 良質のタンパク質、カルシウム、鉄、ビタミンなどがバランスよく含まれた食品 |
| 第2群 | 魚介、肉類、豆・豆製品 | 体や筋肉、血液をつくる食品 |
| 第3群 | 野菜、イモ、果実、海藻、きのこ | 体の働きを円滑にする食品 |
| 第4群 | 穀類、砂糖、油脂、そのほか | エネルギーや体温になる食品 |

## バランスの取れた献立の基本型

献立を考える際は「主食＋主菜＋副菜＋もう1品」を基本にしましょう。無理なくバランスの取れた食生活が実践できます。

**主食** 主にエネルギー源となる料理。ごはん、パン、麺類など。

**主菜** 魚介、肉、卵、大豆製品がメインの献立の中心となるおかず。主にタンパク質や脂質の供給源に。

**副菜** 野菜、イモ、海藻、きのこなどが主材料のおかず。主にビタミン、ミネラル、食物繊維などの供給源に。

**もう一品** 汁物、果物、デザートなど。必要に応じて加えることで、栄養バランスの面だけでなく、味、彩り、楽しさの面でも食生活が充実します。

## 摂取エネルギーの適量を知る

摂取エネルギー量は、身長・体重や生活強度によってひとりひとり違います。下の計算式に従い、自分の適量を知りましょう。妊娠中は、その適量に、初期50kcal、中期250kcal、後期500kcalを加えます。

**❶ まず標準体重を算出する**

身長m × 身長m × 22 ＝ 標準体重kg

**❷ 1日の摂取エネルギーを算出する**

標準体重 × 基礎代謝基準値(※1) × 身体活動強度(※2) ＝ 摂取カロリーkcal

(※1) **基礎代謝基準値**
自分にあてはまる数字を入れて計算します。
10〜29歳の女性　**23.6**
30〜49歳の女性　**21.7**

(※2) **身体活動強度**
自分にあてはまる数字を入れて計算します。
● 生活の大部分を座って過ごし、静的な活動が中心の人 …………………………………… **1.5**
● 座位中心の仕事だが、立位の通勤、職場での移動、家事、軽いスポーツのいずれかを行う人 ……… **1.75**
● 移動や立ち仕事の多い仕事をしていたり、スポーツなどの運動の習慣がある人 …………………… **2.0**

例）身長160cm、29歳、
身体活動強度が普通の人の場合
1.6m × 1.6m × 22 ＝ 56.32kg（標準体重）
56.32kg × 23.6 × 1.75 ＝ 約2326kcal
　　　　　　　　　　　　　（摂取カロリー）
妊娠初期の場合、2326kcal＋50kcal＝2376kcalが適量になります。

赤ちゃんを大切に育てる行為こそ、国家への最大の投資だ。
Winston Churchill

## 2 weeks

体重　　　　　　　　kg
ウエストサイズ　　　cm

### 2週と0日　0日目
出産予定日まであと **266**日

今日、あなたの卵子とパートナーの精子が結合して、ひとつの細胞が作られました。接合体と呼ばれる、まだほとんど肉眼で見ることのできないこの細胞は、これからの数カ月間で、あなたの娘か息子へと成長していきます。このはじまりの過程を「受精」と呼びます。

振り返ってみて、あなたはこの日を覚えていますか？ 人によっては排卵した時を実際に感じる人もいますし、そうでない人もいます（あなたがどちらだったとしても、妊娠にはまったく関係ありませんが）。膣内に放出された精子は、約12時間かけて卵子に達します。億を超える数の精子が卵子に向かって泳いでいくにも関わらず、たったひとつの精子のみが卵子の表皮を突き破ることができるのです。受精の過程にはたくさんの細胞が関わり、たくさんの活動が行われますが、あなたがこの動きを感じ取ることはおそらくないでしょう。体内で日々営まれている赤血球の生産や細胞の動きを感じることができないのと同じように。

**情報** 受精可能な性交時期は、排卵の5日前から排卵日までです。精子が移動に要する時間が、この期間を決めます。

### 2週と1日　1日目
出産予定日まであと **265**日

初めての細胞分裂が行われます。あなたの卵子とパートナーの精子から作られたひとつの細胞が分裂して、2つの細胞が作られます。この細胞は、重力や卵管内の繊毛の動きに押されて、卵管内を自由に動き回ります。

初期妊娠因子（EPF）がママの体内で生成され始めました。このEPFがないと、ママの体はできたばかりのひとつの生命を、ウイルスのような異物と間違って認識し、排除しようとする可能性もあります。EPFの存在により、あなたの赤ちゃんはリスクを負わずに成長を続けることができるのです。

**●重要●** 妊娠に影響を及ぼす外部要因の中で、もっとも重要、かつ自分でコントロールしやすいのは「栄養」です。栄養のバランスが取れた食事は、ママの健康、胎児の発達、出生後の赤ちゃんの健康にとてもよいものです。とくに重要な栄養素は、タンパク質、カルシウム、葉酸、鉄分、亜鉛、ビタミンA、ビタミンB群やファイトケミカルなどです。すでに子どもがいて、その子がまだ2歳以下の場合、鉄分のサプリメントが必要になるかもしれません。母乳育児中のママは、とくに栄養に気を配りましょう。

*diary & memo*

今日というこの日より価値のあるものは何もない。
J.W.Goethe

## 1ヵ月2週 0日目〜2日目

### 2週と2日
### 2日目
出産予定日まであと**264**日

昨日2つに分裂した細胞が、この24時間で3〜4回の細胞分裂を行い、2つの細胞は4つに、4つの細胞は8つに、さらに8つの細胞は16に分裂し、球状の細胞のあつまりが形成されます。最初の細胞がより小さな細胞へと分裂していくため、まだこの時点では、赤ちゃんのサイズはそれほど大きくなりません。

いまの赤ちゃんの細胞は、ママの体内にあった卵子に貯蓄されていた栄養分で作られています。

**食事 & 栄養** 妊娠中に意識して取り入れたい栄養素のひとつに葉酸があります。葉酸はビタミンB群の一種で、赤ちゃんの脳と神経系の発達に大切なもの。ママの体にとっても大切なもので、貧血を防ぎ、疲労回復や食欲増進、精神安定の働きがあります。妊娠初期の女性は、お腹の赤ちゃんの脊髄や脳の発達を助けるために、1日440μgの葉酸を摂るようにすすめられています。

葉酸はレバーや豆類、ほうれん草やアスパラガスといった緑黄色野菜に多く含まれています。たとえば、1日に豚レバー（30g）、ほうれん草（100g）、卵1個、納豆1パックを食べると十分な量を摂取できます。葉酸は、サプリメントでも補給できますが、自然な食材から摂るほうが体に吸収されやすくなります。また、妊娠中に喫煙している女性の場合は、より多くの葉酸とビタミンCが必要になります。

**知ってた？** 一卵性双生児でさえも、それぞれの受精卵は、遺伝的にひとつひとつ特有のものになっています。

*diary & memo*

一家族の子どもの数は、自家用車の窓の数よりも少なくしておくように。
Erma Bombeck

## 2週と3日 3日目
出産予定日まであと **263**日

16個に分割した細胞が、卵管の突き当たりに到着します。この細胞は、子宮内膜から分泌される栄養分を受け取り（子宮内膜には、脂肪分と糖分がたくさん含まれています）、代わりに重炭酸塩を放出します。重炭酸塩は、子宮内膜の分泌液を粘着性のものに変える物質で、細胞が子宮に着床するために必要なものです。

受精卵だった細胞のあつまりは、まだ小さすぎて見ることはできません。でも、今日か明日には、ママの子宮内に入ってきます。

情報 タンパク質は、赤ちゃんの体の組織を作るアミノ酸を供給します。肉、魚、卵、牛乳、大豆製品などに良質のタンパク質は含まれており、妊婦の1日の摂取目安量は60gです。たとえば、1日に肉類80g、魚1切れ（100g）、豆腐1/3丁（100g）、卵1個、牛乳200cc、ヨーグルト1個で十分なタンパク質を摂ることができます。そんなに意識しなくても、普通の食生活で摂れるでしょう。むしろ、タンパク質の過剰摂取は、体にとってよくないので注意しましょう。

*diary & memo*

## 2週と4日 4日目
出産予定日まであと **262**日

重要な変化が起こります。分裂を繰り返していた細胞のあつまりは、胚盤胞（はいばんほう）と呼ばれる状態になり、2種類のグループに分かれるのです。そのうち、外側のグループは妊娠を助ける役割を担います。内側のグループ（胚盤と呼びます）は、赤ちゃんそのものになっていきます。

まだ赤ちゃんの細胞が子宮に達していなかったとしても、今日までには到着します。でも、細胞自身によってEPF（初期妊娠因子）が分泌されているため、ママの体は、この時点では赤ちゃんの存在を認識していません。

食事＆栄養 生理が止まり、生理期に失われる鉄分が吸収されるため、妊娠中のママの体内には通常より多くの鉄分があります。鉄分の1日の摂取目安量は約20mg。吸収力を高めるためにビタミンCと銅も一緒に摂り入れましょう。鉄分は、赤ちゃんの強い骨と歯を作るためには欠かせない栄養素です。

知ってた？ 赤ちゃんの形成は、家を建てることに似ています。細かい場所よりも、まず最初に枠組みが作られます。

## 1ヵ月2週　3日目〜6日目

### 2週と5日
### 5日目
出産予定日まであと**261**日

　4日目の欄で説明した「重要な変化」がまだ行われていなかったとしても、今日には行われるでしょう。いま、細胞のあつまりは数百の細胞からできており、子宮内側の粘着性のある表面に浮かんでいます。個々の細胞のいくつかがグループを形成し、もととなる細胞体の表面にデコボコを作ります。

　いよいよ着床（ちゃくしょう）が始まります。着床の間、細胞は子宮の表面に留まり続けます。そうすることにより、十分なタンパク質、酸素、栄養分を血液から受け取ることができます。

**知ってた?**　妊娠初期の兆候には、乳房や乳首がジンジンしたり柔らかくなる、吐き気やかなりの疲労を感じる、生理が止まる、ときどき出血がある…などが挙げられます。母乳育児中や、母乳育児を終えたばかりのママの場合、乳房の変化には気づかないかもしれません。

**食事&栄養**　食品は加工すると栄養が失われます。蒸したり、少量の水で煮たり、電子レンジで調理するのは、栄養素を失わずに野菜を調理するいちばんいい方法です。

### 2週と6日
### 6日目
出産予定日まであと**260**日

　着床のプロセスは続いています。実際に着床した細胞のサイズは約0.1mm。10個分でも、この本に印刷された読点（。）の内側よりも小さいのです。

　着床の最中、細胞のあつまりは子宮の組織を少し壊して子宮内膜に突っ込んでいきます。その結果、軽いシミのような出血が起こることもあります。この出血を生理の軽いものと勘違いしないようにしましょう。これが、妊娠が始まった証拠なのです。

**●重要●**　カフェインレスの飲み物として、コーヒー、紅茶、緑茶の代わりにハーブティを飲むのもいいでしょう。ただし、妊娠中には飲まないほうがいいハーブティも数多くあるので（アンゼリカ、シナモン、ジャーマンカモミールなど）、たとえ健康食品店で購入したり、ラベルに「自然食品」と書かれているものでも、事前に主治医に確認するなどして、注意して飲みましょう。

　また、お茶、コーヒー、ミルク、水、柑橘系（かんきつ）のジュースなどは、吐き気のある時は避けるようにしましょう。

*diary & memo*

赤ちゃんという存在は、生きなさいという神様の意志だ。
Carl Sandburg

## 3 weeks

体重　　　　kg
ウエストサイズ　　cm

---

**3週と0日　／**
**7日目**　出産予定日まであと **259**日

着床を促す酵素が活発に分泌されます。絨毛と呼ばれる植物の根に似たものが作られ、細胞塊を1カ所につなぎ止める錨のような役割を果たします。着床が完了すると、赤ちゃん細胞は「胎芽」と呼ばれるようになります。この「Embryo（胎芽）」はギリシャ語から派生した言葉で、「成長する」という意味があります。

おめでとうございます！ ついにあなたの体は正式に赤ちゃんと対面しました。あなたと赤ちゃんはしっかりとつながり、赤ちゃんの成長をサポートし始めました。まだ実感はわかないかもしれませんが、妊娠してすでに1週間が経過したのです。

**知ってた?** 英語で羊水を意味する単語である「amnion」は、「小さな子羊」という意味のギリシャ語から派生しました。子羊はしばしば泡や羊膜に包まれて生まれてきます。

**食事 & 栄養** 新鮮なイチジクや乾燥イチジクには、ほかの野菜や果物よりも多くの食物繊維が含まれています。また、カリウム、カルシウム、鉄分の量は、バナナよりも豊富です。

---

**3週と1日　／**
**8日目**　出産予定日まであと **258**日

この時期の胎芽は、子宮内膜の奥にもぐり込んでいます。羊膜（水が入っている袋状のもの）と羊膜腔（羊膜の内側にある空間で、この中に羊水、胎児が入っている）の形成がスタートし、卵黄嚢（のちに赤ちゃんの消化器官になるもの）と、へその緒の初期段階のものが現れます。羊膜、羊膜腔、卵黄嚢が初期構造を形成し終わるまでには、あと6日ほどかかります。

着床が行われた場所で、ママと赤ちゃんの組織を使って胎盤が形成されます。たくさんの螺旋状の動脈が子宮から母親側の胎盤に通り、絨毛との間にスペースを作ります。ママの血液と赤ちゃんの血液の交換は、この絨毛の壁を通して行われます。

**情報** 卵黄嚢には、卵黄ではなく液体が含まれています。卵黄嚢は、最初の血管を作るのを助け、赤ちゃんの組織を形成する胚盾内の細胞に栄養素を運ぶ役割を果たします。

**知ってた?** 胎芽期の成長――、その構成や複雑さには驚きの連続です。まずは、脊髄と口が作られ、そこから発達が始まります。

---

*diary & memo*

> はっきりしていることは、大人たちは、
> 子どもとはどういうものだったのかを忘れてしまっていることだ。
> Randall Jarrell

## 1ヵ月 3週　7日目〜9日目

**3週と2日**
**9日目**　出産予定日まであと**257日**

着床が完了し、胎盤が機能し始めます。胎芽は急速に成長します。羊膜、羊膜腔、卵黄嚢、へその緒のもとは発達を続けます。

この時期は健康的な生活を送ることが重要です。すでに栄養バランスの取れた食事をきちんと摂り、日常的に適度な運動を行い、十分休養をして、アルコールや薬を飲まないという理想的な生活を送っているなら、それを続けましょう。上記のような生活をするためには何らかの理由が必要であるというならば、「赤ちゃんができた」ことをその理由にしましょう。前向きな生活習慣の変化は、あなたにとっても赤ちゃんにとっても、とてもよいことです。

**食事 & 栄養** ビタミン$B_{12}$と葉酸は、細胞の急速な成長を助けるのに必要な栄養素です。ビタミン$B_{12}$は、葉酸が新しい細胞を作るのを助けます。肉、魚、カニ、貝、卵、乳製品、シリアルを食べている女性は、これらの食品から妊娠期間中に必要とされる量（2.8μg）のビタミン$B_{12}$を摂取しています。日頃これらの食品を食べていない女性の場合は、サプリメントが必要になってきます。

**知ってた?** ほとんどのビタミンは、体内に少量しか蓄積されません。でも、ビタミン$B_{12}$は体内に蓄積することができ、摂取をやめた後でも、1年、もしくはそれ以上蓄えておくことができます。ビタミン$B_{12}$は、私たちの脳や体内の重要な器官には必要不可欠なものです。

**情報** 着床が行われた場所にある細胞は、hCG（ヒト絨毛性ゴナドトロピン）と呼ばれるホルモンを分泌します。妊娠中、このホルモンはとても重要な役割を果たします。現在の精巧な妊娠判定薬は、妊娠10日目くらいまでに、体内にこのhCGがあるかどうかを判定基準にしています。

*diary & memo*

親がよかれと思って手を貸すことは、かえって子どもを駄目にする。
メソジスト派の教義

## 3週と3日
### 10日目
出産予定日まであと **256**日

細胞塊の中に膜ができ、その膜が細胞内の空洞を2つに分けます。そのうちのひとつは卵黄嚢（らんおうのう）で、ここで赤ちゃんの腸が形成されます。もうひとつでは、赤ちゃん自身が作られます。近いうちに、いくつかの細胞がかたまりから離れ、羊膜と呼ばれる薄い膜を形成します。この羊膜は、卵黄嚢と赤ちゃんを包みます。

妊娠中はママの体内のホルモンレベルが急激に上がります。50〜90％の妊婦は、妊娠をサポートするエストロゲン（女性ホルモン）、プロゲステロン（黄体ホルモン）、hCG等のホルモンの増加や、炭水化物の代謝の変化に体が順応しようとすることによって起こる吐き気を経験します。ほとんどの場合、吐き気は、におい、とくに調理中に発生するきついにおいなどが引き金になります。窓を開けたり、換気扇を回すなどして、換気を心がけましょう。

**情報** つわり（英語でmorning sickness）は、通常、朝起きてすぐに起こるので、このように名づけられました。クラッカーや塩味のスナックなどを食べてから、ゆっくりと起き上がることによって、つわりを軽くすることができます。吐き気に関しては、ありがたいことに、通常は妊娠3カ月頃までにそのピークを迎え（その頃にhCGの分泌がピークを迎えるため）、4カ月以降は劇的に軽くなっていきます。大変なのは、昼夜を問わず、いつでも起こる点です。妊娠時の吐き気をおさえるのにはビタミン$B_6$がよく使われており、一般的には摂取後数時間以内に症状が治まります。ビタミン$B_6$の摂取量に関しては、主治医に相談しましょう。

**食事 & 栄養** 赤ちゃんの頭蓋骨（とうがいこつ）の石灰化（せっかい）（骨にミネラルを加える作業）が、今から6週間ほどで始まり、完了するには、25年もかかります。骨や歯を作るのに必要な栄養素は、カルシウム、リン、ビタミンK。また、ビタミンDはカルシウムが血液内を循環し、リンを吸収するのを助けます。ビタミンC、銅、マンガン、亜鉛、フッ素も、この働きを助けます。なお、フッ素が入っている水道水を飲んでいる場合は、フッ素のサプリメントは、おすすめできません。

● 上記栄養素を含む食材

**カルシウム**（1日の目安量600㎎）牛乳・乳製品、小魚、緑黄色野菜、豆類、海藻類
**リン**（900㎎）牛乳・乳製品、小魚、豆類
**ビタミンK**（60〜65μg）納豆、緑黄色野菜、海藻類
**ビタミンD**（7.5μg）魚介類、キノコ類
**ビタミンC**（110㎎）野菜、果物
**銅**（0.8㎎）レバー、魚介類、豆類
**マンガン**（3.5㎎）茶葉、種実、穀類、豆類
**亜鉛**（7㎎）魚介類、肉類、海藻類、豆類

*diary & memo*

## 1ヵ月3週 10日目〜11日目

### 3週と4日
### 11日目
出産予定日まであと255日

2つに分けられた細胞のかたまりは、ぶ厚くて短いへその緒の茎（くき）から向かい合って吊り下がっている2個の球状の空洞のように見えます。それが、液体の詰まった泡（羊膜）に包まれています。へその緒の茎は、着床が行われた場所から伸びています。この時点での胎芽の大きさは、0.15〜0.2mmほど。この本に印刷されている読点（。）の内側に、7、8人もの胎芽が入る計算になります。

疲労やストレスがたまっていたり、ビタミン、ミネラル、炭水化物などが不足した食生活は、吐き気の症状をひどくします。少量のパンやパスタなどを何回かに分けて食べるほうが、少ない食事回数で、一度にたくさんのスパイシーな食品や高脂肪食品を食べるよりも消化はよくなります。妊婦は満腹すぎず、空腹すぎないほうが気分がよいようなので、食べすぎたり、お腹が空きすぎたりしないように気をつけましょう。

また、疲労対策として、できるだけ早く就寝する、バスや電車に乗っている間に休養を取る、車は自分で運転するのではなく、だれかと同乗して体を休めるようにする、すでに子どものいる人は、だれかに自宅に来てもらって子どもの面倒をみてもらうなど、少しでも負担が軽くなるように心がけましょう。

**食事&栄養** 炭水化物は、とても重要なエネルギー源です。ごはんやパン、めん類といった主食になる食品のほか、イモ類や果物などの甘み、砂糖も炭水化物です。摂取目安量は、1日に必要とされる総摂取カロリーの約50〜70％。脳に必要とされるものだけでも、1日に130gの炭水化物が必要になります。

**知ってた？** お腹の赤ちゃんの器官の中で、最初に機能し始めるのは、心血管システムです。赤ちゃんの心臓は、ママの生理が1週間ほど遅れる前に、すでに動き始めているのです。

*diary & memo*

あなたの子どもたちはあなたのものではありません。
生命の息子であり、娘であるのです。
Kahlil Gibran

| 3週と5日 | ／ |
|---|---|
| **12**日目 | 出産予定日まであと**254**日 |

赤ちゃんは急成長を続けます。この2日間で絨毛膜（じゅうもうまく）（胎盤内に並んでいる組織）が現れます。これはCVSという絨毛検査をする時に、サンプルとして採取される部分です。この検査は、妊娠初期に赤ちゃんの染色体、遺伝子を確認するために行われます。

吐き気をおさえるために何か口にしましょう。ショウガ、レモン、ペパーミント、甘草（リコリス）などは、吐き気をおさえます。残念なことに、前回の妊娠時に役立った方法が、今回の妊娠では役に立たないこともあります。何か効果のあるものに出会えるまでトライし続けましょう。ただし、制酸剤の使用は控えましょう。

**赤ちゃん今昔** 2世紀に、ギリシャの医学者ガレノスが、「いれこ説」と呼ばれる胎児の発達に関する説を提唱しました。彼はこの説の中で、「小さな、すでに形成されている胎児が"女性の精液"の中に存在しており、それが男性と接触することによって、胎児を包んでいた殻が破れ、出産までの間に胎児のサイズが大きくなる」と考えていました。

| 3週と6日 | ／ |
|---|---|
| **13**日目 | 出産予定日まであと**253**日 |

絨毛膜、羊膜、羊水腔、卵黄嚢が完成しました。赤ちゃんとなる細胞は、平らな形になり、いまは胚盤（はいばん）と呼ばれる組織に入っています。

普段よりも疲労を強く感じるかもしれません。とくに経産婦のほうが疲労を強く感じることでしょう。妊娠によって、あなたの体内では普段以上の活動が起こっているため、体が十分な休養を望んでいるのです。できるだけ体を休め、水分をたくさん摂りましょう。水分は、固形物と区分するために、食間に摂るのが望ましいでしょう。たくさん飲むのが難しい場合は、スイカなど水分が多く含まれた食品を食べたり、加糖していないフルーツジュースなどを飲むようにしましょう。十分な休養と水分は、風邪やインフルエンザなどのウイルス感染を防いでくれます。

**知ってた？** まだ気づいていないかもしれませんが、今晩、眠る頃までには、すでに妊娠して2週間もたっているのです！　妊娠した経験があり、今回の妊娠にもすでに気づいているのであれば、授かったばかりの赤ちゃんに対する愛着は、より早い段階から感じるかもしれません。

*diary & memo*

> 子どもたちは悪い言葉を間違って使ったりはしない。
> あなたが子どもの前でいうべきではない言葉をそのまま繰り返しているのだ。
> Mae Maloo

# 2 Lunar Month

## 今月の体の変化＆心がけたいこと

**こころ＆体の変化**
- 妊娠すると、その兆候として以下のような体調の変化が現れます。妊娠したと感じたら、すぐに初診を受けましょう
  生理が遅れている／体が熱っぽい／乳房がはれぼったい感じになる／胃がむかむかする／吐き気を感じる／眠い／感情の起伏が激しくなる／歯ぐきがヒリヒリする

**日常生活**
- タバコをやめる。受動喫煙にも気をつける（家族にも禁煙の協力を）
- 薬の服用やレントゲン撮影は、事前に医師や薬剤師に妊娠の可能性があることを伝えて、指示を受けてから
- 十分な睡眠と休養を心がける
- 頻尿気味になった人は我慢せずトイレに行く

**食生活**
- バランスのよい食生活を心がける
- アルコールやカフェインの摂取を控える
- タンパク質、鉄分、カルシウム、葉酸、ビタミンなどの不足に気をつける
- つわり対策として以下のことを試してみましょう
  気分が悪くなるような、いやなにおいは避ける／1回の食事でたくさん食べるのではなく、何回かに分けて少しずつ食べる／空腹時につわりがひどくなるケースも多いので、就寝前や起床直後に軽食を口にする

## 4 weeks

体重　　　　kg
ウエストサイズ　　　　cm

**4週と0日　／**
**14日目**　出産予定日まであと**252**日

のちに脳や脊髄を形成する原始線条（げんしせんじょう）が現れます。頭やお尻になる部分がどこにあるのかがわかるようになります。

今週は順調な人なら生理がくる時期。そのため、今週の終わり頃に生理の遅れに気づき、「もしかして妊娠？」と考え始める人が多いかもしれません。おめでただとわかったら、リンゴジュースやブドウジュース、ジンジャーエールなど、お酒以外のものでお祝いをしましょう。どんなにアルコール度数が低いものや薄めたものでも、アルコールは生まれてくる赤ちゃんの先天的欠陥症の原因となるため、妊娠中は口にしないようにしましょう。

●重要●どの国でも、妊娠中のアルコール摂取は、事前に予防できる胎児の脳障害の原因のトップに挙げられます。とくに、妊娠初期の飲酒には注意が必要。自分が気をつけることで防ぐことができることは、がんばって防ぎましょう。完全に禁酒するのが難しい場合、ノンアルコールビールやノンアルコールワインを試してみてはどうでしょう？

**4週と1日　／**
**15日目**　出産予定日まであと**251**日

細胞に3層の組織ができてきました。上から外胚葉（がいはいよう）、中胚葉、内胚葉と呼ばれる3つの層です。これらの層から赤ちゃんの体となる器官や細胞が作られるのです。たとえば、
内胚葉から──消化器官や肺の内壁、舌、扁桃腺（へんとうせん）、尿道、膀胱（ぼうこう）など。
中胚葉から──筋肉、骨、リンパ組織、脾臓（ひぞう）、血液細胞、心臓、肺、生殖器、排泄器など。
外胚葉から──皮膚、爪、髪の毛、目のレンズ、耳の外側と内側の膜、鼻、肛門、歯のエナメル質、下垂体（かすいたい）、乳腺、神経システムなど。
　また、3層以外の細胞グループは、血島（けっとう）と呼ばれる血球のかたまりを形成します。これは赤ちゃんの初めての血液細胞を作ります。それぞれの細胞は、自分自身が何をすべきか、成長を進めるためには赤ちゃんの体内のどこに移動するべきかを知っています。このシステムは本当に驚くべきものです。

妊娠に気づいた途端、妊婦用のビタミン剤を摂り始める人もいますが、栄養補給はサプリメントに頼らないことが重要です。つわりがひどくて、1、2週間以上、ほとんど食事ができていないような状態であれば、主治医に相談しましょう。

*diary & memo*

子どもたちは自分たちがされたことをそのまま社会に対して行うようになるものだ。
Karl Menninger

## 2ヵ月 4週　14日目〜16日目

**4週と2日**
**16日目**　出産予定日まであと**250**日

**食事 & 栄養**　カルシウム、マグネシウム、カリウムは、赤ちゃんの心臓の形成に直接関わってくる栄養素です。また、神経の伝導や心臓の筋肉の収縮、筋肉の正常な動きのためにも必要不可欠のものです。カルシウムの1日の摂取目安量は600mg。牛乳、乳製品、小魚などに多く含まれます。カリウムは1600mgで、野菜、果物などに、マグネシウムは310mgで、大豆製品、種実、海藻などに多く含まれます。18歳以下の妊婦の場合は、上記の目安量よりも多く必要です。

**知ってた?**　ママの子宮の中にある赤ちゃんを包んでいる袋は、2枚の膜からできています。内側の膜は羊膜と呼ばれ、外側の膜は絨毛膜（じゅうもうまく）と呼ばれています。絨毛膜は胎盤を作るのにも役立ちます。

いまの赤ちゃんの大きさは、0.4mmほど。これは、この本の読点（。）の中に3、4人入る計算です。まだ頼りない大きさではあるものの、赤ちゃんの細胞は着実に成長しています。たとえば、この0.4mmの細胞の中では、のちに赤ちゃんの頭となるものが、すでに作られ始めているのです。

ひどい疲労感を感じるかもしれません。できれば昼寝をしたり、早めに就寝するなど、体の要求をよく聞いてあげましょう。

**●重要●**　これからの39日間（妊娠16日目から55日目まで）は、赤ちゃんの脳と脊髄が急速に発達する重要な時期。今のあなたの食事の質が、とりわけ大事になってきます。妊娠中、たとえ短期間でも極端に食事制限をしたり、炭水化物を減らしたダイエットをすると、脳の成長に必要なグルコースの量が減ってしまいます。ママが健康に気をつけた生活を送ることが、この時期の急速な成長を助けるのです。

**知ってた?**　赤ちゃんの目は、脳の組織から作られています。そのため、健康な脳を持った赤ちゃんは、キラキラ輝いた目をしています。

*diary & memo*

妊娠とは——自分の体内に仲間を抱えること。
Maggie Scarf

### 4週と3日
### 17日目
出産予定日まであと **249**日

👶 血液細胞や血管が初めて形成されるほか、心臓管と呼ばれる管が作られます。これは、心臓形成の最初の一歩。今週末までには、心臓管は赤ちゃんの体全体に血液を循環させます。

👩 吐き気や気分がすぐれないといった、妊娠すると起こる体調の変化は特別なことではありません。ただし、症状によっては緊急を要することもあるので、体調に大きな変化がある場合や、出血、生理中のようなおりもの、下腹部の痛みなどを感じた時は、すぐに主治医に連絡しましょう。

(食事&栄養) 魚は良質のタンパク質やビタミンA、鉄などを多く含むので、妊娠中も積極的に摂り入れたい食材です。でも、メカジキや金目鯛、マグロは食べすぎないようにしましょう。これらの魚に含まれるメチル水銀が胎児に影響する可能性があるからです。日本では、妊婦は週に2回以上は金目鯛やメカジキを食べないほうがいいとされています。

### 4週と4日
### 18日目
出産予定日まであと **248**日

👶 赤ちゃんの頭からお尻までの長さ（頭臀長(とうでんちょう)）は1～1.5㎜ほどに。ボールペンのペン先に乗るくらいの大きさです。頭の部分になる、シワのような壁がはっきりとしてきます。細胞の中央部が急速に成長するため、いまの胎芽は脊索(せきさく)（脊椎(せきつい)の原形）を中心に内側に折れ曲がっています。中枢神経系も作られ始めます。

👩 乳房に変化が起こってくる人がいます。妊娠初期には、おっぱいがほてったり、チリチリしたりすることがあります。

(健康) カフェインは胎盤を通過します。胎児のカフェインの代謝能力も限られています。コーヒーや紅茶は1日2～3杯までにしましょう。低カフェインのコーヒーや紅茶もあります。また、緑茶にもカフェインは含まれるので、妊娠中はほうじ茶や麦茶がいいでしょう。

(食事&栄養) 妊娠中は加工食品に注意しましょう。加工食品には、食品添加物としてリン酸塩がよく使われています。リンを摂りすぎるとカルシウムの吸収を阻害してしまうので、ハム、ソーセージ、ちくわ、かまぼこなどの加工品の摂りすぎには注意しましょう。

*diary & memo*

## 2ヵ月 4週　17日目〜20日目

### 4週と5日
### 19日目
出産予定日まであと **247**日

これからの30日間が、心臓形成の重要な時期になります。心臓らしき部分にはまだ2つの心臓管しかありませんが、すでに心臓にできている血管につながっています。中枢神経システムの集中的な成長も同じ時期に行われ、今後の10日間は中枢神経の形成にも重要な期間です。

循環システムが結合するにつれて、中胚葉は中胚葉節と呼ばれる組織に分裂します。これは赤ちゃんの頭と骨や筋肉を形成する重要な組織で、いまから29日目までに全部で38対作られます。今日、最初のひとつができました。甲状腺(首のつけ根にある内分泌腺。体の発育や新陳代謝に関係するホルモンを分泌する)の形成もスタートします。こうしてみると、今日の赤ちゃんの変化は、とても重要なものばかりなのです。

いまが妊娠5週以降の段階でこのページを読んでいる人は、この時期のことを振り返ってみましょう。仕事中に居眠りをしてしまった人はいませんか？ 思えばあの居眠りは、妊娠していることのサインだったのです。

**知ってた?** この頃までには、ママの羊水腔はブドウ1粒程度の大きさになっています。

*diary & memo*

### 4週と6日
### 20日目
出産予定日まであと **246**日

赤ちゃんはいま、1.5〜2.5mm。ゴマ粒程度の大きさです。初期の心臓管が変化し、心臓に4つの部屋のようなものができてきます。目を作る組織が確保され、胸と腹のもとも形成されます。中胚葉節は3対作られました。

赤ちゃんの体で最初に機能するのは心血管システムです。小さな心臓が、赤ちゃんの発達中の組織に、酸素と栄養分がたくさん含まれた血液を送っているのです。

**知ってた?** 今週には、胎盤が未完成ながらも働き始めます。ママと赤ちゃんをつなぐ胎盤は、ママの体から効率よく栄養素や酸素を運び、代わりに赤ちゃんの体内にできた老廃物を運び出すようになります。また、胎盤にはママの母乳の準備をスタートさせる役割もあります。

**●重要●** すでに子どもがいるママの場合、上の子の面倒をみながらの妊娠生活は、初めての妊娠時よりも慌ただしいもの。買い物をしたり料理をしたりする時間が少ないため、食事面もおろそかになりがちで、ファストフードやお総菜に頼ってしまうこともあるでしょう。ゆっくりと食事をすることもできないかもしれません。

---

子どもたちは混乱している。大人の半分は子どもにエゴを持てというし、
残りの半分は、その正反対のことをいうから。
Walter MacPeek

## 5 weeks

体重　　　　　　kg
ウエストサイズ　　cm

---

**5週と0日**
**21日目**　出産予定日まであと **245**日

今週から9週にかけて、顔のパーツの形成がスタートします。27日目から29日目までには、頭となる部分に顎、頬、口、舌、首、耳、脳神経などが作られてきます。喉頭や気管を作る組織の溝、泌尿器系や生殖器系となる尿生殖器の溝、肺の芽も現れてきます。

小さな心臓が鼓動を打つために、赤ちゃんの細胞と胎盤との間で循環が始まります。この時点での胎児の心臓の大きさは、たったの2㎜程度。信じられないほど小さく感じるかもしれませんが、現時点での赤ちゃんの体と心臓のサイズのバランスで考えると、大人の体と心臓のバランスの9倍の大きさにもなるのです。

たとえ次の生理を待ち望んでいた人でも、この時期には妊娠の可能性を強く感じていることでしょう。きちんと妊娠を確かめることが前進の第一歩。病院に行ってもいいし、まずは市販の検査薬で自分で確かめてもいいでしょう。

●健康● 必要以上に体重が増えてしまわないように、お菓子の食べすぎに注意しましょう。炭酸飲料やフルーツジュースにもたくさんの糖分が含まれています。菓子パンも要注意です。

---

**5週と1日**
**22日目**　出産予定日まであと **244**日

昨日からスタートした成長の過程が引き続き行われます。顎が現れ、肺の芽も作られ、中胚葉と卵黄囊内で循環システムが確立されてきました。中胚葉節はさらに4対形成されて全部で12対に。胎盤の内壁も発達を続けます。

妊娠がわかったら、リンゴジュースやブドウジュース、ジンジャーエールなど、アルコール以外の好きな飲み物でお祝いをしましょう！

●重要● アルコールは、たとえどんなに薄いものでも胎児に影響を与えます。とくに、脳や基本的な構造が形成される妊娠初期には注意が必要です。ひとりだけで禁酒するのが難しい場合、パートナーにも協力してもらってはどうでしょうか？

●知ってた?● 今月の終わりまでには、赤ちゃんのもっとも急激な変化の時期が終了します。今後5日間で、赤ちゃんは受精卵の1万倍（！）もの大きさにまで成長します。とはいっても、それは米粒よりも小さいのですが。

---

*diary & memo*

子どもの時は、ニワトリと同じようにただただ食べ続ける。
Thomas Tusser

## 2カ月5週 21日目〜23日目

### 5週と2日
### 23日目
出産予定日まであと **243**日

これからの32日間（23日目〜55日目）は、腕と足の形成が進む時期です。この時点では、目で見ることのできる足や腕は生えていませんが、おそらく、今日のある時間に突然、腕となる小さな突起のような芽が現れてくるでしょう。肝臓と膵臓（すいぞう）のもとも現れます。外胚葉、中胚葉、内胚葉の境目がくっつき、のちに消化管となるものを形成します。このプロセスによって、赤ちゃんの体つきは、より丸く、なめらかになります。

おめでたに気づいたのと同時に、つわりが始まった人もいるでしょう。ある特定の食品を好きになったり、反対に受けつけなくなったりする人も出てきます。これこそ、よくあるつわりの症状のひとつ。妊娠すると、体が味やにおいに敏感になるため、そうした状態になるのです。生理学的に体がその食品を必要（あるいは不必要）としているわけではありません。たとえば、無性にポテトチップスや漬け物が食べたくなったとしても、それは体が塩分を必要としているわけではないのです。吐き気やむかつき、膨満感といった不快感も、妊娠中には珍しいことではありません。体調が安定してくるまでは、食べたくない食品をメモしておき、その食品は口にしないようにしましょう。

●**重要**● 妊娠していることがわかったとしても、すぐに妊婦としての自覚を持てる人は少ないはず。目に見える体の変化がないこの時期では当然のことです。でも、「すでにあなたのお腹の中には赤ちゃんがいる」ということは事実です。妊娠が確認された時点で、お腹の赤ちゃんのため、そしてあなた自身のために、毎日の生活、とくに食生活を見直すことを意識してみましょう。

**食事 & 栄養** ファイトケミカルは、野菜、果物、穀物、豆類といった植物に含まれる合成物質で、その種類は数千以上あるとされています。体内のコレステロールを減らしたり、抗酸化作用でガンや動脈硬化、老化などを防ぐ働きがあります。妊婦にもとてもいいものです。多種類のファイトケミカルを摂るほうが効果的なので、いろいろな野菜類を食べる工夫をしてみましょう。たとえば、肉の代わりに穀物や豆野菜を食べる、サラダにはカブ、キュウリ、キャベツ、タマネギなど何種類もの野菜を使う、ハンバーグやミートボールにニンジンを混ぜる、パセリ、バジルなどのハーブやスパイスを使うなど。野菜の摂取量を増やしましょう。

*diary & memo*

出産というのは、征服よりも称賛に値し、自己防衛よりも素晴らしいことで、
かつ何よりも勇気のいることである。
Gloria Steinem

## 5週と3日
## 24日目
出産予定日まであと**242**日

赤ちゃんの心臓につながる大動脈の形成が始まります。大動脈は体内でいちばん大きい動脈で、血液を心臓から体内のすべての器官や組織に運びます。頭の部分には、耳ができる場所にくぼみが現れ、目となる組織ができてきます。また、今週は胃腸の発達にも重要。腸の形成がスタートするのです。

この時期には、不機嫌になったり、こらえ性がなくなったり、わけもなく涙が出てきたりと、生理前同様の感情の急激な変化を感じるかもしれません。そのほとんどは体内のホルモンレベルの変化によるもので、特別なことではありません。あなたの意志でコントロールできるものではないので、急に自分が嫌な人間になったと思わないように。パートナーにもそのことを理解してもらいましょう。この本を一緒に読んでみてはどうでしょうか？

**赤ちゃん今昔** 1639年、Owen Woodsが著書『An Alphabetical Book of Physical Secrets（基本的な体の秘密）』で、妊娠検査薬を提案しました。その検査方法とは、一度沸騰（ふっとう）させた尿の表面に自分の姿の反射を見ることができたら、妊娠しているというものでした。

*diary & memo*

## 5週と4日
## 25日目
出産予定日まであと**241**日

いまの赤ちゃんは丸い形をしています。でも、頭になる部分が特定され、手足となる芽のようなものと、お尻となる部分にしっぽのような突起ができています。重要な器官であるお腹が少しふくらんで、腸が現れます。

妊娠中、妊婦健診で測定する赤ちゃんの身長は、頭骨のてっぺんからお尻までの長さで、これを頭臀長（とうでんちょう）といいます（次ページ以降に出てくる「身長」「サイズ」「大きさ」は、頭臀長のことです）。今の赤ちゃんの頭臀長は3～5mm。まだまだ小さいですが、ゴマ粒サイズだった先週より、はるかに大きくなりました。消しゴムつきシャープペンシルの「消しゴム」くらいの大きさまで成長したのです！

普段よりもトイレが近いことに気づくかもしれません。これは、子宮が大きくなることによって膀胱（ぼうこう）が圧迫されることと、老廃物を体外に出す動きが活発化するという2つの理由によるもので、妊婦によくある症状です。乳房も普段よりも重く、柔らかくなってきます。乳輪の色が濃くなる人もいます。

**知ってた？** この時期の赤ちゃんの心臓は、1分間に65回ほど脈を打っています。

## 2ヵ月 5週　24日目〜26日目

### 5週と5日
### 26日目
出産予定日まであと **240**日

胆嚢（たんのう）、胃、腸、膵臓（すいぞう）、肺の形成がスタートしました。甲状腺も発達を続けます。さらに、この頃までには小さな肝臓も形成されます。肝臓は、余っている血糖を保存し、必要に応じてそれを放出するなど、栄養素を活用するのに大きな役割を果たします。また、脂質を保存したり新陳代謝させたりします。余分なタンパク質（アミノ酸）を分解したり、アルコールなどの毒素を分解したりもします。このように、肝臓の果たす役割は大きいのです。

産院を決めることはとても大切なことです。出産という大仕事に臨むママとしては、さまざまな理想や条件があることでしょう。でも、いちばん大切なのは、あなたが「安全に、安心して産める産院」を選ぶこと。出産できる施設には大病院から産科専門の病院、助産院まであります。自宅出産という選択肢もあります。でも、持病がある等の理由で出産リスクが高い妊婦の場合、「安全」性を考えると、自宅や助産院での出産は難しくなります。定期的に健診に通うためには、病院までの距離も考慮すべきでしょう。「安心」を得るためには、口コミやホームページ等の情報だけでなく、実際に足を運び、主治医やスタッフ、病院全体の雰囲気を感じることも大事です。

無痛分娩を希望、会陰（えいん）切開はいやだ、出産後は母子同室がいい、といった具体的な希望がある人は、事前にその希望を伝え、主治医の出産に対する考え方を聞いて、納得してから決めましょう。また、里帰り出産を考えている場合、あなたとパートナーにとってそれがベストな方法なのか、一度よく考えてみましょう。

●重要● 昨日までに、お腹の赤ちゃんの心臓が動き出していない場合でも、今日には動き出すでしょう。でも、ドップラー胎児心拍計で心音が聞こえるほど、赤ちゃんの心臓の鼓動が強くなるまでには、もう少し時間がかかります。

*diary & memo*

---

子どもは、古い生活パターンを新しいものに変え、よりよい生活を築くための好機だ。
Hubert H.Humphrey

## 5週と6日 / 27日目

出産予定日まであと **239**日

赤ちゃんはいま、アルファベットの「C」のような体勢です。頭部には、のちに目となる小さなくぼみができてきます。体の側部には、腕となる基部が盛り上がってきます。あと数日中には足の芽も現れてくることでしょう。腎臓（じんぞう）のもとも現れますが、いまはまだ機能していません。体の成長が脊髄の成長に追いついてくるのに従い、お尻のしっぽ状の部分は目立たなくなってきます。

もしかしたら今日、妊娠判定薬や病院で妊娠を確認した人もいるかもしれません。おめでとうございます！ でも喜びと同じくらい大きな不安や心配を感じた人もいることでしょう。とくに初めての経験だとしたら、不安を抱くのは当然のこと。これから、一歩一歩着実に、赤ちゃんを迎え入れる心と体の準備をしていきましょう。今日初めてこの本を手にした人は、受精から今日まで、お腹の中で赤ちゃんがどのような発達を遂げてきたのか、これまでのページを読んでみるのもいいでしょう。

**食事 & 栄養** 妊娠したことがわかると、お腹の赤ちゃんの分までがんばって食べようと考える人もいるでしょう。でも、妊婦に必要なのは「2人分の食事量」ではなく、赤ちゃんの発育やママの健康をサポートするための「栄養」なのです。妊娠期間中に必要なカロリーは、普段必要とされる1日の摂取目安よりも、初期で50kcal増えるだけに過ぎません。でも、鉄分、葉酸、ビタミンなどは、いつも以上に必要になります。つまり、カロリーよりも、さまざまな栄養素に富んだ食事が大切なのです（摂取カロリー量については13ページ参照）。

**信じられる？** あなたのお腹にいる赤ちゃんの心臓は動いているんですよ！

**考えてみましょう** 初めての妊娠ではないという人は、前回妊娠がわかった時と今回とでは何か違いはありましたか？ 一般的に初めての妊娠よりも2回目以降のほうが、より早く、より正確に妊娠に気づく傾向があります。いやなにおいに反応する敏感さ、疲労感、あるいは歯ぐきがヒリヒリする感じなどが、以前に経験した人にとっては、すぐに「赤ちゃんができた!?」とピンとくるものだからです。でも、妊娠中の経過（たとえば、つわりの重さやその症状など）が前回と同様になるとは限りません。なぜなら、前回とはまったく違う環境、まったく違う体で、新たな赤ちゃんを身ごもっているのですから。生まれてくる赤ちゃんのためにも、新鮮な気持ちで妊娠生活を送りましょう。

*diary & memo*

## 6 weeks

体重　　　　　kg
ウエストサイズ　　　　　cm

**6週と0日**

**28日目**　出産予定日まであと**238**日

　目のレンズに映ったものを伝達する視神経の発達が、脳内で重点的に行われます。これからの4週間で、皮膚の表面や舌、鼻腔が作られ始め、リンパ系（細菌などを除去するシステム）も発達します。2つの腎臓が作られますが、まだ機能しません。腕は水かき状のままで、足の芽が現れます。今週中には、生殖器の発達に必要な組織がすべてそろいます。生殖器の発達は、女の子は卵巣から、男の子は精巣からスタートします。

　これからの6日間で、赤ちゃんの脳、頭、体は急激な成長を遂げます。まずは頭部が成長しますが、それはこの時期、脳と顔の部分が急速に成長するためです。この成長を助けるためにママができることは何でもしましょう。いちばんのサポートは、質のよい食事をすることです。

**食事＆栄養**　牛乳には、タンパク質やカルシウム、リン、ビタミンA、ビタミンDなどいろいろな栄養が含まれています。妊娠中は、カルシウムが腸内で吸収されるのを助けるためにビタミンDも摂りましょう（1日7.5μg）。普通の牛乳は、大人が飲むにはコレステロールが高すぎるので、脂肪分やカロリーをおさえるために、低脂肪乳や無脂肪乳を飲むのもよいでしょう。脂肪調整をしていない牛乳や、ラクトースアレルギーの人用に調整してある牛乳のほうがよいケースもあるでしょう。

　牛乳や乳製品に対してアレルギーがある場合は、カルシウムやリンの摂取の仕方について主治医に相談しましょう。

**知ってた？**　妊娠1カ月の段階で発達した卵黄嚢のことを覚えていますか？　いまはその働きが停止し、サイズも小さくなっています。出産までは、小さな何の役にも立たないかたまりとしてその場に留まりますが、赤ちゃんが生まれた後の後産の際に流れ出てきます。

*diary & memo*

いったん生命を産み落としたからには、世界を変えることになっても、
その生命を守らなくてはならない。
Elie Weisel

| 6週と1日 | ／ |
|---|---|
| **29**日目 | 出産予定日まであと**237**日 |

赤ちゃんはいま、5〜7㎜。小さめのコーヒー豆くらいのサイズです。ここまでの30日間で、受精時の1万5000倍もの大きさに成長した計算になります。さらにあと1週間で身長は今の2倍にまで成長します。そろそろ中胚葉節が全部（38対）できあがる頃です。この中胚葉節が、骨や頭の筋肉、胴体、神経管を作ります。足になる突起がまだ現れていなかったとしても、今日には現れるでしょう。

6週になると、超音波検査で赤ちゃんの姿を確認できるようになります。それと同時に、出産予定日を伝えられるケースも多いでしょう。出産予定日は、赤ちゃんの頭臀長を測ることによって、まず妊娠した日を割り出してから計算します。同時に妊娠週数もわかります。この計算方法で割り出した妊娠日は、誤差は1〜4日以内という正確さです。

**知ってた?** 人間は、胎児の時期を含めて3歳になるまでは、通常、腕に比べて足の発達が少し遅れます。

*diary & memo*

| 6週と2日 | ／ |
|---|---|
| **30**日目 | 出産予定日まであと**236**日 |

脳と頭部の急成長が続きます。今日か明日には視床下部の形成がスタートします。視床下部は、食事や生殖行為、体温を保つために重要な役割を果たす部分です。目の発達も続き、目玉らしきものが入った眼窩ができてきます。口の原型も現れます。頭蓋骨のプレートはまだ所定の位置にはありません。21日目に現れた組織の溝が、食道へと発達します。

この時期のほとんどの妊婦は、まだ自分の体の変化に気づきません。子宮のある、おへその下あたりがふくらんでくると、体の変化を実感するようになるでしょう。

**食事&栄養** 大豆を積極的に食べましょう。「畑の肉」といわれる大豆には、タンパク質の合成に必要なすべてのアミノ酸が含まれています。これは野菜の中では大豆のみ。赤ちゃんの脳細胞の発達にはタンパク質がとても大切です。心臓や血管によいとされる脂肪分やビオチン、ビタミンB群は、脳や肝臓機能にとって不可欠なタンパク質やグリコーゲンを作るのに必要な栄養素です。妊娠期に必要とされるビオチンの1日の摂取目安量は47μg。穀物やシリアル、レバー、乾燥豆、ナッツ、加熱した卵、カ

## 2ヵ月 6週　29日目〜31日目

リフラワーなどに多く含まれています。

**知ってた?** 赤ちゃんの主な器官がその働きをスタートさせるのは、妊娠5週から9週の間です。明日までには、胸部の器官の発達を保護するために、背骨からあばら骨が出てきます。9週頃になると、胎児は人間の赤ちゃんらしい形になってきます。

### 6週と3日
### 31日目
出産予定日まであと**235**日

赤ちゃんの腕は、水かき状のものから船の櫂（かい）のような形に変化します。今週中には手足の骨を包む筋肉が現れ、手足に神経ができてきます。この時点では、口は顎（あご）の大きさに対し、とても大きくなっています。この9日間ほどで、顔となる部分に舌となる組織ができてきます。

赤ちゃんの成長には大量の水分が必要です。赤ちゃんはお腹の中にいる間はつねに羊水に浮かんでいるわけですが、羊水は随時、老廃物の混ざったものと新鮮なものと入れ替えているため、ママが水分をたくさん飲む必要があります（十分な水分はママの体内の老廃物を体外に放出してくれます）。水分補給するのに最適なのは水です。毎日少なくともコップで8杯以上（1.2ℓ以上）の水分を摂るようにしましょう。

**知ってた?** 羊水はお腹の赤ちゃんによって作られます。はじめは、まだ表面が形成されていない皮膚から分泌され、のちに赤ちゃんの生殖器系からも分泌されます。その量は、1日に300〜400㎖ほどです。

*diary & memo*

(　　　　　　　　　　　　　　　　　　　　)

子どもたちは家の中を明るくしてくれる。その明かりを消すことは決してない。
Ralph Bus

**6週と4日**
**32日目**　出産予定日まであと**234**日

赤ちゃんは7〜9mmの大きさに成長しています。1円玉に2人が収まる計算です。鼻窩（びか）（鼻腔のもと）が目立つようになってきました。発達段階の心臓が、赤ちゃんの胸壁を通して見えます。腎臓はすでに最終形に近づき、この1週間のうちに尿を作り始めるでしょう。これからの4日間で、手のひらが現れます。手のひらには、のちに手と指となる組織が入っています。

妊娠を知って、どれくらいたちましたか？　まだあなたの心は、喜びというより、驚きととまどいに満ちているかもしれません。つわりが重くて、ため息をついてばかりの人もいるでしょう。つらい思いをしているママの体の中では、あなたの息子か娘が成長を続けています。どうかがんばって、お母さん。

**食事 & 栄養**　妊娠中は、1日に1.4mgのチアミン（ビタミン$B_1$）、6mgのパントテン酸（ビタミン$B_5$）を摂取すると、炭水化物を含む食品からエネルギーを摂り入れるのに役立ちます。チアミンは、ママの正常な食欲を促すのにも役立つし、心臓、脳、肝臓、腎臓、骨や筋肉の機能に不可欠な栄養素です。パントテン酸は、胃腸系になくてはならないものです。チアミンが豊富に含まれる食材には、ハム、豆製品、玄米ご飯、小麦胚芽などがあり、パントテン酸のよい供給源となる食材には、レバー、魚介、納豆などがあります。さらに、その2つの栄養素が豊富に含まれる食材には、豚肉やうなぎの蒲焼きなどがあります。

**●重要●**　アルコールを定期的、あるいは過剰に飲む女性は、ビタミンB群、とりわけチアミンと葉酸が不足しがち。また、タンパク質とマグネシウムも必要量に満たなくなります。これらの栄養素は、脳や神経のシステムが正常に機能するためには必要不可欠なもの。なぜ、妊婦の飲酒がうるさくいわれるか、これでわかることでしょう。

*diary & memo*

## 2ヵ月 6週　32日目〜34日目

---

### 6週と5日　／
### 33日目　出産予定日まであと233日

🧒 脳の発達が急激なため、この時期の赤ちゃんの頭は、胴体よりもかなり大きくなっています。頭が大きいため、鼻窩（びか）も簡単に見つけることができます。足は船の櫂（かい）のような形に見えるようになってきました。

👩 普段よりも疲労を強く感じがちな時期です。疲れたと感じた時は体を休め、無理をしないようにしましょう。昼寝をして寝過ごすのが心配であれば、目覚まし時計をセットしましょう。たとえ10分でも30分でもリラックスすることが、いまのあなたには大切です。

**食事 & 栄養** だれにでも適度な脂肪分は必要です。なぜなら、脂肪分には皮膚や髪の毛の健康を保つ、神経細胞の伝達を早める、炭水化物が不足している時にエネルギーを供給するといった働きがあるからです。でも、アメリカの女性は一般的に脂肪分を摂りすぎています（これは日本の女性にもあてはまることです）。マーガリンやバターはその80％が脂肪分です。脂肪分の摂りすぎを気にしているのであれば、低脂肪や無脂肪のバターやマーガリンを使ってみてはどうでしょう？　ベーコン、アイスクリーム、揚げ物にも大量の脂肪分が含まれています。

*diary & memo*

---

### 6週と6日　／
### 34日目　出産予定日まであと232日

🧒 この時期までには、赤ちゃんの脳を2等分する分け目が現れます。上顎（うわあご）、下顎（したあご）も現れます。性別に関わらず、乳腺組織が形成され始めます。こんなにもいろいろな器官が現れてきたというのに、赤ちゃんの重さは、わずか0.001ｇほど。私たちの下まつ毛1本の重さに過ぎません。

👩 妊婦は排卵しません。子宮の表面では、多くの未成長の卵子が作られていますが、ホルモンの刺激がないため、それ以上成長しないのです。今日で妊娠6週が終わります。

**知ってた？** この頃には、赤ちゃんは外からさわられる刺激に対し、反応を示すようになります。これは、まだ発達段階ではあるものの、神経系統が筋肉と連絡を取り、筋肉は神経系統からの命令を受け取っていることを意味します。反射神経を基本とするこの動きは、子宮にいる時と出生後の行動の基礎となります。

**食事 & 栄養** 卵には、ビタミンC以外の重要なビタミンすべてとミネラルがバランスよく含まれています。卵1個には約6ｇの良質のタンパク質も含まれています。

---

親たちは、子どもが成功してほしいと思うあまり、
彼らの時間やプライバシーが必要だということを忘れてしまうことがある。
James Cox

## 7 weeks

体重　　　　　kg
ウエストサイズ　　　　cm

**7週と0日**
**35日目**　出産予定日まであと**231**日

**7週と1日**
**36日目**　出産予定日まであと**230**日

　筋肉の動きを司（つかさど）る小脳が発達し始めます。口内の上壁のもとが形成されます。手のひらの芽がまだ現れていなかったとしても、今日には現れるでしょう。肘（ひじ）や手首も認識可能になります。脾臓（ひぞう）（抗体を製造し、使用ずみの血液細胞や細菌を血流から取り除く器官）の発達が始まり、肝臓も大きくなってきました。10週頃までには、赤ちゃんの肝臓は体全体の10％の重さになり、赤血球を作ります。

　骨盤底の筋肉をきたえるための「ケーゲル体操」について、主治医に聞いてみましょう。この筋肉をきたえると、これから重くなっていく子宮を支えるのに役立つだけでなく、出産の際にも役立ちます。

**食事&栄養**　妊娠中は、ベーコンやポークソーセージなどは控えめにしましょう。これらの食品は約50％が脂肪分です。

**出産文化いろいろ**　史実に基づくと、フィリピンのある部族の間では、双子のバナナを食べると双子の赤ちゃんが生まれ、ナスを食べると肌の色の黒い赤ちゃんが産まれてくるという言い伝えがあります。

　赤ちゃんはいま、8〜11mmの大きさです。これは1円玉の半分程度のサイズ。この8日間で2倍になった計算です。脳内では下垂体の形成が始まりました。下垂体は、成長ホルモンや甲状腺、副腎、生殖器などのリンパ腺の機能をコントロールするホルモンを作ります。においの感覚を司る嗅球（きゅうきゅう）も脳内で形成されてきます。これからの4日間で、目の網膜（もうまく）内で色素の形成がスタートし、船の櫂（かい）のような形をしていた場所に足のひらが現れてきます。気管、声帯、気管支、歯となる基部も作られ始めます。

　ナイアシンやパントテン酸には、炭水化物やタンパク質、脂肪分からエネルギーを取り込むのを助ける働きがあります。これは、赤ちゃんの脳や神経系、肝臓の発達にとりわけ重要なものです。妊娠中のナイアシンの1日の摂取目安量は15mg。タンパク質を十分に摂れば、ナイアシンもしっかり摂れています。

**知ってた？**　赤ちゃんは、ものすごい勢いで成長しています。もし、出生後の赤ちゃんが、いまのスピードで成長したとすると、生後1カ月で身長15フィート（約4.572m）にまで成長する計算になります。

*diary & memo*

男は戦争を好み、女は子どもを産み続ける。
ヒンドゥー教の格言

## 2カ月 7週　35日目〜37日目

### 7週と2日
### 37日目
出産予定日まであと**229**日

外耳（顔の外側に出ている部分）ができる場所がふくらんできました。上唇も作られ始めます。赤ちゃんの体内にはいま、体のサイズに比べて大きすぎる肝臓と2つの腎臓があるため、腸のためのスペースが狭くなっています。数日中にへその緒の中に腸ができてきますが、赤ちゃんの体内に腸が移動するのはまだ先のことです。卵子と精子を作る細胞も、まずは卵黄嚢の中で形成され、1〜2日以内に骨盤内に移動します。これらの細胞は、胎児の性別によって卵巣か精巣に発達していきます（性別そのものは、受精時にすでに決まっていますが）。その発達は、来週からスタートします。

赤ちゃんを授かったことをどんなに喜んでいる人でも、妊娠初期には、ホルモンや神経伝達物質の変化で、軽いうつ状態になったり、いらだちを感じることでしょう。妊娠が進むにつれ、ウソのように晴れやかな気持ちになるケースが多いので、しばらく時が過ぎるのを待ちましょう。

**知ってた?** の部分を読むと、赤ちゃんは足よりも先に腕が発達し、下唇よりも先に上唇が作られ、脳が他の器官よりも先に精巧になっていくことに気がつくでしょう。これらは、「生物の発達は頭部（cephalo）から尾部（caudal）への順番で成長していく」という、cephalo-caudalのパターンに従っています。体内システムの発達は、ランダムではなく順序立てられているので、各器官はその順番を待たなくてはなりません。

**食事&栄養** これまでは朝食抜きの生活をしていた人も、妊娠を機に、朝ご飯を食べるようにしましょう。つわりでご飯の炊けるにおいがダメだという人は、シリアルを食べてみては？ シリアルは、手軽かつ栄養分にすぐれた食品。小麦、コーンなどの精製されていない穀物からできており、ビタミンB群が豊富です。ミルクと一緒に食べることによって、良質のタンパク質を摂ることもできます。

*diary & memo*

どの親にとっても、自分の子どもが世界一可愛いものだ。
イギリスの古いことわざ

## 7週と3日
### 38日目
出産予定日まであと **228**日

明日までには、船の櫂状だった部分に足のひらができ、目の網膜の中に色素が現れます。胎児の頭部の両側には、耳道、外耳の溝となる部分が盛り上がってきます。

ニキビができたり、逆に乾燥したりという肌荒れの症状も、妊娠初期に現れる変化のひとつ。脂分の分泌量の増加や、ホルモンレベルの変化によるものです。

**↑アドバイス**
乾燥肌にはなんといっても保湿がいちばん。脂性肌の場合は、刺激の弱い石けんや洗顔フォームで洗いましょう。ニキビ用の薬は使用しないように。もし薬を使って副作用が出た場合は、主治医に相談しましょう。

**食事 & 栄養** 赤ちゃんの歯や骨の形成に必要なカルシウムは、日本人にはもともと不足しがちな栄養素。妊娠中は意識して摂りましょう。牛乳やチーズ等の乳製品、煮干しやちりめんじゃこ等の小魚などに、カルシウムは豊富です。お茶やコーヒー、炭酸飲料の代わりに牛乳を飲みましょう。ひじきや切り干し大根にはカルシウムに加え、鉄分やビタミンB等の栄養素も豊富なので、妊婦におすすめの食材です。

## 7週と4日
### 39日目
出産予定日まであと **227**日

赤ちゃんの体が、のちに心臓、肺、その他の内臓器官になる部分に分かれてきました。心臓は4つの心房に分かれつつあり、すでに動き出しています。この時期の心臓が血液を送り出す力は、大人の約20％程度。横隔膜（胸腔と腹腔とを隔てる膜）も作られ始めます。足のひらの成長は続いています。歯ぐきの中で乳歯の形成がスタートし、顎と顔の筋肉も作られ始めます。目に色素が沈着しているように見えます（でも生まれるまで、目の色は確立しません）。明日までには、目の筋肉の形成は完了するでしょう。

グルコースの代謝がつわりの原因となることもあります。妊娠中は、寝ている間にグルコースレベルが低くなりすぎないように、就寝前に牛乳やトーストなど軽食を食べるといいかもしれません。ただし、たっぷりと砂糖が含まれているもの、揚げ物や脂肪分が多いものは避けましょう。

**食事 & 栄養** つわりで無性に甘いものが食べたくなる人もいます。でも、食べすぎには要注意。カロリーオーバーだけでなく、チョコレートやココアはカフェインを含んでいるからです。

*diary & memo*

## 2ヵ月 **7**週  38日目〜40日目

---

**7週と5日**
**40日目**　　出産予定日まであと**226**日

赤ちゃんは11〜14mmに成長しました。これはピーナッツの殻にすっぽり入ってしまう程の大きさで、その重さは殻つきピーナッツよりも軽いものです。頭部から発達しているため、いまの赤ちゃんは、かなり頭でっかちの状態。発達途中の心臓がある盛り上がり気味の組織の上に、頭部がかぶさるような形になっています。これからの2日間で、「C」のような形をしていた赤ちゃんの、首やお尻がまっすぐになってきます。手のひらには指の芽ができてきました。手の成長はこれからも続きますが、いまはホタテ貝の殻のような形をしています。

気分はどうですか？ つわりで気分の晴れない日々を送りながら、「つわりは仕方のないもの」と、じっと時期が過ぎるのを待っている人も多いでしょう。でも、次のような症状がある場合は、医師に相談しましょう。
- 数日にわたって何も食べられない
- 体重が妊娠前より5kg以上減った
- 1日中吐いてばかりで、生活するのが困難

このように、あまりにつわりの症状がひどくて体が衰弱してしまうことを「妊娠悪阻」と呼びます。

➕ 下腹部の強い張りや痛み、出血が続く場合は、病院で診察してもらいましょう。

**食事 & 栄養**　木の実の70〜90％は脂肪分ですが、その多くは、心臓や血管によい脂肪分です。この脂肪分は主に魚介類や植物油に含まれており、魚をあまり食べない人には、クルミがおすすめです。クルミには、魚介類と同じような良質な脂肪酸が含まれています。ピーナッツは木の実ではありませんが、木の実同様に、体によい栄養素を含んでいます。

**出産文化 いろいろ**　昔の日本では、出産後、胎盤から切り取られたへその緒を白い紙に何重にもくるみ、さらに父親と母親の名前が書かれた紙に包んで保管していました。その後、大人になってからは、自分のへその緒を肌身離さず持ち歩いていました。

**知ってた❓**　赤ちゃんの成長は、体全体がバランスよく進むわけではありません。ある日の成長は腕に集中していることもあれば、ある日は背中の部分に集中しているという具合です。

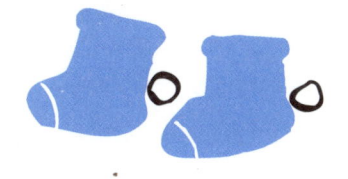

*diary & memo*

親は子どもを通して人生の試練をたくさん経験する。
Muriel Spark

| 7週と6日 | |
|---|---|
| **41日目** | 出産予定日まであと**225**日 |

今日までに、赤ちゃんの手のひらに、のちに指となるくぼみが現れるでしょう。心臓内では、肺動脈（酸素を取り入れるために肺に血液を送る血管）が大動脈から分離しました。発達中の腎臓は、背中の最終的な位置に近づくと尿の生産を開始します。赤ちゃんの腕の形成にもっとも重要な時期は、今日で終了です。すでに腕は、きちんとした形で、あるべき場所に位置しているのです。

今日で妊娠2カ月が終わります。ちなみに今日は、妊娠して生理が来なくなってから数えて、2回目の生理が来る頃でした。

**食事 & 栄養** 体の抵抗力を強めるビタミンAも、妊娠中に積極的に摂りたい栄養素です。このビタミンAを効率的に吸収するために、ビタミンEを摂りましょう（1日8mg）。ビタミンEには、動脈内に血栓を作る悪玉コレステロール（LDL）を減らす働きもあります。ビタミンEは植物油に多く含まれ、テーブルスプーン1杯分の植物油で、1日の摂取目安量を摂ることができます。このほか、マーガリン、キングサーモン、うなぎの蒲焼き、ツナ缶、子持ちガレイ、カボチャ、サツマイモ、アーモンド、ヒマワリの種、小麦胚芽なども、ビタミンEのよい供給源です。

**知ってた?** 妊娠中、ママの子宮内の細胞は、妊娠前に比べて17～40倍に増えます。これは、エストロゲンというホルモンの増加によるもので、これによって、子宮は赤ちゃんの成長に合わせて膨張できるようになるのです。

*diary & memo*

# 3
## Lunar Month

### 今月の体の変化＆心がけたいこと

| こころ&体の変化 | ● おりものの変化や出血、排尿時に痛みがある人は、主治医に連絡する<br>● 感情の起伏が激しくなる<br>● 静脈瘤ができやすくなるので、その予防に心がける<br>● 肌のトラブル<br>● 乳房が大きくなる |
|---|---|
| 日常生活 | ● 便秘を予防する<br>● 軽い運動をする<br>● 十分な睡眠と休養を心がける<br>● 外出後や食事・調理前には必ず手を洗い、風邪等の感染症を予防する |
| 食生活 | ● バランスのよい食生活と、赤ちゃんの成長をサポートする栄養素の摂取を心がける<br>（体全体の発育→タンパク質、食物繊維、適度な糖分、脂肪酸、ビタミン／脳や神経の発達→葉酸／血液の生産→鉄分、葉酸、ビタミンB／骨の形成→カルシウム、亜鉛など）<br>● 水分をたくさん摂る |

※引き続きつわりがある人は、いやなにおいは避ける、何回かに分けて少しずつ食べる、就寝前や起床直後に軽食を口にするなどの対策をしましょう。

※喫煙、薬の服用、アルコールやカフェインの摂取は、妊娠期間を通して控えましょう。

## 8 weeks

体重　　　　　kg
ウエストサイズ　　cm

| 8週と0日 | |
|---|---|
| **42**日目 | 出産予定日まであと**224**日 |

今週には、6週頃に現れた軟骨が固い骨へと急激に変化します。この2日間で、のちに膝や足首となる場所がくぼんできます。手のひらには溝ができ、指が生える場所がはっきりしてきます。骨盤内に生殖巣が作られ、来週あたりには、赤ちゃんの性別によって卵巣か精巣が形成されます。性別に関わらず、乳首が現れてきます。また、まぶたの形成もスタートします。

妊娠中、ふくらはぎや太ももの血管の一部分がコブのようにふくらむ静脈瘤ができる人は珍しくありません。これは、体内で生産される血液の量が増え、さらに体重も増加するため、足の血管にいつも以上の圧力がかかることによって起こる症状です。

**↑アドバイス**
静脈瘤を防ぐためには、以下のことが有効です。
- 足を高い位置に置く
- 座っている時には足を組まない
- 長時間立ち続けるのを避ける
- 体重が極端に増えるのを防ぐ
- 1日30分程度、適度な運動をする

　最初の妊娠で静脈瘤ができた人は、今回も同じ症状が出る可能性が高いでしょう。

**食事 & 栄養**　ビタミンKを摂りましょう。ビタミンKには、血液を凝固させたり、カルシウムを骨に変えるのに必要な物質を作る働きがあるからです。摂取目安量は1日に60μg（18〜29歳の場合。30〜49歳は65μg）。キャベツ、カリフラワー、緑黄色野菜、海藻、納豆などに多く含まれています。

**知ってた?**　私たちの体内にあるビタミンKの半分は、じつは腸内細菌によって作られています。残りの半分は、食事から取り入れます。生まれたばかりの赤ちゃんの場合、腸内にその細菌が存在しないため、出生後すぐにビタミンKの注射を打ちます。

*diary & memo*

お母さんにとっては、どのカブトムシもガゼルなのです。
（お母さんにとってはどんな子でもすばらしい）
ムーア人の格言

## 3ヵ月8週　42日目〜44日目

### 8週と1日
### 43日目
出産予定日まであと**223**日

お腹の赤ちゃんには、何かにふれた時に起こる反射作用が、すでに備わっています。そのため、頭にふれると、赤ちゃんは逆の方向を向くようになります。大脳半球となる組織もはっきりし、内耳にはバランス感覚を司る三半規管が作られ始めます。これからの3日間で目にまぶたが形成され、肘もはっきりとわかるように。また、今日までには膝や足首となるくぼみがはっきり見えるようになるでしょう。足の指の原型も現れてきます。

生理中に肌荒れの症状が出ていた人は、妊娠中にも似たような症状が現れるかもしれません。

**食事&栄養** カルシウムは骨や歯を作る大切な栄養素。妊娠中は1日600mgが必要です。牛乳や乳製品はカルシウムが豊富。2%の低脂肪牛乳1カップには約260mg、無脂肪牛乳1カップには約300mg、ヨーグルト1カップ（200cc）には、約240mgのカルシウムが含まれます。

**知ってた？** この時期になると、赤ちゃんの脳波が記録できるようになります。

### 8週と2日
### 44日目
出産予定日まであと**222**日

赤ちゃんは13〜17mm程度まで成長しました。少し狭いですが、1ℓボトルのキャップに2人が収まる大きさです。今日か明日までには、乳首がはっきりと認識できるようになります。脳や筋肉、神経系が発達するにつれ、体や手足が自発的に動くようになります。でも、赤ちゃんはまだ小さすぎて、ママの子宮壁にはほとんど当たらないので、残念ながら、ママがその動きを感じることはできません。

体内の血液量がだんだんと増えてきます。妊娠中のママの体は、胎盤や胎児にも血液を循環させるため、妊娠前よりもたくさんの血液を生産するのです。

**食事&栄養** 赤血球や血漿（けっしょう）を作るためには、ビタミンB₆とB₁₂、葉酸、鉄分が必要です。ビタミンB₆が豊富に含まれる食品には、レバー、サバやイワシ等の青魚、胚芽米、バナナなどがあります。レバー、マス、牛肉（85gの牛肉にはハンバーガーに含まれるビタミンB₁₂の2倍の量、しかもハンバーガーほど脂肪分は含まれていません）、牛乳、乳製品には、ビタミンB₁₂も豊富です。

*diary & memo*

子どもはエネルギーに満ちあふれているが、親はその舵（かじ）を取らなくてはならない。
Dr.Benjamin Spock

| 8週と3日 | / |
|---|---|
| **45**日目 | 出産予定日まであと**221**日 |

いま、顔となる組織は、初歩段階のパーツを形成中。鼻らしきものができつつあります。今日までには、肘がはっきりと認識できるようになり、腕には動脈、静脈がきちんと通います。足のひらの皮膚がくぼみ、足の指の原型も現れてきます。

乳房がチクチクしたり、柔らかくなったことに気づく人が多いでしょう。急に大きくなり、重く感じる人もいるのでは？　胸が垂れ下がるのは、重力、年齢、遺伝子的な要因によるものだとしても、妊娠中にしっかりサポートするのは、その後のためにもとても重要なことです。サポート機能のあるマタニティ用のブラジャーを使ったり、上半身を整えるエクササイズをしてみましょう。エクササイズの量に関しては、主治医に相談しましょう。

**食事&栄養** ご飯やパン、パスタ、シリアルは、炭水化物とビタミンBのよい供給源。さらに、お米は胚芽米や玄米を、パンやパスタも全粒製品を選ぶと、ミネラルや繊維質も補給できます。ただし、炭水化物の摂りすぎは肥満につながるので、妊娠中、ご飯は食事1回につき1膳にして、おかずをバランスよく食べましょう。

*diary & memo*

| 8週と4日 | / |
|---|---|
| **46**日目 | 出産予定日まであと**220**日 |

今日にはまぶたが現れるでしょう。この2日間で胴体が伸びてきます。この時期、赤ちゃんの内臓は、体に収まるには大きすぎるほど急成長するため、腸の大部分はへその緒の中にあります。また、今週中には背骨が発達し、骨と骨の間でクッションの役目を果たす椎間板の形成がスタートします。

相変わらず胸やけや消化不良の症状がある人は、低脂肪の軽食や食事を少しずつ食べましょう。一般的に、妊娠初期にはスパイシーで油のギトギトした食品、チョコレートなどが欲しくなるものの、実際には食べられない状態になる人が多いようです。でも、これは赤ちゃんが生まれてしまえば元に戻ります。

**食事&栄養** すべての緑黄色野菜には、ビタミンAの前駆物質であるβ-カロテンが多く含まれています。妊娠期間中は1日に670μgRE（レチノール当量）のビタミンAを摂ることを目標にしましょう。

**知ってた?** 赤ちゃんの腹部は、上部よりも底部のほうが早く発達します。そのため、お腹は丸い形をしているのです。

## 3カ月 8週　45日目〜48日目

### 8週と5日　47日目
出産予定日まであと **219**日

赤ちゃんはいま、16〜18mm、約1gの大きさ。ティースプーン1/5の水と同じ重さです。手のひらのくぼみに指となる突起が現れ、頭や顔の部分では着々と成長が続いています。たとえば、目の構造がかなり発達。でも見る力はまだ備わっておらず、その位置もウサギのように頭の横にあります。これから3日間で、舌や顔の下あたりに耳が形成されていきます。これらは、発達が進んで頭の形が完成形に近づくに従い、本来あるべき位置へと移動します。へその緒内にあった腸が、赤ちゃんの体内に移動する時期になりました。

この時期は、ママの病気が胎児にも感染します。伝染性の病気に注意しましょう。風邪やインフルエンザなどにかかっている人との接触を避け、外出後や家事や仕事の合間には、石けんを使って手を洗うようにしましょう。

風邪やインフルエンザの疑いがある時は薬を飲む前に主治医に相談しましょう。

**知ってた？** この時期の赤ちゃんの腕の長さは、この本に印刷されている数字の1の長さに近づいてきました。

*diary & memo*

### 8週と6日　48日目
出産予定日まであと **218**日

これからの3日間で腕が伸び、肘の部分で曲がるようになります。手には指も現れますが、まだ短く、それぞれが絡まっています。指と指の間は皮膚が折り重なっています。

妊娠を計画していなかった人やのんびり屋さんの場合、この時期になってようやく、「生理が2カ月も遅れているから絶対何かあるに違いない」と考えるかもしれません。前のページを読みながら振り返ってみましょう。この7週間で、お腹の赤ちゃんは、どれだけの成長や発達をしたことでしょうか。

**食事&栄養** 妊娠中の食事には野菜が大切。野菜やイモ類は、ビタミンAとC、ミネラル、繊維質、ファイトケミカルなど、さまざまな栄養素を含んでいます。生の葉野菜1カップ、切って調理した野菜1/2カップ、野菜ジュース3/4カップが1回の目安量です。

**知ってた？** ママの子宮内では5〜10mlの羊水が生産されました。胎児はつねに水の中に浮かんでいますが、肺呼吸はしていないので、おぼれる心配はありません。酸素はへその緒を通して赤ちゃんに届けられています。

この世でもっとも繊細でデリケートなものは、小さな子どもの心だ。
Henry Handel Richardson

## 9 weeks

体重　　　　kg
ウエストサイズ　　　　cm

| 9週と0日 | / |
|---|---|
| **49**日目 | 出産予定日まであと**217**日 |

| 9週と1日 | / |
|---|---|
| **50**日目 | 出産予定日まであと**216**日 |

脳の表面の発達がスタートします。大人の脳のように丸くなり、亀裂が入ってくるのです。上唇はすでに完成しました。また、この時期から長い骨の形成がスタートします。長い骨の中に初期の骨の核（骨の形成過程において骨化が始まる部分）が現れ、軟骨を骨に変える指示が出されます。この骨化のプロセスは、つねに上腕部から始まります。

赤ちゃんが女の子の場合、男の子の生殖器が作られるのと同じ組織から陰核が作られます。心臓の形成にとても重要な時期は終了です。もちろん、心臓はこの後も発達を続けますが、これまでのような早いペースではありません。

この時期になると、ママのおっぱいの乳輪には、モントゴメリー腺と呼ばれる12〜30個の小さなデコボコが現れます。これは脂肪分泌腺が大きくなったもので、ここに蓄えられている脂肪により、乳首が柔らかく保たれます。

**食事&栄養** 栄養分を効率よく摂取できるように、調理法に工夫しましょう。野菜は皮をむかずに少量の油を使って焼くようにすると、栄養分が損なわれずにすみます。

目の網膜内の色素沈着が完成します。腕がかなり長くなり、肘で曲がるようになります。手の指も少しずつ長くなっていますが、それでもまだ短く、水かき状をしています。足にも指になるくぼみが現れました。お尻には、まだしっぽのようなものが見えますが、今週の終わりまでにはなくなります。

胎児が成長し、ママの体型が変わってくるにつれ、胸やお腹まわりがきつくなってきたことでしょう。あなたの体は着実に、お腹の中の赤ちゃんを育むこと、そして出産後に備えて変化してきているのです。あなたのお腹は、もう目立ってきていますか？

**食事&栄養** フルーツを積極的に食べましょう。フルーツには、炭水化物、食物繊維、ビタミン、ミネラル、ファイトケミカルなどが豊富。野菜同様、ビタミンAやビタミンCのよい供給源です。中サイズのフルーツ1個、ミカン2個、イチゴ5粒、3/4カップのフルーツジュースが1回の目安量です。でも、つわりでフルーツしか食べられない状態なら、好きなだけ食べましょう。ただし、缶詰や砂糖漬けのフルーツの食べすぎには注意です。

*diary & memo*

子育てに失敗してしまったら、たとえほかのことで成功しても意味がないだろう。
Jacqueline Kennedy Onassis

## 3カ月 9週　49日目〜51日目

**9週と2日　51日目**　出産予定日まであと**215**日

**知ってた?** 赤ちゃんの心臓はすでに力強く脈打っています。胃は消化液を作り、肝臓は血液を生産します。腎臓は血液中の老廃物を取り除いています。また、この時期には赤ちゃんの胴体や腕の筋肉は、脳からの指示によって動かすことができます。

**赤ちゃん今昔** 1652年に、Philip Barroughが著書『The Method of Physick』の中で、「もし痛みを和らげるのに不慣れであれば、まず息を止めて、次に一気に吐き出してみましょう」と、陣痛の際に深く呼吸することを提唱しました。当時は骨盤をリラックスさせることで陣痛は和らぐと信じられていました。この説はいまでも信じられています。

赤ちゃんはいま、約22〜24mm。10円玉くらいの大きさです。鼻はずんぐりとしていて、目には大量の色素が沈着。舌の表面には味覚をキャッチする器官が作られてきます。指が1本ずつ離れてきました。この時期の足先は扇(おうぎ)のような形をしており、指はまだ水かき状のままです。手のひらも足と同様の状態です。今日か明日には、耳の外側が完成するでしょう。

妊娠が進むにつれ、ママの体には色素沈着などの変化が目立ってきます。シミが新たにできたり濃くなったり、乳輪の色が濃くなっているのに気づいた人もいるでしょう。でも、こうした変化は一時的なもの。出産後には元に戻ります。子宮はニワトリの卵くらいの大きさになりました。

**情報** 体内で最初の骨の形成がスタートした時点で、胎芽期は終了します。赤ちゃんの骨が形成されだす時期と、体の基本的構造や器官が現れる時期が一致するために、この時期が区切りの時期となったのです。

*diary & memo*

かわいい子どもはこの世でいちばんすばらしい存在だ。
Charles Lamb

## 9週と3日
## 52日目
出産予定日まであと**214**日

赤ちゃんはこの4週間で4倍の大きさになり、22〜24mmまで成長しています。もし、あなたが同じ勢いで成長したら、20フィート（約6.1m）の高さの部屋でも、かがまないと立てない状況になります。

レントゲン撮影は、X線が子宮まで届いてしまうので避けましょう。

**食事＆栄養** カリウムは、心拍の維持や炭水化物の代謝など、さまざまな体の機能に関わる大切な栄養分です。妊娠中には1日1600mgが安全で効果的な摂取量です。でも、カリウムの錠剤を飲むことはおすすめできません。バナナ、アボカド、ジャガイモ、イチジクといった食品から摂るようにしましょう。なお、熟していないバナナは冷蔵庫には入れないように。冷蔵庫に入れても皮が茶色になるだけで、中身は熟しません。

**健康** リンは人間の体内では2番目に多くあるミネラルです。リンは骨内でカルシウムと結合し、また、すべての体内細胞の構造の一部となっています。妊娠中は1日900mgのリンを摂取することが望ましいでしょう。動物性タンパク質にはリンが豊富。日頃、適量のカルシウムとタンパク質を摂っているのであれば、リンの摂取量も十分です。リンとカルシウムの摂取量は1：1が理想。リンの摂りすぎによって血液中のリン濃度が上昇すると、骨から血液中にカルシウムが放出されるため、骨が弱くなります。また、カルシウムが多すぎてリンが少なすぎると、こむらがえりの原因になります。

**知ってた？** 赤ちゃんが男の子の場合、泌尿器と生殖器の発達は、きわめて密接な関係にあります。今週の男の子には、腎臓から尿を排出する管が精巣の両側に作られます。この泌尿器の発達は、精子（精巣上体）と精子を運ぶ管（精管）の形成を助けます。最終的には、精子と尿は、かなりの部分で同じ管を共有します。女の子の場合はこういったことは起こりません。卵子を作るシステムと尿を作るシステムは、完全に分かれているからです。

*diary & memo*

## 3ヵ月 9週　52日目〜54日目

### 9週と4日
### 53日目　出産予定日まであと213日

まぶたの成長が続きます。舌と耳の外側の部分が完成します。外耳はほぼ最終形になりますが、その位置はまだ低すぎる場所にあります。足先の部分は、ようやく水かき状のものが消え、指が長くなります。手足はちゃんと目的を持った動きができるようになってきました。

ここ3〜4週間で起こった胎児の急激な成長は、今後さらに加速します。この成長をサポートするために、休養、栄養、水分をよくとり、適度な運動をしましょう。ゆっくりとリラックスした生活を心がけ、薬やアルコールは飲まないようにしましょう。

**情報** 赤ちゃんが男の子の場合、精巣からテストステロンという男性ホルモンが分泌されるようになります。このホルモンには、器官が女性器になるのを防ぐ物質が含まれています。一方、女性の生殖システムの発達は、ホルモンや卵巣に左右されません。男女どちらにせよ、生殖器の発達は、妊娠9〜13週の間に起こります。

### 9週と5日
### 54日目　出産予定日まであと212日

赤ちゃんは23〜28mmに成長しました。頭は丸みを帯び、2頭身という不格好なほどの大きさになっています。のちに頭蓋骨になる組織が頭頂部に帯状に現れ、首ができてきました。これからの2日間で、男の子の陰嚢（いんのう）が作られ始めます。陰嚢は胎児の腹壁から現れ、その中には精巣と睾丸（こうがん）が収まっています。

今週からママの体内で生産される血液が40〜50%も増えます。そのほとんどは血漿（けっしょう）（血液中の液体の成分）です。赤血球の量自体はあまり増えません。

**知ってた?** 遺伝子の指示のもと、赤ちゃんの成長は正確に進みます。たとえば、赤ちゃんの耳は両方が一致するように同時に発達します。でも、耳の形については、その家族の遺伝子を引き継ぐため、赤ちゃんによってさまざまです。

**食事＆栄養** 野菜に含まれる栄養は、煮ている時にお湯に溶け出してしまうので、煮ることはあまりおすすめできません。蒸したり、電子レンジで加熱しましょう。煮て食べたいという場合は、こげない程度の少量の水（約1/4カップ）で煮るか、スープにしましょう。

*diary & memo*

子どもたちは過去や未来は考えずにいまを楽しみます。
大人でそれができる人はほとんどいません。
Jearn de La Bruyere

## 9週と6日
## 55日目
出産予定日まであと**211**日

足の発達にとって重要な時期が完了しました。赤ちゃんの両足は、あるべき場所に位置し、ちょうどよい大きさになっています。両足は内側に入り込み、膝は顔のほうを向いています。手足の指は1本ずつ分かれ、足のかかとがはっきりと認識できます。関節や足の爪は生まれるまでに完成します。肩も現れ、その側面には腕ができるように外側を向いています。肘(ひじ)は、お尻のほうを向いています。

今日までに、赤ちゃんを包んでいた薄い層の外胚葉が、より平らな細胞の層にとって代わります。これが、いずれ赤ちゃんの皮膚の表面になるのです。へその緒の中にあった腸が体内に移動する動きは、まだ始まったばかりです。性器の発達もスタートしますが、この時点ではまだ、男の子か女の子かは見分けがつきません。お尻のしっぽ状のものは、見えなくなります。赤ちゃんはいま、身長約29㎜、体重は1〜3gほど。まだまだテーブルスプーンに軽く収まってしまう大きさです。

いまの子宮の大きさは、中くらいのオレンジかテニスボールくらいです。お腹の中では猛スピードで赤ちゃんが成長しているのに、まだあなた自身がそれを感じることがないのは驚くべきことです。あと8週ほどたてば、赤ちゃんはさらに大きくなり、いよいよ赤ちゃんの動き（胎動）をママが感じられるようになるでしょう。お腹の中で成長中のあなたの息子か娘との、初めての出会いはもうすぐです。

**情報** お腹の赤ちゃんは、もう胎芽ではなく、ちゃんと体型の整った小さな赤ちゃんなのです。

**考えてみましょう** 妊娠すると、ホルモンの影響で関節が柔らかくなります。そのため、この時期に運動をすると、いつもより軽やかに動けると感じる人もいるし、知らず知らずのうちに、普段よりずっと力を加えてしまう傾向があります。そのため、ハードな運動ややりすぎには注意が必要です。気候が合えば、プールに行き、水に浮いてみるのもいいでしょう。バランスやリラクゼーションに重点を置いているようなエクササイズ、たとえばヨガや太極拳をしてみるのもいいでしょう。

**知ってた？** ママと赤ちゃんをつなぐへその緒は、出産時には直径19.1㎜ほどの太さになっています。

*diary & memo*

## 10 weeks

体重　　　　　　kg
ウエストサイズ　　cm

### 10週と0日 / 　　　　56日目
出産予定日まであと210日

これから出産まで、赤ちゃんは1日平均1.5mmずつ大きくなりますが、いまは平均以上のペースで成長する時期です。これからの4日間で、皮膚の表面の特別な層である手足の爪、髪の毛のもとが現れます。体はさらにまっすぐになっていきます。7週頃に発達し始めた関節は、いまでは大人の関節と同じような形にまで成長しています。

この頃になると、つわりもピークを越え、吐き気や気持ち悪さが少しずつ落ち着いてくることから、食欲が出てくるかもしれません。まだ食べ物やにおいに対して嫌悪感がある人も、たいていは18週（5カ月半ば）頃にはよくなってくるでしょう。

**知ってた?** 胎芽としての成長の時期は完了しました。これから生まれてくるまでの赤ちゃんは、胎児と呼ばれます。胎児期というのは、体が急速に成長する期間のことですが、頭部の成長過程に限ると、そのスピードは比較的穏やかになります。体の発達は継続しますが、成長する時期としない時期とが交互にやってきます。英語の「Fetus（胎児）」という言葉は、「子孫」を意味するラテン語から派生しています。

### 10週と1日 / 　　　　57日目
出産予定日まであと209日

いま、赤ちゃんの頭の大きさは、体全体の半分以上を占めています。顔は大きく、目は離れていて閉じています。耳はまだ頭の下のほうにあります。今週の終わりには、赤ちゃんはクレジットカードの縦の長さ（約5cm）と同じくらいにまで成長します。

生産される血液が増えるにつれ、足や乳房、お腹まわりの血管が透けて浮き上がって見えるかもしれません。これは妊娠中にはよくあること。心配はいりません。静脈瘤（じょうみゃくりゅう）を防ぐためにも、サポート効果のある弾性ストッキングをはいたり、体重が増えすぎるのを防いだり、足を高い位置に上げたりして、血液循環を促しましょう。

**食事&栄養** 妊娠中は砂糖で甘くした食品を食べる代わりに、最初から甘い食べ物（フルーツなど）を食べたり、体によいとされる代替甘味料であるオリゴ糖や糖アルコール（キシリトールなど）を使ってみましょう。いずれも砂糖に比べるとエネルギーが低く、血糖値の気になる人にはおすすめです。でも、代替甘味料が加えられているジュースなどは、自然な食材の代わりに摂るべきではありません。

*diary & memo*

エゴを捨てて子どもを愛しなさい。とても難しいことだが、それが唯一の方法である。
Barbara Bush

| 10週と2日 | ／ |
|---|---|
| **58**日目 | 出産予定日まであと**208**日 |

胴が少しずつ長くなり、姿勢がまっすぐになってきます。両足はまだ短く、太ももも細いのですが、両足にはすでに血管が通っています。

ママの子宮は小ぶりのグレープフルーツほどの大きさになっています。今週の終わりまでには、約30mlの羊水に赤ちゃんが浮かぶようになります。羊水は3時間おきに新しいものと交換されています。

**健康** ビタミンCは、皮膚や骨、血管を作るコラーゲンの働きを促すほか、鉄分の吸収を助ける働きや抗酸化作用もあります。フルーツ全般（とくにキウイフルーツ、オレンジ、パパイヤ、柿、グレープフルーツなど）、菜の花、ピーマン、芽キャベツ、ブロッコリーなどに豊富に含まれます。1日110mgのビタミンCを摂るようにしましょう。

**食事&栄養** 水分を摂ることは大事ですが、ジュースを大量に飲むことは避けましょう。約350mlのフルーツ飲料には、平均してティースプーン5杯分の砂糖が入っています。

| 10週と3日 | ／ |
|---|---|
| **59**日目 | 出産予定日まであと**207**日 |

これからの4日間で赤ちゃんの皮膚は厚くなり、透明ではなくなってきます。腸があるべき位置へ移動し終えるには、あと1週間ほどかかります。

受動喫煙や汚れた空気をできるだけ避けましょう。タバコの煙や大気中の汚染物質は、まずママの肺に入り、血液中の酸素と一緒に循環し、その後胎児にも運ばれます。家の中の換気をよくし、外出時も周囲の環境に気をつけましょう。家族にタバコを吸う人がいる場合、できれば禁煙を、それが無理でも家の中では吸わないようお願いしましょう。これは、赤ちゃんが誕生してからも同じことです。

**食事&栄養** 妊婦によいとされる食事は、「さまざまな栄養素を含んだ穀類や野菜、果物をバランスよく、適量摂れる食事」です。ママの健康を維持するためには、脂肪分やコレステロール、塩分は控えめにしましょう。

**情報** 水、ビタミン、電解質（ナトリウム、リン、クロライド等のミネラル）は、赤ちゃんの成長のためにも、ママの健康維持のためにも必要です。

*diary & memo*

## 3カ月 10週 58日目〜61日目

### 10週と4日 — 60日目
出産予定日まであと206日

👶 これからの3日間で、目の虹彩（黒目の中心にある瞳孔の外側にある薄い膜。指紋同様、ひとりひとり異なるとされる）が発達します。さらに、この2日間でまぶたの発達が進み、赤ちゃんの目が閉じるようになります。

👩 妊娠中は、ほくろ、あざ、そばかす、傷跡、腟、外陰部などが黒ずむことがあります。これは妊娠中に起こる一時的なものです。

**知ってた?** 乳首の色素が濃くなるのは、母乳育児に備え、赤ちゃんが食事源を見つけやすいようにするためです。

**食事 & 栄養** 食塩に含まれるナトリウムは、体内の水分の量を規制したり、神経細胞の伝達や筋肉の収縮を助ける働きがあり、体に必要なものです。ただし、塩分の摂りすぎは体のむくみにつながるので、妊娠中は要注意です。ベーコンや薫製ハム、漬け物、ポテトチップスなど塩分を多く含む食べ物は控えめにしましょう。

**出産文化いろいろ** スウェーデンでは、すべての出産は専門の教育を受けた助産師のいる病院で行われます。さらに出産前の診察は全員無料です。

*diary & memo*

### 10週と5日 — 61日目
出産予定日まであと205日

👶 骨化を司る部位が頭骨内に作られます。赤ちゃんが成長するにつれ、骨はだんだんと固くなってきます。この時期、骨と筋肉は急成長を遂げます。赤ちゃんの体は、新生児の体に近くなってくるのです。

👩 妊娠中の体重増加の目安は、ママの妊娠前の体型によって違ってきますが、平均すると8〜10kgが理想です。つわりの有無などで妊娠初期の体重の増え方は人それぞれですが、1週間で500g以内、1カ月で1〜1.5kg程度の増加を目安にしましょう。

**出産文化いろいろ** 19世紀のロシア北部では、出産を控えた夫婦は、「お互いにパートナー以外で性的関係を持った人の名前を助産師にいわなくてはいけない」という習慣がありました。お産が軽かった場合は、夫も妻も正直に告白したとされ、お産が重かった場合は、夫婦のどちらかがウソをついたせいだと信じられていました。

---

子どもの頃に抱く幻想は必要なことだ。
どうせすぐに割れてしまうからといって風船を与えないのはよくない。
Marcelene Cox

## 10週と6日
### 62日目
出産予定日まであと **204**日

この1週間で赤ちゃんの体重は2倍になり、7.5gくらいまで成長しました。皮膚はさらに厚くなり、透明でなくなってきます。体もさらにまっすぐになってきます。女の子は腟が発達し、男の子は睾丸が認識できるようになります。

胎児の成長パターンはどの胎児にも共通ですが、妊娠3カ月の終わりまでには、それぞれの赤ちゃんがそれぞれ個性的な動きを始めます。これは、筋肉構造はみんな少しずつ違うからです。たとえば、顔の筋肉の並びは遺伝によって変わってきます。そしてこの時点で、すでにその表情は両親の表情に似ています。

**食事 & 栄養** 赤ちゃんの骨の形成をサポートするために、1日600mgのカルシウムを摂りましょう。1日3回の食事と軽食に意識してカルシウムを取り入れると、この目安量を摂ることができるでしょう。カルシウムを多く含む食品には次のようなものがあります。
牛乳200cc（220mg）／プロセスチーズ25g（158mg）／しらす干し10g（51mg）／ひじき10g（140mg）／切り干し大根20g（108mg）／イワシの丸干し2尾（114mg）、煮干し中10尾（220mg）／小松菜50g（85mg）

**赤ちゃん今昔** 1906年、T.S. Southworth博士の観察をもとに、新生児の授乳スケジュールに関する提案が初めて試みられました。彼は、最初の1カ月間は1日10回、生後2～3カ月は1日に8回授乳することをすすめました。しかし現在では、ママの母乳の生産量を高め、乳首の炎症を防ぐためにも、上記よりも頻繁（生後1週間は8～18回）に授乳する方針が推奨されています。

*diary & memo*

## 11 weeks

| 体重 | kg |
| ウエストサイズ | cm |

**11週と0日**
**63日目**  出産予定日まであと **203日**

これからの3週間で、赤ちゃんの腎臓で作られた尿が羊水に排出されるようになります。つまり、赤ちゃんはお腹の中でおしっこをするわけです。羊水は消毒され、交換されます。妊娠後期までには、1日に500mℓ近い尿が排出されるようになります。

これまでに体重が1～2kg増えた人もいるでしょう（つわりで少し減っている場合も、あまり気にしないように）。妊娠前に平均よりやせていた人は、もっと体重が増えているかもしれません。太り気味の人の場合、体重の増え方はもう少し穏やかになります。経産婦の場合、初めての妊娠よりも体重が増えやすい傾向があります。また、その増え方も前回の妊娠時とは異なってきます。

突然、体重が急激に増えだしたら、主治医に報告しましょう。なぜなら、ごくまれに水分が体の中にたまってしまうために体重が増え、血圧に影響を与えるケースがあるからです。

**[健康]** 健康的に体重が増えるように、次のような栄養の摂り方を心がけましょう。
- 1日の総カロリーは、通常時よりも初期は50kcal、中期は250kcal、後期は500kcal増
- タンパク質は10g増
- 葉酸は200μg増
- 鉄分は約2倍
- カルシウムは1日600mgを目標に

妊娠中に増加する体重のほとんどは、胎盤、子宮、血液、乳腺、そして赤ちゃんの分です（これらは脂肪分のほとんどない組織）。体重が増えすぎると、気分がよくないだけでなく、妊娠線が出たり、出産後に体重を戻すのが大変になります。

**[出産文化]** いろいろ ニューギニアの部族の中には、妊娠期間の長さに関して、「赤ちゃんは自分で生まれてくる日を決めて出てくる」と考える人々もいます。たとえば、ある女性の夫が1年間家を留守していたとします。その女性が、夫が家に戻ってきてから3カ月後に出産したとしても、夫は何の疑問も抱かないわけです。疑問を抱く代わりに、「赤ちゃんはパパに会いたくて、自分が村に帰ってくるなりすぐに生まれてきた」と思うのです。

*diary & memo*

たとえ子どもがあなたのアドバイスを拒否したとしても、
何年か後には、彼らは同じアドバイスを彼らの子どもにすることでしょう。
Oscar Wilde

## 11週と1日
## 64日目
出産予定日まであと202日

これからの3日間で、指の爪が伸びてきます。この時期の皮膚はとても敏感なので、ふれられるとすぐに赤ちゃんは体を動かします。

多くの妊婦が妊娠線ができることを心配しますが、実際、9割近い妊婦に妊娠線ができます。あなたが伸縮性のあるきれいな皮膚の持ち主で、体重管理もしっかりできていれば、できる確率を低くすることができます。最初の妊娠で妊娠線ができてしまった人の場合、極端に体重が増えたり、上の子を抱っこするなど体の一部に負担がかかっていない限り、前回よりも妊娠線が増えることはないでしょう。

食事 & 栄養 妊娠中は鉄分の補給を心がけましょう（1日約20mg）。妊娠中、ママの体内では血液と赤血球が増産されるので、いつも以上に鉄分が必要になるからです。鉄分を多く含む食材は、豚レバー（50gに6.5mg）、納豆（1パックに1.7mg）、小松菜（100gに2.8mg）、ほうれん草（100gに2.0mg）、ひじき（5gに2.8mg）、しじみ（30gに1.6mg）など。つわりであまり食べられない人は、鉄分の錠剤の摂取について、主治医に相談してみましょう。

*diary & memo*

## 11週と2日
## 65日目
出産予定日まであと201日

この時点で、赤ちゃんの脳はサイズは小さいものの出生時と同じ構造になります。この3日間で、甲状腺、膵臓、胆嚢が発達します。また、これから17週までの間に、嗅覚（嗅覚器）も発達します。

ごく少数の例外を除いては、この時点ではまだ、胎動を感じることはできません。赤ちゃんのできたばかりの筋肉はまだ弱く、体もまだとても小さく、ママの腰の骨組みにすっぽりと入っているからです。

食事 & 栄養 動物性の食品（肉、魚、牛乳、乳製品など）は、ビタミンBが豊富なタンパク質食品です。また、豆類や豆腐、納豆、ゴマなどを穀物と一緒に食べると、バランスよく良質のタンパク質を摂ることができます。ただし、肉類の食べすぎは体によくない脂肪の摂りすぎにつながるので、鶏のササミを使ったり、牛肉や豚肉は赤身の部分を選び、サッとボイルして脂肪分を除いてから調理するのがいいでしょう。食あたりを防ぐため、きちんと火を通すようにしましょう。

## 3カ月 11週 64日目〜67日目

### 11週と3日
### 66日目　　／　　出産予定日まであと 200日

赤ちゃんに新たな反射神経が発達し、顔にふれると目を開くようになります。これは、ルーティング反射（原始反射のひとつ）と呼ばれるもので、新生児がおっぱいを見つけるのに役立つものです。永久歯の基部や声帯の形成が今週中にスタートします。

この時期、たまに頭痛が起こるかもしれません。妊娠中の頭痛は、ホルモンバランスの変化、ストレス、鼻づまりなどによるものです。おりものが増えるのもホルモンの変化のせいです。ただし、白っぽいおりものがたくさん出る時は、医師に相談しましょう。

医師との相談なしには、絶対に薬を飲まないようにしましょう。

**出産文化 いろいろ** メキシコのユカタン半島ではその歴史上、その地方特有の、夫婦のための結婚生活用ハンモックの中で出産をする風習がありました。助産師はハンモックの前に小さな椅子を持ってきて、出産を手伝っていました。

### 11週と4日
### 67日目　　／　　出産予定日まであと 199日

甲状腺、膵臓、胆嚢が完成します。この3日間で、口の固い骨もできあがるでしょう。膵臓はインスリンを分泌し始めます。

立ちくらみやめまいを覚えた時は、いったん横になって足を頭より高い位置に上げ、落ち着いたら、ゆっくりと起き上がりましょう。頭がぼんやりするのは、しっかり食事をしていないことが影響しているかもしれません。とくに育児中のママは、子どもを1日中追いかけ回したり、幼稚園などの送り迎えで忙しく、つい食事を抜いたりしがちです。ハンドバッグや机、車の中などに、軽食を入れておくようにしましょう。

もし倒れるようなことがあったら、すぐに医師に連絡を。医師はきちんとした原因を見つけてくれるはずです。

**食事 & 栄養** 専門家によると、妊娠期間中に木の実（とくにアーモンド、ピーナッツ、オリーブオイル）から脂肪分を摂取した妊婦は、低脂肪の食事を心がけた妊婦に比べて、出産後の体重の戻りが早く、その体重を維持する傾向がみられるようです。

*diary & memo*

幼い子どもは親の睡眠を妨げ、成長した子どもはあなたの人生を妨げる。
ユダヤの格言

## 11週と5日
### 68日目
出産予定日まであと **198**日

腸の大部分は、へその緒から下腹部に移動し終えます。この2日間で、消化器官の壁の筋肉が機能するようになります。この筋肉は、食べ物をある場所から他の場所へ押し出す働きをします。

ときどき立ちくらみなどを感じるとしても、この頃になると妊娠生活に体も心も慣れてきて、精神的には安定してくるかもしれません。とはいえ、これには個人差があり、出産の経験回数などにはまったく関係ありません。

**赤ちゃん今昔** 紀元前5世紀、古代ギリシャの医師であったヒポクラテスは、次のような胎児の性別を判定する（と信じていた）テストを考案しました。女性の右の乳房が左よりも固い、もしくは右の目が左に比べてより明るければ、その女性は男の子を生みます。逆に左の乳房のほうが固い、もしくは左目のほうが明るければ女の子が生まれます。また、女の子は男の子に比べて子宮の低い位置にいるとも信じられていました。この説は、20世紀に入るまで信じられていました。

## 11週と6日
### 69日目
出産予定日まであと **197**日

赤ちゃんはいま、先週に比べて体重は2倍の13g、身長は50〜61mmにまで成長しました。口の固い骨状の部分が完成します。この部分が赤ちゃんの鼻と口を完全に分離するので、呼吸をしながら食べたり飲んだりすることが可能になります。消化器官の壁の筋肉も機能し、消化の練習を始めます。

今日で妊娠11週、妊娠3カ月が終了します。お腹の中に赤ちゃんがいるという事実に、喜びがこみあげてきたり、不安になったり、いろいろ考えてしまうかもしれません。そうしたあなたの気持ちをパートナーに伝え、共有しましょう。妊娠という出来事は、ふたりで実感し、責任を持つことなのですから。

つわりがあまりにひどい時は主治医に相談しましょう。適切な薬を処方してもらうことによって、その症状を軽くできることもあります。

**食事 & 栄養** 砂糖や保存料などが含まれていない天然のアップルジュースは、鉄分、カリウム、マグネシウムが豊富に含まれており、手軽に栄養補給できる飲み物です。

*diary & memo*

世界中の女性に尊厳を払いなさい。すべての人間には母親がいることを忘れずに。
Allen Toussaint

# 妊娠中期

## 4 Lunar Month

## 今月の体の変化＆心がけたいこと

| こころ＆体の変化 | ● お腹が少しずつふくらんでくる<br>● 体重増加のペースが上がる人もいる |
|---|---|
| 日常生活 | ● 妊娠線の予防をする<br>● 紫外線対策をする<br>● 立ちくらみやめまいを避けるため、姿勢を変える時はゆっくり動く<br>● 便秘予防、軽い運動（激しい運動は避ける）、十分な睡眠と休養を心がける |
| 食生活 | ● バランスのよい食生活と、赤ちゃんの成長をサポートする栄養素の摂取を心がける<br>● 妊娠中期（4～7カ月）の摂取エネルギー量は、通常時より250kcal追加 |

※引き続きつわりがある人は、イヤなにおいは避ける、何回かに分けて少しずつ食べる、就寝前や起床直後に軽食を口にするなどの対策を。

※喫煙、薬の服用、アルコールやカフェインの摂取は、妊娠期間を通して控えましょう。

## 12 weeks

体重　　　　kg
ウエストサイズ　　　　cm

---

**12週と0日**　／
**70日目**　出産予定日まであと**196**日

この時期になると、赤ちゃんの成長速度は少しゆっくりになります。これからの2週間で、腎臓で作られた尿が羊水に排出されます。腎臓は体内の老廃物を濾過し、尿を分泌する器官で、腎臓ひとつにつき約80万ネフロン（腎単位）の、老廃物を見分ける細胞が含まれています。

体を締めつけて血液の流れを悪くしないように、適度にゆったりしている洋服を着ましょう。まだマタニティ服を着るほどでもないかもしれませんが、普段の服とマタニティ服の中間くらいの、ゆったりしたセーターやストレッチパンツなどを着てみましょう。

**赤ちゃん今昔** イギリスでは18世紀に入った頃から、「食生活に気をつけ、たくさん睡眠を取り、きついコルセットを着用しない」ことによって、健康な妊娠生活が送れるという説が奨励されました。また、女性の体を温め、強くするためという理由から、妊婦にはシナモン、ナツメグ、砂糖、卵の入った飲み物が出されました。

---

**12週と1日**　／
**71日目**　出産予定日まであと**195**日

この時点で、赤ちゃんの腸が下腹部に収まりました。

これまでの2カ月同様、いまは普段よりも疲れやすい時期。体からのメッセージをよく聞いて、必要に応じて体を休められるようにスケジュールを調整しましょう。

**出産文化いろいろ** 青海（チンハイ）（中国西部の省）では、子どもが5歳になるまで、必要に応じて授乳するという子育ての習慣が伝統的にあります。

**食事＆栄養** ピーマンにはビタミンCが豊富です。妊娠中、1日に必要とされるビタミンCの量は110mgですが、生のピーマン1個には94mgものビタミンCが含まれています。サラダなどに入れて日常的に食べるように工夫しましょう。加熱するとビタミンCの量は減りますが、それでも1個につき約70mgを摂取できます。スープやオムレツの具にしたり、肉と一緒に炒めるなどして食べましょう。また、ビタミンCはキャベツにも豊富で、100gにつき41mg含まれています。

---

*diary & memo*

(　　　　　　　　　　　　　　　　)

子どもが生まれながらに持っている知性や意志を、
無視する代わりに役立たせることができれば素晴らしいでしょう。
Dorothy Canfield Fisher

## 4カ月 12週 70日目〜73日目

### 12週と2日
### 72日目
出産予定日まであと194日

👶 胎盤も赤ちゃんと一緒に成長しますが、そのスピードは赤ちゃんの成長ほど早くはありません。いまの胎盤の重さは約28g。出産時には448〜896gにもなります。

👩 つわりによって、特定の食べ物が食べられない人は、その食べ物を避けることで不足してしまう栄養分、ビタミン、ミネラルがないか気をつけましょう。

食事&栄養 ドライフルーツには鉄分が多く含まれています。レーズン1カップで5.8mg、アプリコット1カップで8.2mg、ピーチ1カップで9.6mgほど。また、プルーンジュース1カップには10.5mgの鉄分が含まれています。レバーが苦手な人や外食が多い人は、ドライフルーツを常備するのもいいでしょう。この時期、1日に必要な鉄分は最低19.5mgです。

出産文化いろいろ オランダでは、呼吸法によって陣痛の痛みや不快感を取り除きます。麻酔薬などの使用には、かなり否定的です。現在でも自宅出産は一般的で、医師ではなく助産師によって行われます。

### 12週と3日
### 73日目
出産予定日まであと193日

👶 これからの3日間で、喉頭(いんとう)に声帯が作られます。でも、音は空気を通して伝わるため、お腹の赤ちゃんは、まだ音を出したり、大きな声で泣いたりすることはできません。

👩 しばらくは頻尿が続くでしょう。これは、ママの体が効率的に老廃物を体外に排泄し、栄養を体中に循環させようとしているからです。経産婦の場合、子宮に対しての筋肉の抵抗力と、膀胱にかかる圧力が弱くなっているので、最初の妊娠時よりお腹が目立ってきます。そのため、すでにマタニティ服を着ている人もいるかもしれません。

健康 妊娠中は、普段よりも膀胱炎にかかりやすくなります。もし膀胱内に細菌がいるとなると、トイレを我慢するほど細菌を増殖させることになります。尿意を感じたらすぐにトイレに行きましょう。体内システムを洗浄するためにも、水をたくさん飲みましょう。適度なビタミンCや、クランベリージュースなど酸の多く入った水分を多く摂ると、膀胱炎にかかる確率を下げることができます。また、清潔を保つために、トイレの前後には手を洗いましょう。用を足した後は、前から後ろの方向にふきましょう。

*diary & memo*

---

息子や娘を自分と同じに育ててはいけない。あなたのコピーはいらないのだ。
Arnold Glasow

### 12週と4日
### 74日目
出産予定日まであと192日

今日までに、歯ぐきの中に20本の乳歯と歯槽骨(歯周)が作られます。これからの3日間で、へその緒からお腹の中に移動した腸が折れ曲がり、腸内の壁に繊毛(栄養分を吸収する働きをする)が生えてきます。

入浴タイムは体の疲れをほぐし、心もリラックスさせてくれる貴重な時間です。でも、妊娠中に熱い湯船に長時間浸かることは禁物。かえって体を疲れさせ、立ちくらみの原因にもなります。妊娠中は38℃以上のお風呂に入ることは避けましょう。

**食事&栄養** ビタミンCは水に溶けやすく、体内で貯蓄することができないので、つねに補給する必要があります。また、熱にも弱く、加熱すると簡単に壊れてしまいます(3分以上ゆでるとビタミンCの量は半減)。野菜はなるべくサッとゆでるか、油で炒めましょう。煮る場合は煮汁も一緒に摂りましょう。

**知ってた?** 出生時の赤ちゃんには、なんと大人よりも多い約300本の骨があります。成長段階で骨の一部はほかの骨と融合し、最終的には206本になります。

*diary & memo*

### 12週と5日
### 75日目
出産予定日まであと191日

今日までに声帯ができるでしょう。この1週間で、手足の大部分の骨が固くなってきます。これを骨化といいます。次に骨化が行われるのは、膝の骨と太ももの端の部分、脛のあたりです。

妊娠中のママは、砂糖やでんぷん、繊維質などの炭水化物を必要以上に摂取してしまう傾向があるようです。炭水化物はエネルギー源となる栄養素ですが、摂りすぎは肥満につながります。

**食事&栄養** 豆類は栄養豊富な食材で、鉄分、チアミン(ビタミン$B_1$)、リボフラビン(ビタミン$B_2$)などを含む良質のタンパク質のよい供給源です。100gのゆで大豆には16gのタンパク質が含まれています。これは、妊娠中に必要とされる量(60g)の1/4近くになります。

**知ってた?** 生まれたばかりの赤ちゃんが必要とするものは、母乳に含まれるタンパク質混合物によってすべて満たされます。つまり、ママの体は、新生児が必要なものを知っているわけです。

## 4ヵ月 12週 74日目〜76日目

**12週と6日**
**76日目**
出産予定日まであと **190日**

赤ちゃんの内臓や消化器官は、すでに働いています。肝臓は胆汁（たんじゅう）を分泌し、膵臓はインスリンを生産します。腸もきちんと折れ曲がり、繊毛を持つようになります。肝臓で作られた胆汁は、すでにできている胆嚢に蓄えられます（胆汁は腸に食べ物がある時に腸内に分泌され、脂肪分の多い食べ物を消化するために、分解するのを助けます）。

腰が痛くなってきた人もいるでしょう。妊娠すると、13週頃までに腰痛を経験する人が多いようです。腰痛のいちばんの原因は、子宮が大きくなるのにつれ、出産に備えて腰と背中の関節が弛緩（しかん）して骨盤が開いてくるからです。この体の変化にはリラキシンというホルモンが影響していますが、リラキシンの生成は、15週にピークを迎え、出産後も48時間は体内に多く見られます。半数近くの妊婦が腰の痛みを経験しますが、とくに脊柱側湾症（せきちゅうそくわん）の人、妊娠前から腰痛持ちだった人、すでに子どもがいる人などは、ひどい腰痛を経験していることでしょう。背が高く、体脂肪の少ないタイプのほうが、一般的に腰痛を感じやすいようです。

**知ってた？** 骨は固くて動かない組織のように思えますが、生きている組織なのです。1日に約700mgのカルシウムが、骨と血漿（けっしょう）の間で行き来しています。

**赤ちゃん今昔** ニューギニアのアラペッシュ族の間では、新鮮なココナッツは、部族の祝宴、授乳中の女性のための特別な料理として確保されていました。

*diary & memo*

子どもたちは、生まれながらにしてものまね上手です。
彼らは良いことも悪いことも親のすることをすべてまねします。
作者不明

## 13 weeks

体重　　　kg
ウエストサイズ　　　cm

**13週と0日**
**77日目**　出産予定日まであと**189**日

手がさらに発達し、よく動くようになりました。親指をほかの指と分けて使うこともできるように。これからの3日間で、女の子の体の表面に出ている生殖器は、男の子のものとはっきりと見分けがつくようになります。今週、男の子は亀頭が成長します。この成長が止まると、亀頭を覆う包皮が形成されます。

つわりがおさまり、妊娠していることにも慣れてくると、食欲がわいて気分もよくなり、妊娠生活が楽しくなってきます。健康で、栄養バランスのよく取れた食事を心がけ、無理をしすぎないように注意すれば、快適な妊娠生活が送れるでしょう。

**食事 & 栄養** 妊娠中は摂取する水の「量」だけでなく、「質」にも気を配ってみましょう。安心して飲めるよう、浄水器を使ったり、ミネラルウォーターを買うのもいいでしょう。ミネラルウォーターを選ぶ際は、軟水か硬水かをチェックしてみましょう。硬水にはカルシウムとマグネシウムが多く含まれているので、妊婦には硬水がおすすめです。

**13週と1日**
**78日目**　出産予定日まであと**188**日

赤ちゃんはママの子宮にいる時から、羊水を肺に入れたり出したりすることによって呼吸の仕方を練習します。羊水は、赤ちゃんの肺がきちんとした形に発達するためにも必要なものなのです。

乳輪が黒ずんできて、大きくなってきた人もいるでしょう。経産婦の場合、すでにお腹が目立ち始めているかもしれません。子宮が骨盤から出て膨張してくるのが最初の妊娠時よりも早いため、頻尿で困ることは少ないかもしれませんが、もうマタニティ服を着ているママもいるかもしれません。

**食事 & 栄養** たまには気分転換もかねて、外食するのもいいでしょう。でも、一皿の量の多いレストランで出された山盛りの料理を、無理して全部食べることはやめましょう。

**赤ちゃん今昔** かつて、多くの農耕社会では、空や天国（男性ととらえられていた）から地面（女性としてとらえられていた）に雨が降って、生命は誕生したと信じられていました。

*diary & memo*

小さな子どものいうことには、よく耳を傾けなさい。
そこから素晴らしいことを学ぶことができるでしょう。
G. Weinberg

## 4カ月 13週 77日目〜79日目

### 13週と2日
### 79日目
出産予定日まであと187日

👶 大腸が反時計回りに180度回転し、額縁のような形で小腸の周りに位置します。この四角の上部2つの角は体壁にくっつき、端は肛門管につながります。一方、小腸は下腹部内にぶら下がっている状態になります。

👩 まだ食後に胸やけや消化不良などを感じますか？ 不快感が続いているようであれば、少量ずつ数回に分けて食べるようにしましょう。妊娠中は、括約筋（かつやくきん）が食道と胃の間を閉じるので、胃の中の食べ物や酸が食道に戻されやすく、それが結果として胸やけになるのです。胃の中に少ししか食べ物がなければ、食道に戻される量も少なくなるので、不快感が和らぐというわけです。ごはんはゆっくりと食べ、食後1〜2時間は静かに過ごしましょう。食間には、水分をよく摂りましょう。

●重要● ママのお腹が空いていなくても、赤ちゃんはお腹が空いています。食事を抜いたり、一度に大量に食べたりするよりも、少量ずつ数回に分けて食べるようにしましょう。

情報 腰や背中、骨盤の痛みのほか、手根管（しゅこんかん）（手首から指にかけて通う神経）が圧迫されると、手や指先がじんじんしたり、しびれたり、親指と人差し指、中指に痛みが起こることがあります。あるいは、ボタンを留める、ジッパーを上げ下げする、コーヒーカップを持つ際に、手首や指の弱さを感じることも。こうした症状が出たら、主治医に相談しましょう。

食事&栄養 甲状腺から分泌されるホルモンには、食品から摂取した栄養をエネルギーに変え、新陳代謝の促進や調節をする働きがあります。このホルモンの主成分がヨウ素で、妊娠中は、いつも以上に摂り入れたい栄養素です（1日260μg）。ヨウ素は主に海産物に含まれているので、日頃、魚介や海藻類を食べていれば必要量を満たせます。ただし、摂りすぎても不足しても甲状腺が肥大し、その機能が低下します。

出産文化いろいろ 男性が出産に立ち会うことを許されていない社会では、しばしば男性は、出産を幻想化します。ニューギニアのアラペッシュ族の間では、男性はお産の最中の女性が苦痛に身もだえし、叫んでいる状況をパントマイムで再現します。でも実際には、アラペッシュの女性は、とても静かに出産します。この地方では伝統的に、赤ちゃんは傾斜のついた暗い穴に産み落とされ、介助をするのは若い女性ひとりのみです。新米ママは新生児をひとりでケアしなくてはいけないのです。

*diary & memo*

あなたがだれであろうと、よい人物であるように心がけなさい。
Abraham Lincoln

### 13週と3日
### 80日目
出産予定日まであと **186**日

この3日間で、肝臓からの指示を受けて脾臓（ひぞう）が働き始めます。この働きとは、古い血液細胞を排出し、抗体（こうたい）を作ることです。

この時期になると、便秘がちになるかもしれません。妊娠ホルモンがママの腸の筋肉を緩和させ、腸の働きが鈍くなるためです。子宮が大きくなって、腸を圧迫することも原因のひとつです。

**↑アドバイス**
便秘を防ぐために大切なこと。そのひとつは十分な水分です。1日約2ℓの水分を摂りましょう。とくに朝起きた時に水や牛乳、温かい飲み物を飲むのもいいでしょう。生野菜やフルーツ、プルーンのほか、ごぼうやひじきなど食物繊維の豊富な食品を摂ることも大事です（これらの食材は、栄養面からみても大事）。体調が安定している人は、歩いたり、軽くストレッチしたり、体を動かすことも便秘予防になります。

**食事 & 栄養** 食物繊維は、植物の細胞壁にある炭水化物の成分です。ゴボウ、菜の花、タケノコ、カボチャ、リンゴ、インゲン豆、押し麦、おから、干し柿などに豊富に含まれています。

*diary & memo*

### 13週と4日
### 81日目
出産予定日まであと **185**日

口の中の発達が進みます。数週間前にすでに完成した口の骨に筋肉が発達し、頬を形成します。歯ぐきの下には乳歯が生え、気管、食道、喉頭（こうとう）も現れます。この頃までには唾液腺が機能し始めます。この3日間で、赤ちゃんは呼吸、吸い込み、飲み込みなどの動きができるようになります。

乳房や胸のあたりに静脈が浮き出ているのに気づくかもしれません。妊娠中によくある変化なので、あまり気にしないように。

**食事 & 栄養** 妊娠中は食物繊維を積極的に摂りましょう。食物繊維には、便のかさを増やしたり、便を柔らかくして便通をよくする効果があります。また、腸がコレステロールを吸収するのをおさえる、発ガン物質が腸にふれるのをおさえる、血糖値の上昇をおさえるといった働きもあるので、心血管の病気や糖尿病、大腸ガンを防いでくれます。さらに食事の際に満腹感を感じるのを助けてくれます。50歳以下の女性の場合、1日の摂取目安量は17gです。

**●重要●** 便秘で悩んでいても、自分の判断で下剤を使わないように。主治医に相談しましょう。

## 4カ月 13週 80日目〜82日目

### 13週と5日
### 82日目
出産予定日まであと **184**日

赤ちゃんの体と腕の比率が、出生時のプロポーションに近づきつつあります。一方、足はまだ発達中で、短いままです。脾臓がきちんと働くようになりました。

この時期までには、妊婦健診を2〜3回受けていることでしょう。健診が楽しみな人もいれば、そうでない人もいるでしょうが、そのうち妊娠中の習慣として慣れてくるでしょう。妊娠生活を無事に過ごすためには、妊婦健診を定期的に受けることが大切です。どんなにささいなことでも、体調の変化や気になることがあればメモしておき、健診時に主治医に相談しましょう。

**情報** 妊娠中、子宮は28gから1130gにまで成長します。これは360倍にもなる計算です。

**食事＆栄養** 妊娠中は亜鉛の摂取も意識しましょう。妊娠初期の赤ちゃんは猛スピードで成長し、心臓や脳の形成を行います。この時に不可欠な栄養素が亜鉛です。その後の成長にも亜鉛は必要で、ママが十分な量を摂取していないと、赤ちゃんの免疫機能の形成や知能の発達に悪影響を及ぼすこともあります。また、亜鉛不足は、ママの免疫力低下やつわりの原因にもなります。妊娠中は、1日10mgの亜鉛を摂るようにしましょう。肉類や牛乳に含まれる亜鉛は体内に吸収されやすく、魚介（とくにカキ）や海藻、野菜、豆類などもよい供給源です。これらの食べ物を1日に2回少量ずつ食べれば、十分な量を摂り入れることができるでしょう。

**出産文化いろいろ** ニュージーランドのマオリ族には、泉が近くにある場所で出産する風習があります。マオリ族の「Whenna」という言葉には、「大地」と「胎盤」の2つの意味があります。

*diary & memo*

地球上の動物のなかでもっとも手に負えないのが人間の男の子なのだ。
Plato

## 13週と6日
## 83日目
出産予定日まであと183日

9週の終わり頃には身長27㎜、体重わずか1gだったことを覚えていますか？ それがいまでは身長で3倍、体重は50倍にも成長しています。赤ちゃんは子宮の中でかなり活発に動くようになり、これまでぎこちなかった筋肉の動きも、スムーズなものになってきました。

今日で妊娠13週が終了します。妊娠期間の約1/3が終わったことになります。この本を毎日読んで赤ちゃんの成長を知ることにより、自分のお腹の中で行われていることに対する理解が深まっていることでしょう。それと同時に、少しずつ親になる心がまえもできていることでしょう。

**食事&栄養** マグネシウムはミネラル成分のひとつで、その多くが骨の中に含まれます。体内に占める量はそれほど多くなく（体重約65kgの女性で約18g）、主要なミネラルではありませんが、カルシウムの働きを助けたり、エネルギー代謝を助ける働きがあり、妊娠中は、いつもより多めに摂る必要があります（1日310mg）。マグネシウムは加工していない食品に広く含まれます。なかでも効率よく摂取できる食品として注目されているのが豆腐です。豆腐には凝固剤としてにがり（塩化マグネシウム）が使われており、同時にカルシウムも含むので、マグネシウムの吸収率アップにも貢献しているのです。このほか、豆類、魚介、チョコレート、ココアなどにも豊富に含まれています。

**知ってた？** 正確な出産予定日は、妊婦健診で子宮の大きさを測ることでわかります。出産予定日を基準として割り出された子宮の大きさと、ママの実際の子宮の大きさにかなりの違いがある場合、赤ちゃんの頭臀長(とうでんちょう)を測るために、超音波写真が撮られるかもしれません。

*diary & memo*

## 14 weeks

体重　　　　　kg
ウエストサイズ　　cm

**14週と0日**　　／
**84日目**　　出産予定日まであと**182**日

赤ちゃんの首が発達してきました。肩のすぐ上に乗っていた状態の頭が、首の上に位置するようになりました。

この1カ月は、赤ちゃんがもっとも急激に成長する時期。この成長をサポートするために、ママは栄養バランスのよく取れた食事と十分な水分を摂りましょう。子宮もどんどん大きくなっているので、仰向けになると、脊椎の右にある血管（大静脈）を圧迫するようになります。血液循環をよくするために、体の左側を下にして横になりましょう。

**知ってた?** 生まれてきた赤ちゃんの出べそやおへその形の良し悪しに関しては、医師ができることは何もありません。赤ちゃんのへその緒付近の筋肉が強いか弱いかが、これを決めます。

**出産文化いろいろ** カナダのイヌイットの間では、伝統的に妊娠初期にママがお腹の赤ちゃんに話しかけたり、胎教をすることによって、精神や生命が体内の赤ちゃんにも伝わると信じられています。

**14週と1日**　　／
**85日目**　　出産予定日まであと**181**日

この3日間で、赤ちゃんの髪の毛の生えるパターンが決定します。またこの時期には、出生後に備えて、呼吸や飲み込んだり吸い込んだりする練習が行われます。この練習をする際、赤ちゃんは羊水を飲み込みますが、飲んだ羊水は、消化器官内で消化の練習に使われます。

ママの体はいま、血液の生産量や赤血球の量を増やし、組織に酸素を多く送り、傷をふさぐ血のかたまりである凝血塊（ぎょうけっかい）を発達させることによって、妊娠に伴う危険を最小限にしようとしています。

**知ってた?** 新生児は1カ月に平均13mmのペースで髪の毛が伸びます。とはいえ、生まれてきた時に、ほとんど髪の毛が生えておらず、その後もなかなか伸びない赤ちゃんもいます。髪の毛の生え方にはかなり個人差があります。

**出産文化いろいろ** マヤの伝統によると、出産したママたちは、出産直後から赤ちゃんを抱いて添い寝をし、普通の日常生活に戻るまでの20日間、ずっと赤ちゃんを抱き続けて生活します。

*diary & memo*

人は若いうちに物事を学ぶ。年老いてから物事を理解する。
Marie von Ebner-Eschenbach

| 14週と2日 | |
|---|---|
| 86日目 | 出産予定日まであと**180**日 |

このところの急成長により、赤ちゃんはさらに器用で機敏になります。たとえば、頭の向きを変えたり、口を開けたり、唇をぎゅっと結んだりすることができます。これは体重がまだ50ｇ強、身長約8.5㎝しかない赤ちゃんにとってはすごいことです。

妊娠中のママの体内の諸器官は、通常時よりも多くの血液を受け取ります。肝臓や脳に流れる量は、いつもとそんなに変わらないのに対し、子宮や腎臓に流れる血液の量は大幅に増えます。

●**重要**● 妊娠中に適度に体を動かすことは大切です。でも、サイクリング、スキー、乗馬、スケートボード、サーフィンなど、上手な人でも転ぶ危険のあるスポーツは避けましょう。赤ちゃんはママの体内で保護されていますが、子宮に急激な振動を与える動きはしないようにしましょう。また、激しい運動をすると、胎盤に流れる血液が少なくなってしまいます。

**食事**＆**栄養** 妊婦におすすめの食材である大豆には、記憶力を保ったり、学習能力を高めたり、ホスファチジルセリン（哺乳類の細胞に見られるリン脂質）の源としての働きもあります。また、1回の食事で最低6.25ｇの大豆タンパク質を摂取すると、心臓疾患にかかる率が劇的に低くなります。豆腐、納豆、おから、がんもどきなど、いろいろな大豆製品を楽しんで食べましょう。豆乳はもっとも手軽に口にできる大豆製品です。

**情報** ホメオパシーとは「類似療法」ともいわれる療法です。植物や動物、ミネラル等から作られた物質を投与することで、その人の持つ活力や体内エネルギーに影響を与え、自然治癒力を高めようというものです。妊婦からの関心が高まっていますが、ホメオパシーを試す場合は、医師や助産師と相談しましょう。

*diary & memo*

## 4カ月 14週　86日目〜88日目

---

### 14週と3日
### 87日目　　出産予定日まであと179日

😊 今日までには、赤ちゃんの髪の毛のパターンが決定されるでしょう。

👩 妊娠中期（妊娠4〜7カ月）になると、胸がチクチクしたりする症状も和らぐでしょう。つわりから解放され、さらに少しずつお腹まわりがふくらんでくるのを見て、幸福感に包まれている人も多いでしょう。

食事&栄養　クルミ、カシューナッツ、アーモンド、ピーナッツなどには、タンパク質（1カップにつき24〜37g）と、心臓や血管によいとされる脂質（1カップにつき64〜77g）が豊富に含まれています。ナッツ類を買う時は、光からも空気からも保護する真空パック詰めのものがおすすめです。

赤ちゃん今昔　18世紀頃は、栄養失調は珍しいことではなく、栄養失調の女性は骨盤が小さいことが多かったようです。骨盤が小さいと分娩時に赤ちゃんもママも生命の危険にさらされます。そんな状況の中、当時の医師は、体重の増えすぎを避けるため、すべての女性にタンパク質、カロリー、塩分、炭水化物の摂取量をおさえるようアドバイスしていました。

*diary & memo*

---

### 14週と4日
### 88日目　　出産予定日まであと178日

😊 この時期の赤ちゃんは、握りこぶしを作る、親指を動かす、手首を曲げる、何かをつかむといった高度な動きができるようになります。体がスムーズに動けるように練習しているのです。また、赤ちゃんはお腹の中で体を動かすことによって、エクササイズもしているのです。

👩 この時期には、足首や足の甲に浮腫（ふしゅ）ができるかもしれません。重力によって体重がかかるためです。

**↑アドバイス**
長時間立つことを避け、座っている時はなるべく足を高い位置に置きましょう。体内に水分がたまるのを防ぐために、塩分を控え、水分をたっぷり摂り、エクササイズをしましょう。

✚ 浮腫ができたら、健診の際に医師に伝えましょう。伝え忘れないように、できた箇所や時期をメモに取っておきましょう。

出産文化いろいろ　中東のヨルダンの村では、「卵の中にいるひな鳥のように、子宮の中にいる赤ちゃんにも細心の注意を払うべきだ」という、妊婦へのアドバイスがあります。

---

私たちが愛する家庭というものは、物理的に体が遠ざかることはあっても、
心が離れることはないものだ。
Oliver Wendell Holmes

## 14週と5日
### 89日目
出産予定日まであと **177**日

4カ月になると、赤ちゃんの心臓は1日に25ℓ弱の血液を送り出します。それが出生時には、1日に285ℓ近くにもなります。

この時期の赤ちゃんは、ママのお腹の中で激しく動き回っています。とはいえ、体が小さく、筋肉もまだ弱いため、いくら動きが活発でも子宮の壁には当たらず、ママはまだその動きを感じません。でも、妊婦健診の超音波検査中には、このような動きを目で確認できるでしょう。あと7週くらいの間には、初めての胎動を感じるはず。ほとんどのママは、初めて胎動を感じるまでは、それを心待ちにしています。でも妊娠が進むにつれて、まるでブーツをはいてママのお腹を蹴っているのかと思うくらい激しく蹴るようになるので、睡眠の妨げになってしまいます。

**食事 & 栄養** レモンはほかの柑橘類同様、ビタミンCを多く含んでいます。レモンの果汁をたくさんしぼるために、レモンは室温で保存し、切る前にコロコロと転がしてみましょう。

**知ってた?** 体内でもっとも固い物質は、歯のエナメル質です。

*diary & memo*

## 14週と6日
### 90日目
出産予定日まであと **176**日

足の機能が発達し、キックや足の向きを外向きや内向きに変えたり、つま先を丸めたり、足の甲をパタパタさせることができるようになります。男の子の場合、通常この時期までに前立腺が発達します。

これからの3～4週間で、皮膚が急激に伸び、下腹部やお尻、太もも、乳房に小さな妊娠線ができるかもしれません。できた当初は赤みを帯びているか、逆に青っぽくなっていますが、時間がたつと銀色っぽい白色になります。

**食事 & 栄養** スイカ、イチゴ、キウイフルーツ、柿などが手に入る時期に妊娠している人は、ぜひ、これらの果物を食べましょう。食物繊維、ビタミンC、ファイトケミカル、β-カロテンのよい供給源になります。

**出産文化 いろいろ** アフリカのバンビュラ族や他部族では、妊娠初期に父親の一族の霊が赤ちゃんの体内に入り、生後数カ月して行われる「名づけのセレモニー」の際に、母親の一族の霊が赤ちゃんの体内に入るという、いい伝えがあります。

## 15 weeks

体重　　　　　　　kg
ウエストサイズ　　cm

**15週と0日**
**91日目**　出産予定日まであと**175日**

**15週と1日**
**92日目**　出産予定日まであと**174日**

今週も急成長は続きます。この2日間で骨がさらに形成され、背中の筋肉も強くなるので、赤ちゃんの頭と首がまっすぐになってきます。閉じたまぶたの下でゆっくりと目が動くようになります。17週までには、目は前を向くようになります。

血液の生産量の増加と、エストロゲンの作用で、鼻血が出やすくなったり、鼻がつまったりするかもしれません。エストロゲンには、鼻の粘膜を膨張させる働きがあるからです。

**↑アドバイス**
鼻血が出たら、鼻の横（鼻骨の半分の位置より少し下のところ）を強く押すと出血が止まります。頭は少し後ろにのけぞらせましょう。

**赤ちゃん今昔** 17世紀のイギリスでは、妊娠すると普段は抱かないような願望が出てくると思われていました。そして、その望みがうまくかなえられずに妊婦が欲求不満を起こすと、怒りの感情が流産につながるという説が一般に広まっていました。そのため、この問題を避けるべく、妊婦の夫は妻を溺愛するようにと医師がアドバイスしていました。

赤ちゃんの頭と首がますますまっすぐになってきます。この時期にこうした変化が現れるのは、頭蓋骨の骨化が14週から17週にかけて活発に行われることも、理由のひとつです。

この3カ月間で、ママの体重はさらに増えるでしょう。赤ちゃんが急激に発達するこの時期は、ママの体も胎児の成長分や出産・出産後に備えて体重が増えやすくなっているのです。増えすぎには注意しましょう。出産後に元の体重に戻すのが難しくなるだけでなく、妊娠高血圧症候群（妊娠中毒症）の恐れがあります。

**食事&栄養** 妊娠中に意識して摂取したいおもな栄養素は、鉄分、カルシウム、タンパク質、ビタミンです。これらを摂るために、レバー、緑黄色野菜、牛乳・乳製品、小魚、大豆製品を積極的に食べましょう。

**赤ちゃん今昔** 1680年、Johanna St. Johnは著書『Her Booke』の中で、妊婦は妊娠を安全なものにするために、乾燥したヒキガエルをお腹に巻くべきだと提唱しました。

*diary & memo*

今日子どもたちが直面しているいちばん難しい仕事とは、お手本をまったく見ずに良いマナーを学ぶことだ。
Fred Astaire

| 15週と2日 | |
|---|---|
| **93日目** | 出産予定日まであと**173**日 |

これからの数週間は、頭よりも体が急成長します。この時期までに体外に出ている生殖器は、女の子のものか男の子のものか目で確認できるくらいはっきりしてきます。

乳房から透明な液体が出てきて驚くかもしれません。これは、ホルモンレベルの変化によって乳腺にたまる液体で、初乳ではありません。タンパク質や抗体を多く含んだ初乳は、黄みがかった色をしており、17週以降にならないと分泌されません。成人女性の乳房はすでに成熟しているように見えますが、実際の発達は、妊娠して母乳を生産する準備がスタートしないと完了しないのです。

**食事 & 栄養** ビタミンAを豊富に含む食べ物には、うなぎの蒲焼き（1串で1500μgRE）、豚レバー（50ｇで6500μgRE）、かぼちゃ（60ｇで396μgRE）などがあります。妊娠中の1日の摂取目安量は、妊娠していない女性に比べて70μgRE多い670μgRE。でもそれ以上摂取すると、体にとって有害になることもあります。安全かつ効率的な摂り方は、サプリメントばかりに頼るのではなく、食べ物から摂ることです。

μgRE……ビタミンAの所要量を表す単位。REはレチノール当量。

**出産文化 いろいろ** ネイティブアメリカンの間では、伝統的に母親と新生児は出産後すぐに泉に入れられます。近場にわき水や川がない場合は、新生児は冷たい水につけられます。海岸沿いに住んでいる部族の場合、母親と新生児は海水で洗われます。冷たい水に新生児をつける行為は、トラブルの多いこの世界に生まれてきた赤ちゃんへの儀式なのです。

*diary & memo*

## 4カ月 15週 93日目〜95日目

### 15週と3日
### 94日目　出産予定日まであと172日

足が伸びてきて、よく発達しています。これからの3日間で、足の指の爪が形成され始めます。

妊娠中は鼻の粘膜が膨張するため、鼻づまりが起きやすくなります。とくに暖房を使い、室内に温かくて乾燥した空気が循環する寒い時期には注意が必要。加湿器を使う、濡れたタオルを干すなど、乾燥対策をしましょう。風邪をひいている場合も、家の中が暖かすぎると鼻づまりの症状を重くします。耳に何かがつまっているように感じる場合もあります。

✚ 鼻や耳のつまりに加え、痛みや熱、風邪のような症状がある場合は、風邪やインフルエンザに感染している恐れもあります。病院に行きましょう。ママに熱があると、胎児の環境の温度も上がります。薬を飲む前に、必ず主治医に相談しましょう。

食事&栄養 胚芽（はいが）や皮などを取り除いていない全粒（ぜんりゅう）製品（玄米、胚芽米、全粒小麦粉など）や、豆など種でできている野菜には、鉄分やタンパク質が豊富です。妊娠中の食事には、こうした食材を積極的に取り入れましょう。

*diary & memo*

### 15週と4日
### 95日目　出産予定日まであと171日

赤ちゃんは、ママから送られてきた血液中の栄養をすべて吸収することはできません。そのため、ママにも栄養が残されているわけです。

子宮を支えている靱帯（じんたい）が伸びる時に、お腹に痛みを感じることがあるかもしれません。

↑アドバイス
立っているよりも座っているほうが、体が楽かもしれません。痛みを和らげるために、イスやベッドから立ち上がる時には、膝を大きく広げるようにしましょう。さらに、温かいお風呂に入ったり、暖め効果のあるパッド等を使い、下腹部や背中の筋肉をリラックスさせるのも効果的です。ただし、37℃以上のジャクジーやサウナは避けましょう。

食事&栄養 ママと赤ちゃんの安全のためにも、妊娠中は、有機農法で栽培されたフルーツや、バナナやメロン、パイナップルのように、皮をむいて食べるフルーツを口にすると安心です。そうすれば、気づかないうちに除草薬や農薬を口にしてしまう危険を防ぐことができます。

---

子どもたちには愛情が必要だ。
とりわけ愛されるに値しないことをした時にこそ、それは必要だ。
Harold S. Hulbert

## 15週と5日
### 96日目
出産予定日まであと **170**日

👶 うなだれているような姿勢だった赤ちゃんの頭がまっすぐになります。耳もあるべき位置に近づいています。足の指の爪も伸びてきます。

👩 子宮の向きが変わり、膀胱への圧力が減るため、頻繁にトイレに行く必要がなくなりそうです。この時期を楽しみましょう。妊娠後期に入ると、トイレに行く回数が再び増えてきます。外出中にきれいとはいえないトイレを使う可能性があることを考えて、つねにティッシュや便座シートを携帯しておくといいでしょう。便秘にも気をつけましょう。

**食事 & 栄養** ビタミン$B_{12}$は神経繊維を守り、神経システムの成長を助け、赤血球を生産します。妊娠中の摂取目安量は1日2.8μg。日常的に卵、肉、乳製品を食べている人は、ビタミン$B_{12}$は足りています。徹底したベジタリアンの人は、ビタミン$B_{12}$が入っている豆乳を飲みましょう。

## 15週と6日
### 97日目
出産予定日まであと **169**日

👶 赤ちゃんはいま、身長はおよそ120㎜、体重は100gくらいにまで成長しています。この2週間で2倍にもなった計算です。

👩 妊娠をサポートすべく血液の生産が増えるため、血管が浮いて見えるようになるかもしれません。通常のお産では、約200～400ccの出血があります。これは献血の1回分の量にあたります。

**食事 & 栄養** レタスは食べる前によく洗いましょう。でも、絶対に水につけっぱなしにしないように。水につけておくと、ビタミンが水に溶け出してしまうからです。レタスは淡色野菜に分類され、成分のほとんどが水分ですが、ビタミンAも少々含まれています。

**出産文化 いろいろ** フィリピンのルソンでは、妊婦が自分の母親かお姑さんとケンカをすると、難産になると信じられています。

*diary & memo*

子どもと話す時は誠実に。子どもほど早くウソを見抜ける人はいないのだから。
Mary MacCracken

# 5
## Lunar Month

**今月の体の変化＆心がけたいこと**

| こころ<br>＆<br>体の変化 | ● 次のような症状を覚えたら、主治医に報告する──発熱／病気／おりものの変化／手首の痛みや違和感／頻繁な鼻血／耳や鼻に何かがつまっている感覚<br>● 静脈瘤や足のむくみ、腰痛が起こることもある<br>● 幸福感に包まれる日もあれば、不安にかられる日もあるなど、感情が不安定な状態が続く人もいる |
|---|---|
| 日常生活 | ● 休養を十分に取り、疲れを感じた時は左側を下にして横になる<br>● 適度な運動を心がける（激しい運動はNG）<br>● 立ちくらみを避けるため、姿勢を変える時はゆっくりと動く |
| 食生活 | ● つわりから解放された人は食生活を楽しむ。バランスのよい、赤ちゃんの成長をサポートする栄養素の摂取を心がける<br>● 塩分を控え、添加物の少ない食生活を心がける |

※喫煙、薬の服用、アルコールやカフェインの摂取は、妊娠期間を通して控えましょう。

## 16 weeks

体重　　　kg
ウエストサイズ　　　cm

| 16週と0日 | |
|---|---|
| **98**日目 | 出産予定日まであと**168**日 |

| 16週と1日 | |
|---|---|
| **99**日目 | 出産予定日まであと**167**日 |

今週も赤ちゃんの急成長は続きます。14週から17週の間に、体重は6倍にも増えます。それでも、まだ170ｇ程度です。

まだひどく疲れたり、エネルギーがないと感じたりするかもしれません。でもこれはいたってノーマルなこと。あまり心配しないようにしましょう。休養をよく取り、栄養バランスのよい食事と適度な運動を心がけましょう。運動といっても、5〜10分程度のウォーキング、ストレッチ、ヨガなどでも十分です。リフレッシュにもなるでしょう。

**食事＆栄養**　フルーツを乾燥させると、生の果物に含まれていた水分の半分がなくなりますが、糖分やビタミン類、ミネラルなどはしっかり残っています。ドライフルーツは、キャンディやチョコの代わりに持ち歩くのにちょうどよい食べ物です。

**赤ちゃん今昔**　北米インディアンのクラマス族の女性たちには、出産を早めるために「早く出てこないとガラガラヘビがかみつくよ！」と赤ちゃんに話しかける風習がありました。

へその緒にはかなりの血液が流れています。その力で、へその緒は水の詰まったホースのように張っています。もし赤ちゃんが動いてへその緒がねじれたりしても、へその緒は自力でまっすぐになろうとします。

立ちくらみを防ぐために、ゆっくりと起き上がり、突然動くことは避けましょう。妊娠中は、動いた時の血圧の変化が普段よりもゆっくりと起こります。

↑**アドバイス**
立ちくらみを感じる時は、座るか横になって足を高い位置に上げましょう。症状がおさまってから立ち上がるようにしましょう。

**知ってた？**　胎盤と赤ちゃんをつなぐへその緒は、通常、胎盤の中央から伸びます。でも、胎盤の表面であれば、どこからでも伸びることができます。

**出産文化いろいろ**　南米のジャララでは、出産は日常的な出来事としてとらえられています。そのため、みんなの目にふれる場所で、ごく普通に行われます。

*diary & memo*

> 周囲の人々、とくに子どもたちの心に影響を及ぼすものは、
> 実際には成し遂げられなかった親の理想の人生だ。
> Carl Jung

| 5カ月16週 | 98日目〜100日目 |

## 16週と2日
## 100日目
出産予定日まであと166日

👶 胎盤とへその緒の助けによって、お腹の赤ちゃんの諸機能は出生後と同じような働きをしています。この時期、心臓はまだ発達段階であるものの、1日に27.5ℓの血液循環を行っています。胎盤は胎児の保護、消化、呼吸、老廃物の排泄、ホルモン生成などをサポートします。ほとんどの細菌は、胎盤の膜を通り抜けることはできませんが、薬の多くは簡単に通り抜けてしまいます。

👩 食欲が出てくる頃かもしれません。栄養バランスの取れた食事を心がけましょう。赤ちゃんの成長に必要なエネルギーを摂取するだけでなく、ママの日常生活に必要なエネルギーを補給することもできます。

**食事&栄養** ジャガイモは、経済的かつ栄養的にすぐれた食べ物。でも調理方法によって、摂取するカロリーや栄養の量が変わってきます。たとえば、皮つきのふかしたジャガイモ1個は80〜90kcalで、食物繊維、タンパク質3g、ナイアシン1.4〜1.7mgを含み、脂質はゼロです。牛乳とバターを加えて作るマッシュポテト1カップには、タンパク質4g、ビタミンA64μgRE、脂質が8g含まれ、185kcalです。5cm程度のフライドポテト10本、もしくは直径約5cmのポテトチップス10枚は、約120kcalで、5〜8gの脂質が含まれます。

**赤ちゃん今昔** アメリカ開拓期の田舎では、助産師の役目を果たしたのは、近所の人かおばあさんでした。彼女たちのアドバイスは、「塩漬けのキャベツと酢漬けの豆以外のものであれば、何でも食べたいものを食べなさい。出産後10日間はベッドにいなさい」というものでした。

*diary & memo*

自分の両親は選べないが、自分がどういった親になるかを選ぶことはできる。
Marian Wright Edelman

| 16週と3日 | / |
|---|---|
| **101日目** | 出産予定日まであと **165**日 |

今週、赤ちゃんの反射神経はさらに発達します。反射神経は、意識せずに起こる体の動きで、生きていくために持って生まれます。たとえば、まばたきは目の中に異物が入るのを防ぎ、目を乾燥から守ります。飲み込んだり、吸い込んだりという行為は、消化器官内で栄養分を消化するのに役立ちます。いまの赤ちゃんは、まばたき、飲み込み、吸い込みという、3つの反射神経による動きができつつあります。そして出生時には、70以上もの反射神経による動きができるようになるのです。

今月、母乳の生産に必要なホルモンが、胎盤で生産され始めます。胎盤は、出産を助ける働きをするホルモンのバランスを調整する大きな役割を果たします。

**食事 & 栄養** 揚げ物や油をたくさん使う料理はなるべく控えましょう。鍋に油をひく時に最低限の量ですむように、油を浸したペーパータオルで鍋をふくといいでしょう。コロッケなど中の具材に火が通っているものは揚げずに焼きましょう。また、使い終わった油を流しに捨てることはやめましょう。そうすれば、自分の体だけでなく、環境を守ることができます。

*diary & memo*

| 16週と4日 | / |
|---|---|
| **102日目** | 出産予定日まであと **164**日 |

今週中に腎臓が最終的な位置に移動します。体がまっすぐになる過程でゆっくりと腎臓が下腹部に移動するため、この移動が完了するまでには約10週間かかります。赤ちゃんの体は引き続きまっすぐになってきていますが、これは赤ちゃんの成長において驚くべきことのひとつに過ぎません。あと2週間くらいすると、身長は出生時の約半分にまで成長します。

妊娠中期に入って妊娠にも慣れ、いちばん快適に感じる時期かもしれません。ラッキーな人はつわりがおさまり、力もわいてきていることでしょう。この時期に家族で旅行したり、子どもがいる人は、赤ちゃんが産まれる前に上の子といろいろな体験をしておきましょう。体中にみなぎる活力や感情の安定感なども、妊娠後期の28週目あたりには変わってきます。

**知ってた?** 世界中で生まれてくる赤ちゃんの8割は、助産師によって取り上げられます。英語で助産師を意味する「midwife」は、「女性とともに」という意味を持つイギリスの古い単語からきています。

## 5カ月 16週 101日目～104日目

### 16週と5日
### 103日目
出産予定日まであと **163** 日

👶 ここ数週の間に胎盤と赤ちゃんが同じくらいの大きさになりますが、すぐに赤ちゃんのほうが大きくなります。妊娠中の胎盤は、出生後の肺や腎臓の役目である消化器官の役割を果たしています。

👩 赤ちゃんがより大きく、力強い動きになっていくにつれ、胎動を感じやすくなります。最初はお腹の中でチョウチョが舞っているような感じを受けます。初めて胎動を感じる時期は、早い人なら15～16週くらい。ほとんどの人は19～20週、遅くても21週までの間に感じるでしょう。

**食事 & 栄養** ビタミンAには、皮膚の粘液を健康に保ち、骨の成長を促す働きがあります。体内に入ったビタミンAの約9割は肝臓に蓄えられ、つねに6～12カ月分の量がストックされています。でも、ビタミンAの過剰摂取は体に有毒になり、腎臓にもダメージを与えてしまいます。摂取目安量に従いましょう。なお、ビタミンAの前駆細胞であるβ-カロテンは有害ではないようです。トマトジュースにはビタミンAが豊富です。

### 16週と6日
### 104日目
出産予定日まであと **162** 日

👶 今週は赤ちゃんの体全体が急成長しますが、その内容は、すでにできている部分がさらに発達し、大きくなるというものです。新たに作られる部分はほとんどありません。

👩 今週、赤ちゃんの成長にはスパートがかかっています。同時に、ママの成長にもスパートがかかります（体重の増えすぎには注意です）。

**食事 & 栄養** イワシにはカルシウムが豊富です。イワシの丸干し3尾（40g）には、約176mgのカルシウムが含まれています。これは妊婦が1日に必要とする摂取量（600mg）の1/3弱にあたります。また、ワカサギ中2尾（50g）には225mg、干しエビ大さじ1杯（8g）には568mgのカルシウムが含まれています。

**出産文化 いろいろ** ユカタン半島のマヤ族の間では、女の子が生まれると、生後60分以内にママが赤ちゃんの耳にピアスの穴を開ける習慣があります。彼らは、生後1日たつと気づいてしまう痛みも、生まれてすぐの赤ちゃんなら感じないと信じているのです。

*diary & memo*

子どもの威厳を感じましょう。自分が子どもより優れていると思い違いをしてはいけません。
Robert Henri

## 17 weeks

体重　　　kg
ウエストサイズ　　　cm

| 17週と0日 | / |
|---|---|
| **105日目** | 出産予定日まであと**161日** |

| 17週と1日 | / |
|---|---|
| **106日目** | 出産予定日まであと**160日** |

すでに肺の大部分の組織は作られましたが、酸素と二酸化炭素の交換に関わる部分はできていません。そのため、赤ちゃんはまだ呼吸することはできないのです。この3日間で、手足の指には指紋のもととなる皮膚の隆起が作られます。

薄くて白っぽいおりものは、妊娠中に分泌されるものです。妊娠が進むにつれ、このおりものが増えてくるかもしれません。

➕ おりものの色が黄色や緑色っぽくなったり、熱さやかゆみ、排尿時に痛みなどを感じるようであれば、医師に相談しましょう。医師の診断が必要な症状かもしれません。

**食事 & 栄養** 鉄分は、血液や赤血球の生産に大きな役割を果たすので、ママにもお腹の赤ちゃんにも大切なものです。プルーンジュースには、ほかのジュースの10〜40倍の鉄分が含まれており、便秘を解消するのにも役立ちます。また、鉄分はビタミンCや銅と一緒に摂ると、吸収率がアップします。銅はほとんどの食品に含まれており、ビタミンCは柑橘系のフルーツに豊富です。

腸に胎便（たいべん）がたまってくる頃です。胎便には、不要となった細胞や消化器官で分泌されたもののほか、赤ちゃんが飲んだ羊水も含まれています。そのため、胎便は胎児が子宮にいるうちから消化の練習をしている証でもあるのです。でもほとんどの場合、飲み込まれた羊水は赤ちゃんの腸で吸収され、胎盤の膜を通り、血液を介してママの腎臓に排出されます。

妊娠中期から後期にかけて、体にエネルギーを与えてくれる炭水化物がさらに必要になります。糖分やでんぷん、繊維質などが炭水化物です。

**食事 & 栄養** 塩の代わりに、にんにく、タマネギ、生姜（しょうが）、酢、バジル、だし汁、レモンなどの自然食品を使って料理の味つけをしてみましょう。塩分の摂取を控えることによって、体内に蓄えられる水分の量を減らし、むくみをおさえることができます。

**知ってた？** 胎盤の初期の発達は、じつは母親の卵子からではなく、父親の精子からの染色体によって管理されています。

*diary & memo*

## 5カ月 17週 105日目〜108日目

### 17週と2日
### 107日目
出産予定日まであと159日

👶 手足の指の腹に、のちに指紋を形成する皮膚の隆起が見られるようになります。

🤰 お腹のふくらみがわかり、妊娠していることを実感するにつれ、赤ちゃんの誕生を心待ちにする一方で、ときには恐怖や将来への不安を感じることでしょう。妊娠中は、ポジティブな思いとネガティブな思いが交錯するもの。だれでもそうなります。
漠然と心配するばかりでは何もなりません。不安を取り除くべく、今のうちに計画を立て、解決策を考えていきましょう。少しずつ準備することによって、出産後の負担が軽くなります。たとえ、すべての心配事に対する答えが見つからなくても大丈夫です。万全の心がまえで出産を迎えられる人はいません。大切なのは、不安やわからないことがあることを自覚し、主治医や助産師、友人、両親などからアドバイスをもらうこと。ひとりで悩まないで相談しましょう。

●重要● この世でたったひとつのバカな質問というのは、実際に尋ねる機会を得られなかった質問です。

### 17週と3日
### 108日目
出産予定日まであと158日

👶 外耳が頭から突き出てきます。目の位置は、顔の横から前に移動してきます。

🤰 胎盤は、胎児に栄養を補給して健康を維持する一方、ママの健康を維持する働きもします。胎盤には、血液中の成分であるグロブリンを合成し、感染を防ぐ役割もあります。この成分のほとんどは胎児が使いますが、とくに最後の3カ月間は、ママにも供給されます。

赤ちゃん今昔 植民地時代のアメリカでは、妊婦はイスに座っている夫の膝の上に座って分娩するのが一般的な方法でした。夫は奥さんのお腹の上か、脇の下を抱えたのです。この出産方法について、1882年に、ある男性の作家が次のようにコメントしています。「このポジションは、ふたりにとってそれほど悪くはなかったようだ。ただ、お産が長引く場合には夫が疲れ果ててしまうこともあった。当時のこの愛情のこもった犠牲行為は、夫がしばしば行ってきた悪さをつぐなう、妻へのおわびとして当然のことと思われていた」

*diary & memo*

家族のなかの子どもとは、ブーケの花のようなもの。
作り手が望むのとは違う方向を向く花が、絶対にひとつはあるものである。
Marcelene Cox

### 17週と4日
**109**日 出産予定日まであと **157**日

これからの2日間で、耳が最終的なポジションに移動します。主な内分泌腺には、下垂体、松果体（しょうかたい）、甲状腺、副腎、腎臓、肝臓、膵臓、子宮、精巣などがありますが、そのほとんどは、早くて13週、遅くても21週くらいにホルモンの分泌を開始します。

いま、ママの心臓は妊娠に対応するために、通常時に比べて4〜5割増しで働くようになりました。一般的には、これによって問題は起こりません。健康な心臓は、妊娠中のハードな働きにも十分対応できます。

どうしてもタバコやお酒をやめられない人は、主治医に相談しましょう。医師は、そのためにいるのです。

**食事 & 栄養** 低脂肪乳やドリンクヨーグルト、豆乳などは、手軽に栄養補給できる「高タンパク質＆低脂肪」の飲み物です。

**知ってた？** アメリカでは、1日平均1万829人の赤ちゃんが産まれています。日本では、近年は1日平均約3033人、29秒にひとりのペースで赤ちゃんが誕生しました。

*diary & memo*

### 17週と5日
**110**日 出産予定日まであと **156**日

赤ちゃんの骨が固くなり始め、超音波検査で見えるようになります。

ママが食事をした1〜2時間後に、赤ちゃんがその栄養分を受け取ります。

**食事 & 栄養** 豆類やコーン、フルーツなどの缶詰製品、ケチャップ、レーズンなどは、脂肪分が少なく、炭水化物を多く含む食品です。手軽にエネルギー源を補給できますが、糖分も多く含まれているため、これらの食品の使いすぎには注意しましょう。缶詰には酸化防止剤としての添加物が含まれているという面もあります。でも、鮭の中骨缶や豆、ひじきなどの素材缶は、カルシウムなど妊婦に必要な栄養素が手軽に補給できるのでおすすめです。

**出産文化いろいろ** 分娩中の妊婦が食事をすることについては、文化によってさまざまな考え方があります。北米のパウニーインディアンの間では、最初の痛みが来た時点から、妊婦には食べ物も飲み物も与えられません。一方、アフリカのコイコイ族の間では、妊婦に力をつけるために、分娩中もスープを与え続けます。

## 5ヵ月 17週　109日目〜111日目

### 17週と6日
### 111日目
出産予定日まであと **155日**

急成長している赤ちゃんはいま、身長140mmにまで大きくなりました。これは、手のひらに乗せて少し揺らすことができるくらいの大きさです。

今週中には髄鞘（すいしょう）形成がスタートします。髄鞘形成とは、神経をミエリンと呼ばれる脂肪質で包むことにより、神経の伝達スピードを早め、スムーズにメッセージを伝える働きをするものです。複雑かつ高度なシステムが、赤ちゃんの体内でも作られているわけです。

この頃には、待ちに待った最初の胎動を感じることでしょう。もし感じていなくても、赤ちゃんはちゃんと動いているはずですから、きっとあと数週のうちに感じるでしょう。胎動といっても最初は「これがそうなの？」と思うようなわずかなもの。この時期に何かが大きくぶつかったような衝撃を感じることは期待しないでください。いまはお腹がゴロゴロしたり、シャボン玉が割れたり、お腹の中でチョウチョが飛んでいるような感覚です。消化不良や、空腹時の痛みに似た感じと受け取る人もいます。

**食事＆栄養** チーズには、牛乳に入っているのと同じ栄養分が凝縮して含まれています。妊娠中は積極的に食べましょう。チーズのタンパク質は、肉に含まれているものと同じ動物性で、しかもチーズのほうが安く手に入ります。チェダーチーズやスイスチーズ約30gには、1日に必要な量の20％にあたるカルシウムと、10％にあたるタンパク質が含まれています。カロリーは約100kcalで、脂質は8〜9gです。

**赤ちゃん今昔** 19世紀の北米では、ほとんどの出産は、助産師、親戚、友人の立ち会いのもとで行われました。医師は、合併症を起こしているなど、お産が大変な時のみ必要な存在だと思われていました。ネイティブアメリカンの間では、お年寄りの女性はお産の知識が豊富であると考えられていました。

*diary & memo*

子どもを育てることは、長編ミステリーを読むようなものである。
結末を知るには一生涯かかるのだから。
作者不明

## 18 weeks

体重　　　　　　　kg

ウエストサイズ　　　cm

---

**18週と0日**
**112日目**　出産予定日まであと**154**日

外耳の形がさらに耳らしくなり、少し立ってきます。この4週間で身長は約50mm伸び、体重は730gくらい増えるでしょう。

毎日楽しく過ごせていますか？　仕事をしている人は、無理をしていませんか？　妊娠期間も折り返し地点に近づいてきました。2週後には、出産まであと半分になります。

**考えてみましょう**　妊娠中の時間の流れを、早いと感じるか遅いと感じるかは人それぞれ。妊娠の経過が順調かどうかに比べると、たいした問題ではありません。ママは胎児の環境を作る建築家です。自分自身をいたわることは、お腹の赤ちゃんをいたわることにつながります。休息が必要と感じたら、それをわがままだと思う必要はありません。仕事にしても家事にしても、できないと思うことは周囲に伝えましょう。

**出産文化 いろいろ**　「分娩中の妊婦の手助けをすることができるのは女性だけ」と考える文化が多い一方、ヒマラヤのレプチャでは、性別を問わず、知識のある人が、出産に際して妊婦の手助けをします。

---

**18週と1日**
**113日目**　出産予定日まであと**153**日

この2日間で頭と体に産毛（うぶげ）が生えてきます。産毛は、皮膚を保護する胎脂（たいし）を維持するのに役立ちますが、生まれてくる頃には、ほとんどなくなります。

この時期の胎児の急成長は、ママの心臓、肺、腎臓に負担をかけるので、疲れすぎないように注意しましょう。妊娠中に増える体重の多くが、今後3カ月間に集中します。一般的には、7カ月までは1カ月に1～2kgずつのペースで増えますが、ある週にはまったく増えず、次の週に一気に増えることもあります。ただし、「毎週1kgずつ増えている！」という人は要注意。食べすぎていないか、体をいたわるあまり運動不足になっていないか等、生活を見直してみましょう。

**食事 & 栄養**　赤ちゃんの骨や歯の形成に大切な栄養素は、カルシウム、リン、ビタミンC、D、K、マグネシウム、亜鉛、マンガン、フッ素です。乳製品に比べて野菜にはカルシウムはあまり含まれていませんが、青菜類には豊富です。小松菜100gに170mg、モロヘイヤ100gに260mg、菜の花100gに160mg、水菜100gに110mgのカルシウムが含まれています。

---

*diary & memo*

---

子どもには、驚くべき知性や熱情、好奇心、ごまかしのきかなさ、
澄んだ視野、残忍さが備わっている。
Aldous Huxley

## 5カ月 18週 112日目〜114日目

### 18週と2日
### 114日目
出産予定日まであと152日

4週前に比べ、赤ちゃんの身長は89mmから140mm近くまで伸びました。これはかなり急激な成長です。今後は少しスローペースになりますが、今後4週間で、140mmから200〜250mmにまで成長します。

お腹が大きくなるにつれて、これまでの洋服が窮屈になるでしょう。軽い素材でできた、ゆったりとした洋服を着て、快適に過ごしましょう。マタニティ服を着ることに抵抗がある人もいるでしょう。でも、マタニティ服を着ることで、周囲の人に妊婦であることを伝えることもできます。妊婦だと気づくことによって、あなたに電車やバスの中で席を譲ってくれる人がいるでしょう。人ごみの中を歩いていても、さっとよけてくれる人もいるでしょう。体をいたわり、かつ、危険から身を守るためにも、マタニティ服は役立ちます。

**食事&栄養** トウモロコシはビタミンのよい供給源です。コーンに含まれる糖分は、収穫後はでんぷんに変化して甘みが減るので、トウモロコシは購入後すぐに食べるのがベスト。調理直前に皮を取り、沸騰したお湯で10〜15分ほどゆでると、トウモロコシの中に含まれる栄養分と味がしっかり出ます。グリルや電子レンジで調理するのもいいでしょう。

**出産文化いろいろ** 西アフリカのほとんどの民族の間では、赤ちゃんはスピリットワールドにとても近いため、赤ちゃんとママは、悪霊の影響を受けやすいと信じられています。悪霊の影響から身を守るために、ママは特別なお守りを身につけ、悪霊の注意を引くような行動はつつしむようにいわれます。

*diary & memo*

> 幸せな幼年時代というのは、本当に大切なものです。私のそれは、
> いつまでも首のまわりに七色の光のようにゆらゆらと見え隠れしています。
> Hortense Calisher

## 18週と3日
## 115日目
出産予定日まであと **151**日

女の子の子宮の中には、早くも原始的な卵子が作られます。つまり、女の子は生まれてくる時点で、すでに一生分の卵子を持っているのです。その数、なんと200万個も！彼女が大人になり、彼女自身が子どもを生む頃には、体内の卵子も彼女と同じ年齢になっているというわけです。

腰痛に悩む人が増えてくる時期です。出産に備えて骨盤がゆるむことに加え、成長し続ける子宮とのバランスを取るために、腰に痛みが現れるのです。妊娠中の腰痛は、腰の低い位置に起きやすいのが特徴です。今日から腰痛を防ぐためのアドバイスを紹介します。ひとつひとつ実践してみましょう。

**腰痛を防ぐために：その1**　よい姿勢を保ちましょう。頭から背骨にかけて1本の糸が通り、その糸が上から引っ張られて、頭、首、背骨、骨盤がピンと伸びている感じをイメージしてください。猫背気味の人は、意識して背筋をまっすぐに保つようにしましょう。また、立ちあがる時は、両足を適度に開き、体重を両足に均等にかけるようにしましょう。妊婦用のガードルも、腰痛防止に効果的です。

*diary & memo*

食事&栄養　コーヒーの苦みのもとであるタンニンの多くは、コーヒーを煎れている間に抽出されます。タンニンの量をおさえるポイントは、1）コーヒーを沸騰させない　2）コーヒー豆をお湯に浸す時間を最小限にする（ドリップ式がいちばんいいでしょう）　3）コーヒーができたら、すぐにフィルター内のコーヒー豆は取り除く　の3つです。妊娠中は1日2杯以内にしましょう。

出産文化いろいろ　アメリカ南西部のナバホ族の間では、出産時、音楽が奏でられます。

## 5カ月 18週 115日目〜117日目

### 18週と4日
### 116日目　出産予定日まであと150日

😊 これからの2日間で、胎脂が作られ始めます。これはクリーム状の物質で、赤ちゃんの皮膚や細胞などを守る働きをするもの。胎児の皮膚の脂分泌腺から出る脂、産毛などから作られます。

👩 おっぱいの乳輪以外の部分にも、色素が沈着したような斑点ができた人がいるかもしれません。人によっては、乳房の半分を覆うこともあるこの斑点は、「第二の乳輪」と呼ばれます。一時的なものですが、消えるまでには出産後1年近くかかることもあります。

**腰痛を防ぐために：その2**　体重の増えすぎに注意しましょう。体重が余分に増えるほど、腰に負担がかかってきます。ジャンクフードや高脂肪の食べ物を避け、健康的な体重増加を心がけましょう。

**出産文化いろいろ**　19世紀のアフリカのロアンゴでは、新生児のへその緒がとれないうちは、たとえ父親であっても、男性は新生児と同じ部屋に入ることが許されませんでした。この習慣には「子どもが悪い方向に成長しないように」という願いが込められていました。

*diary & memo*

### 18週と5日
### 117日目　出産予定日まであと149日

😊 胎児の体を包む胎脂の形成が、引き続き行われます。

👩 おでこや頬にシミができることもあります。これは「妊娠マスク」とも呼ばれます。通常は出産後に消えますが、日に当たるとさらに濃くなって消えにくくなるので、妊娠中はいつも以上にシミ対策が必要です。外出時には必ず帽子をかぶる、日焼け止めを塗るなど、紫外線から肌を守りましょう。

**腰痛を防ぐために：その3**　座っている時は足をなるべく高い位置に上げるか、腰痛を和らげるように設計されたイスに座るようにしましょう。長時間、同じ姿勢で立ち続けたり、座り続けたりするのは避けましょう。非対称の姿勢（たとえば足を組んで座る、片足を台に乗せた状態で立つなど）は、関節の痛みをひどくする場合があります。

**出産文化いろいろ**　アメリカ南西部のホピ族の女性は、妊娠中は毎朝早起きし、あまり座らないようにといわれます。サンポイル族はもっと厳しく、ウォーキングと水泳のエクササイズプログラムが妊婦に渡されます。

「赤ちゃんのように眠れる」という人に限り、赤ちゃんのいない人が多い。
Leo J.Burke

## 18週と6日
## 118日目
出産予定日まであと **148** 日

これから出産までの間、胎盤はどんどん大きくなり、最終的には直径152mmほどになります。でも、その厚さはすでに最終的な厚さになっています。「Placenta（胎盤）」という言葉は、ギリシャ語の「平らなケーキ」という言葉からきています。

お腹の中の赤ちゃんは、時々しゃっくりをしています。赤ちゃんがしゃっくりすると、ママのお腹にはリズミカルな振動が伝わります。この振動は、1回につき2～4秒程度のもの。空気がない子宮内では、胎児はしゃっくりをすることによって、呼吸と同じ運動をするのです。しゃっくりはたいてい30分くらいで終わります。今夜寝る時には、ママは19週間も妊娠していることになります。

**情報** 妊娠期間中に、上の子をお風呂に入れることは、重い物を持ち上げたりする動作の中で、もっとも大変なことのひとつです。バスルームで子どもを抱き上げようとすると、不自然な姿勢になりがちだし、転ぶ危険もあります。一緒に住んでいるパートナーや家族に、なるべく子どもと一緒に入ってもらいましょう。

**食事 & 栄養** 肉やチーズ、卵に含まれる飽和脂肪酸は、動脈硬化などの原因となる中性脂肪や、血中コレストロールを増加させます。これに対し、ナッツ類に含まれる脂肪（不飽和脂肪酸）は、心臓や血管によい脂肪です。ただし、ココナッツは例外。ココナッツに含まれる脂質は飽和脂肪酸が高く、タンパク質の量もごくわずかです。このため、ココナッツオイルの含まれた食品は、なるべく控えましょう。

**出産文化いろいろ** 1882年に出版された『原始的な出産』（Engelmann著）には、次のようなくだりがあります。「2～3年前、ネイティブアメリカンのフラットヘッド族とクーテナス族の男性、女性、子どもが狩りに出た。とても寒い冬の日、女性のひとりがほかのメンバーを先に行かせ、自分の馬から下りた。雪の上に古いバッファローの毛布を広げ、その上で子どもと胎盤を出産した。環境が許す限りのものを使い、生まれたての子どもをブランケットに包んで馬に乗せ、他人が気づく前に一行に戻った」

*diary & memo*

## 19 weeks

体重　　　　kg
ウエストサイズ　　　　cm

**19週と0日　　／**
**119日目**　出産予定日まであと **147**日

今日までに、首や胸骨、尿道の近くに、熱を作り出す褐色脂肪ができてきます。褐色脂肪は胎児の体を守る働きをします。生まれたばかりの赤ちゃんの体内には褐色脂肪がありますが、大人の体内には、その形跡がわずかに残る程度です。

妊娠すると多くの女性は、おへそから下に伸びる線がはっきりと目立ってきます。これも妊娠中に起こる色素沈着のひとつです。

**腰痛を防ぐために：その4**　靴にも気を配りましょう。少しヒールがある靴のほうが、ぺったんこなものよりバランスを取りやすい場合もあります。でも5cm以上のヒール靴ははかないようにしましょう。バランスを崩し、転ぶ危険があります。スニーカーを1足用意してみてはどうでしょう？

**食事 & 栄養**　妊娠中、ナッツ類は繊維質の供給源となります。ナッツの殻は栄養素が逃げたり、化学調味料が中に入り込むのを防ぐ役割をしますが（ピスタチオは例外）、余分な塩分や人工着色料などには注意しましょう。なるべく天然の色のナッツを選ぶようにしましょう。

**19週と1日　　／**
**120日目**　出産予定日まであと **146**日

これからの2日間で、まゆ毛が生えてきます。まゆ毛や髪の毛は、21週くらいまでに見えるようになります。

どちらかというと色黒で、髪の毛も黒々としている人のほうが、乳房などに起こる色素沈着が目立つ傾向があります。これには下垂体が大きく影響していると考えられています。妊娠中は、下垂体が普段より多くのメラニンを分泌し、ホルモンを刺激するからです。

**腰痛を防ぐために：その5**　物を持ち上げる時は、最初にそれが重すぎないか確かめましょう。そして持ち上げる時は、腰ではなく足で持ち上げる要領で、膝を曲げて背中はまっすぐに伸ばして物を持ち、それから膝を伸ばして持ち上げるようにしましょう。この方法を体が覚えると、妊娠中だけでなく、ずっと腰を痛めずに物を持つことができます。

**出産文化 いろいろ**　出産に立ち会う人々は、分娩中の妊婦を元気づけたり、リラックスさせたり、しっかりさせたりするために、妊婦に頻繁に話しかけます。マヤ文化では、妊婦を元気づけるために、出産の立会人が歌を歌う伝統があります。

*diary & memo*

(　　　　　　　　　　　　　　　　　　　　　　　　　　　　　　　　　　　　　　　　)

子どもを家にとどめておく最良の方法は、家の雰囲気を心地よくすることである。
Dorothy Parker

**19週と2日**
**121日目** 出産予定日まであと**145**日

この時期になると、赤ちゃんは出生後と同じように、寝たり起きたりします。いまは自分の好きな体勢で寝ています。赤ちゃんによっては、寝る時はいつも顎を胸に乗せて寝たり、頭を後ろに反らせて寝たりしていることもあります。

腰痛を防ぐために：その6　体の前で荷物を抱えるのは避けましょう。体の前面にかかる重さが増えると、腰にかかる負担が大きくなります。脇に抱えたり、重い物はキャスターつきのバッグを使うか、だれかに助けてもらいましょう。

食事&栄養　適量のタンパク質は、ママと赤ちゃんの血液や筋肉を作るために不可欠ですが、摂りすぎても少なすぎても体によくありません。1日の摂取目安量（60g）に従い、その調節については、主治医や栄養士に相談しましょう。

赤ちゃん今昔　背もたれがあり、下部が開いている分娩用イスは、1540年代にヨーロッパで最初に開発されました。これとほとんど同じ構造の分娩イスが、現在でも病院やバースセンターで使用されています。

*diary & memo*

**19週と3日**
**122日目** 出産予定日まであと**144**日

これからの3日間で、赤ちゃんの頭部には、産毛ではなく本物の髪の毛が生えてきます。でも、この髪の毛も出生後2週間くらいで抜け、さらに太くて固い髪の毛が生えます。

腰痛を防ぐために：その7　体調が安定している人は、ウォーキング、ストレッチ、水泳などで体を動かすのもいいでしょう。これらの運動は、腰痛を和らげたり予防する効果があります。でも、いままでにやったことのないスポーツに挑戦するのはやめておきましょう。どのように体を使うかがわからないからです。なお、マタニティスイミング教室では、主治医の許可書が参加の条件になっているところが多いようです。

赤ちゃん今昔　19世紀の西ミクロネシアのヤップ島では、遅くても出産予定日の1カ月前には、妊婦の子宮口が開き始めていました。なぜなら、子宮口には特定の植物の葉を丸めた固い筒状のものが差し込まれていたからです。子宮口が開くと、さらに太い筒が差し込まれました。この行為はお産にかかる時間を短縮し、痛みを和らげるために行われましたが、出血や不快感を伴うこともありました。

## 5カ月 19週　121日目〜124日目

### 19週と4日
### 123日目　出産予定日まであと143日

👶 これからの3日間で、皮膚の胎脂がはっきりと認識できるようになります。

**腰痛を防ぐために：その8**　腰回りをマッサージして血行をよくすることも、腰痛には効果的です。パートナーに親指や指の関節で、じんじんする箇所を1〜2分間、優しく、深く押してもらいましょう。妊婦向けのプロのマッサージを受けるのもいいでしょう。

**食事 & 栄養**　脂肪分の摂取量は、1日当たりの総摂取カロリーの30％以内におさえましょう。

**知ってた?**　13週から21週の間、胎盤は、赤ちゃんと同じくらいの重さになります。胎児の内臓は、まだ十分に食事を処理することができません。胎盤がその働きを受け持ちます。

**赤ちゃん今昔**　19世紀の北オーストラリアのセーラム島（現インドネシア）では、分娩中の妊婦は、腕を頭の上に持ち上げた状態で、木や支柱に縛りつけられたり、半分つり下げられた状態になることもありました。こうすることで、分娩時間を短縮し、通常の生活に早く戻ることができると考えられていたのです。

*diary & memo*

### 19週と5日
### 124日目　出産予定日まであと142日

👶 今日までには頭の毛が生え、1カ月以内には2〜3cm程度に伸びるでしょう。

**腰痛を防ぐために：その9**　体の左側を下にして横になり、足の間に枕をはさんで両足が平行になるような体勢で寝ると、楽かもしれません。枕をはさむことにより、上にある足が落ちる衝撃が腰に響く心配もありません。また、下腹部の下に枕を入れると、腰にかかる負担を軽くすることもできます。

**食事 & 栄養**　バター、マーガリン、油、ベーコン、アボカドなどは高脂肪食品です。ベーコンを食べる時は、「タンパク質ではなく、脂肪分を摂っているのだ」と思うようにしましょう。一方、アボカドには体によい不飽和脂肪酸が豊富。この脂肪は、妊娠中、必要不可欠なものです。ただし、体によくない飽和脂肪酸も含まれているので、食べすぎには注意しましょう。アボカド1/8個で、ベーコン1枚、バターひとかけと同じくらいの脂肪分が含まれています。

子どもたちからは、たくさんのことを学ぶことができる。
たとえば、自分がどれくらい我慢強いかなど。
Franklin P. Jones

| 19週と6日 | |
|---|---|
| 125日目 | 出産予定日まであと141日 |

👶 赤ちゃんはいま、体重300g、身長160mmくらいにまで成長しているでしょう。女の子の子宮が完成します。腟、処女膜、陰唇も形成されます。赤ちゃんの処女膜は通常、産道を通り抜ける際に一度裂けますが、腟内に薄い膜となって残ります。

👩 赤ちゃんの骨が固くなるにつれて、胎動は次第に力強いものになってきます。ほとんどの妊婦は、18～21週の間に胎動を感じます。やせている人のほうが、太っている人よりも胎動を感じる時期が早い傾向があります。胎動は、ママにお腹の赤ちゃんへの愛着と、一生涯の絆(きずな)を感じさせることに役立ちます。今日で妊娠5カ月が終わります。

知ってた? 一般的に、赤ちゃんはママが初めて胎動を感じてから約147日（その15日前後以内）で生まれます。最初に胎動を感じた日を記録しておきましょう。そして、これがどの程度正確なものなのか数えてみましょう。

食事&栄養 たまにはおいしいコーヒーを飲みたくなることもあるでしょう。コーヒー豆の新鮮さと香りを保つために、挽(ひ)いた豆は密閉容器に入れて冷蔵庫で保存しましょう。コーヒーのよい香りは、カフェオールと呼ばれる成分に含まれており、これは空気にさらされると逃げてしまいます。また、カフェオールからコーヒーのよい香りを引き出すためには、豆は煎(い)らなくてはなりません。香りを楽しむためには、挽きたての豆を使うことです。

*diary & memo*

結婚前は育児について6つの持論を持っていた。
けれど今は6人の子どもがいて、持論はひとつもなくなった。
John Wilmot, Earl of Rochester

# 6
## Lunar Month

### 今月の体の変化＆心がけたいこと

**こころ&体の変化**
- 虫歯や歯ぐきが痛む人は早めに歯科医に行く
- こむらがえりや足がむくむのを防ぐ
- 体重の増加に伴い、腰痛になる人もいる
- 多くの人が胎動を感じ始める時期

**日常生活**
- 快適に過ごすためにゆったりとした服を着る。体温を調節しやすいように重ね着をする
- 膀胱炎、風邪、インフルエンザの予防をする
- 疲れを感じた時は、体の左側を下にして横になる

**食生活**
- 貧血を防ぐため、鉄分とビタミンC、銅の摂取を心がける
- 空腹を感じたらこまめに食べる
- 栄養バランスのよい食生活を心がける
- 体重の増えすぎを防ぐため、カロリーオーバーや脂肪の摂りすぎに注意する
- 便秘を防ぐため、食物繊維と水分をしっかり摂る

※喫煙、薬の服用、アルコールやカフェインの摂取は、妊娠期間を通して控えましょう。

## 20 weeks

体重　　　　　kg
ウエストサイズ　　cm

**20週と0日**
**126日目**　　出産予定日まであと**140**日

**20週と1日**
**127日目**　　出産予定日まであと**139**日

これからの3日間で、赤ちゃんの足が出生時の赤ちゃんのプロポーションと同じになります。

今日から妊娠6カ月。体調や気分が安定し、妊娠を楽しむ余裕が出てくる頃です。妊娠期間に幸せを感じられることは、きっとその後の育児にもいい影響をもたらすはず。1日1日を大切に過ごしていきましょう。

**腰痛を防ぐために：その10**　ほどよく固いマットレスで寝るようにしましょう。使っているマットレスがたるんでいる場合は、マットレスの下にベニヤ板を入れて、固くすることもできます。ベッドではなく、布団で寝てみるのもいいかもしれません。

**出産文化 いろいろ**　ボルネオ島のダヤックでは、次のような伝統的な習慣があります。難産の妊婦のもとをまじない師とそのアシスタントが訪れます。アシスタントは、自分のおへそのまわりに月の色をした石を巻き、小屋の外に立ちます。まじない師は、妊婦をマッサージし、なぐさめながら、外にいるアシスタントに対して、胎児の動きをまねて石を動かすよう大声で指示します。

お腹の赤ちゃんが、脳や筋肉の命令に合わせて体勢を変えたり、トンボ返りをしたりと、いろいろな動きができるのは、羊水に浮かんでいるからです。また羊水は、胎児の成長や発達に重要な役割を果たします。たとえば、羊水のおかげで、胎児は温かくて清潔な環境に身を預けることができるし、羊水を飲むことによって、消化や排泄の練習をすることもできます。

胎児を包んでいる羊水は、約3時間おきにすべて交換されます。あなたが水分を十分に摂ることは、この羊水の取り替えを助け、妊娠を健康的に維持することにつながります。

**食事 & 栄養**　フルーツジュースは手軽に栄養補給できる飲み物です。食品の表示基準では、果汁100％のものだけを「ジュース」と呼び、果汁に甘みを加えたものを「エード」と呼びます。

**健康**　人間の体は体重の55〜60％が水分です。妊婦の羊腔内の99％は液体です。そのため、ママと赤ちゃんの健康や妊娠機能を維持するためには、十分な水分が必要です。妊娠中は、1日に約200ccのグラス12杯分の水分を摂りましょう。

*diary & memo*

私たちは子どもたちに対し、解決すべき問題より、
覚えておくべき答えを教えてしまいがちです。
Roger Lewin

## 6ヵ月 20週　126日目〜129日目

### 20週と2日　128日目　出産予定日まであと138日

赤ちゃんの足が、新生児の足と同じプロポーションになります。生まれてきた赤ちゃんを見ると、手足の長さが体に対して少し短いことに気づきますが、これは普通のことです。ハイハイをしたり、歩き出す頃には手足も伸びてきます。

妊娠中は、寝る時の姿勢が重要な問題になってきます。お腹が大きくなるにつれ、仰向けやうつぶせで寝るより、横向きに寝るほうが楽になってくるでしょう。自分がいちばん楽な姿勢で、十分な睡眠を取りましょう。

**知ってた?** 寝る姿勢は血液の流れに影響します。血液の流れがもっともスムーズになるのは、体の左側を下にして横になり、さらに足の間に枕をはさんで両足をクロスした時です。この姿勢は足のむくみを防ぎ、胎児に送る血液を最大限にします。仰向けに寝ると、心臓に戻る血流が悪くなり、腰痛の原因にもなります。うつぶせの姿勢は寝心地が悪いでしょう。でも、目覚めた時にうつぶせや仰向けの状態でも心配しないように。途中で目覚めた時は左向きにポジションを変え、再度眠りにつくようにしましょう。

### 20週と3日　129日目　出産予定日まであと137日

この1週間ほどで、赤ちゃんの体の表面は産毛で覆われます。産毛は、頭部、首、顔に集中しています。

妊娠中はホルモンの影響で血液循環や新陳代謝がよくなるため、爪や髪の毛がよく伸びます。もし、長くて欠けない爪が欲しい人は、いまがチャンスです。

**食事 & 栄養** ピーナッツバターはタンパク質のよい供給源です。でも購入する際は食品成分ラベルに注意しましょう。理論上、ピーナッツバターはナッツを細かくしたものと同じですが、塩分、糖分、油が加えられた市販のピーナッツバターのなかには、その55％以上が脂肪分という製品もあるからです。

**健康** 自分でマニキュアを塗ったり、ネイルショップに行ったりする場合は、換気に気を使いましょう。マニキュア、アクリル素材、アセトン製品は、体へ悪影響を及ぼす場合もあります。これらの影響については、主治医に聞いてみましょう。

*diary & memo*

子どもには抜け目のなさを絶対に教えないように。
あなたが、その最初の被害者になるでしょう。
Josh Billings

## 20週と4日
## 130日目
出産予定日まであと **136**日

赤ちゃんの心臓の動きは、どんどん力強いものになっています。19週までには胎児の心音を聴診器で聞くことができます。これまでの妊婦健診で、赤ちゃんの心音について医師が何も話してくれなかったとしたら、次の健診の際に、心音を聞くことができるか尋ねてみましょう。

妊娠中は歯ぐきが敏感になり、はれたり、出血したりすることがあります。これはホルモンの増加によるものです。

妊娠中は、つわりのせいで歯磨きの回数が減ったり、疎かになりがち。また、ちょこちょこと食べ物を口にすることが増えるため、虫歯や歯肉炎になるケースが多いのです。出産後は、歯医者に行きたくてもなかなか行く機会がないし、虫歯菌は赤ちゃんにもうつってしまいます。ママのためにも赤ちゃんのためにも、いまのうちに口の中を健康にしておきましょう。まだ体も重くなく、体調も安定しているいまがいい機会です。ただし、歯医者にかかる時は、治療前に妊娠していることを必ず告げましょう。麻酔を使った治療をすることも考えられるからです。

**知ってた?** へその緒は、時速4マイル（6.4km）の速さで血液を送ります。血液は胎児の体内を30秒で1周して戻ってきます。

**赤ちゃん今昔** アメリカや日本では、ほとんどの妊婦が分娩イスに座ったり、ベッドに横になって分娩します。でも、世界中を見渡すと、膝立ちの姿勢やしゃがんだり、立ったり、なかにはロープやポールにぶら下がったりと、上体を起こしたまま分娩するケースも多くあります。上体を起こした姿勢でいきめば、重力を生かすことができるため、お産時間がスピードアップすると考えられているからです。

*diary & memo*

## 6ヵ月 20週 130日目～132日目

### 20週と5日
### 131日目
出産予定日まであと135日

筋肉や骨が強くなり、手足の動きがはっきりとわかるようになります。眠りのパターンも習慣化。活発に動く時間と、眠っていたり、うとうとしていたりする時間が交互にやってきます。ママのなかには、胎動によって、このサイクルがわかったり、予想したりすることができる人もいます。

この頃になると、はげしかった感情の起伏やイライラがおさまり、安定した気持ちで過ごせる人が増えてきます。でも妊娠中はうわの空になったり、物忘れをしたりするのは普通のこと。つい、お腹の赤ちゃんのことを考えてしまうため、集中力もなくなりがちです。また、体調が安定していても、疲れやすい体であることは、つねに頭に入れておきましょう。

**知ってた?** これからの1～2週間で、赤ちゃんは睡眠中、夢らしきものを見ながら、閉じたまぶたの下で目をさかんに動かすようになります。専門家によると、赤ちゃんの脳波は、ちゃんとした夢を見るにはまだ未熟なのだそう。でも、この忙しい目の動きやレム睡眠が、赤ちゃんの脳の発達に役立つのです。これは、出生後もしばらくは同じです。

*diary & memo*

### 20週と6日
### 132日目
出産予定日まであと134日

この時期の赤ちゃんは、形のうえではすでに新生児のミニチュア版のようです。閉じられた目、鼻、形のよい唇など、胎児の顔はとても穏やかに見えます。たまに指をしゃぶって、呼吸の練習をしたりもしています。

お腹の赤ちゃんには、外界の音が聞こえています。そのため、赤ちゃんは眠っていても、外界の音や動きで目覚めたりします。たとえば、突然の大きな騒音、音楽、車の振動、洗濯機の振動などによって、活発に動きだすこともあります。

**食事&栄養** ビタミンA、D、E、Kは、「脂肪に溶けるビタミン」です。これらのビタミンは、脂肪分と固く結びつき、体内の肝臓などに蓄えられます。そのため、たとえ妊娠中でもすぐに不足することはありません。しかし、過度に摂りすぎると有害になります。

**知ってた?** 打ち方の違う2つの心音が聞こえることで、お腹の赤ちゃんが双子だとわかることもあります。

---

子どもに接する時は、心を静かにし、持てる限りの機知を使え。
Austin O'Malley

## 21 weeks

体重　　　　kg
ウエストサイズ　　cm

**21週と0日**
**133日目**　出産予定日まであと **133日**

👶 今週、脳は再び急成長を始めます。この脳の成長は、赤ちゃんが5歳になるまで続きます。肺では肺をふくらませるのに役立つサーファクタント（界面活性剤）が、少しずつ分泌されてきます。

🤰 アルコール以外の好きな飲み物でお祝いをしましょう！　今日はとても重要な日。というのは、今日で妊娠して133日が過ぎ、出産予定日まであと133日と、ちょうど折り返し地点まできたのです。今後、ママの体はさらに出産への準備に入ります。お腹の赤ちゃんは、子宮から出て、外での生活へ適応するための準備を始めます。

➕ あなたが仕事をしていて、その内容が、重いものを持ち上げたり、頻繁に階段を上るようなものだと知った主治医は、仕事量を減らしたり、仕事を変えるようアドバイスするかもしれません。これは、妊娠中に肉体的に無理をしすぎないように助言しているのです。

情報　胸や首、顔、背中、足の皮膚に、放射線状に広がる赤色の隆起が現れることもあります。これは、その形状から「クモの静脈（スパイダー・ベイン）」と呼ばれています。気づいた時はとても驚くでしょうが、出産後には消えます。以前妊娠した時にできてしまった人は、今回もできる可能性が高いでしょう。

出産文化いろいろ　世界中の多くの文化では、へその緒の切断は大きな意味を持っています。たとえば、フィリピンのある民族の間では、へその緒から赤ちゃんのおでこまでの長さを測ってから切断します。へその緒がそれよりも長いと、その赤ちゃんは「賢い子」ということになります。

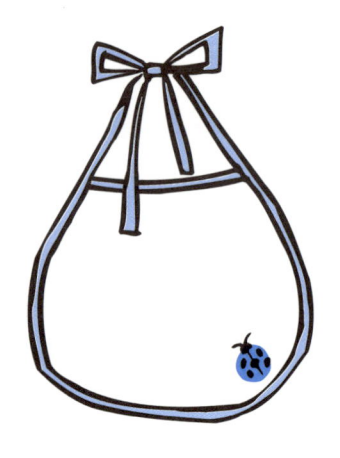

*diary & memo*

子供に敬意を払いなさい。無理に子どもの両親でいようとはせずに、
子どもがひとりで楽しんでいる時はそっとしておくように。
Ralph Waldo Emerson

## 6カ月 21週　133日目〜135日目

### 21週と1日
### 134日目　　　／　出産予定日まであと132日

👶 今日までには、まゆ毛や髪の毛が現れ、はっきりと認識できるようになります。出生後、黒々とした髪の毛になる場合でも、いまはまだ色素が入っていません。まゆ毛はまだ白く、髪の毛も白くてあまり伸びていません。

🤰 貧血と診断された人もいるでしょう。妊娠前でも、9割近い女性が少々貧血気味です。さらに妊娠することで2割近い女性が鉄分欠乏性の貧血になります。食事でしっかり鉄分を摂取しないと、赤血球の生産量が減少します。これは、体内を循環する酸素が少ないことを意味します。貧血になると、少し体を動かすだけで息が上がったり、立ちくらみを起こしたり、疲れやすいといった症状が現れることがあります。貧血と診断されると鉄剤を処方されることもあるでしょう。

**食事&栄養** 鉄分欠乏性貧血を避けるには、とにかく食生活に注意すること。レバー（成長促進ホルモンが含まれている場合もあるので、牛のレバーは避ける）、しじみやあさり、カツオなどの魚介類、ほうれん草や小松菜、プルーンなど。また、ビタミンCは鉄分の吸収をサポートしてくれます。

*diary & memo*

### 21週と2日
### 135日目　　　／　出産予定日まであと131日

👶 いまの赤ちゃんには、まだ余分な脂肪はほとんどついておらず、体全体のわずか3.5%のみ。これから誕生までの間で徐々に脂肪がつき、ふっくらとした体つきに変化していきます。蓄えられた脂肪分は、出生後に赤ちゃんのエネルギーとして働きます。

🤰 立ちくらみやフラフラするのは貧血の症状ですが、血糖値が低いために起こることもあります。血糖値を一定に保つためには、手軽に食べられるものを持ち歩き、こまめに口にしましょう。暑くなりすぎないように涼しい風にあたったり、重ね着をして、必要に応じて衣服を脱ぎましょう。

**知ってた？** 貧血になるママが多いのに対し、胎児までが貧血になったり、発育に影響することはごく稀(まれ)です。母体の鉄分は妊娠期間中に減少し、再度作るには1年ほどかかります。そのため、出産後1年以内に次の子どもを身ごもると、鉄分欠乏症貧血にかかりやすくなります。

---

子どもが自分でできると思っている時には絶対に手助けしないように。
Maria Montessori

| 21週と3日 | / |
|---|---|
| **136**日目 | 出産予定日まであと**130**日 |

👶 これからの3日間で、赤ちゃんの体全体が産毛で包まれます。

👩 足がつったり、足首や足の甲がはれることが、たびたび起こるかもしれません。これらの症状は、長時間立ち続ける、肉体的に無理をする、カルシウム不足、あるいはリンの過剰摂取が原因で起こることも。リンの摂取量を少なくする最良の方法は、必要以上に動物性タンパク質を摂りすぎないことです。予防を心がけましょう。

**食事 & 栄養** 食事に含まれる飽和脂肪を減らすため、調理する時に使うバターを油に変えてみましょう。1カップのバターの代わりに1カップ弱の油を使ってみましょう。サフラワー油（ベニバナ油）がおすすめです。

**出産文化 いろいろ** ユカタン半島では、分娩に助産師が付き添う場合、難産が懸念（けねん）される時には妊婦に生卵を与えるのが伝統的な習慣です。妊婦は生卵を飲み込む気持ち悪さに身震（ぶる）いし、吐き出します。これによって強い陣痛が起こり、お産を終わらせるのです。

*diary & memo*

( )

| 21週と4日 | / |
|---|---|
| **137**日目 | 出産予定日まであと**129**日 |

👶 赤ちゃんが男の子の場合、今日までには精巣（睾丸）（こうがん）が骨盤から陰嚢（いんのう）に下り始めます。子宮と精巣は同じ組織から作られています（女の子の外陰唇（がいいんしん）を作る組織が融合して男の子の陰嚢を形成）。でも子宮は精巣のように移動することはありません。

👩 足に静脈瘤（じょうみゃくりゅう）ができやすいのと同様、妊娠中は直腸にも静脈瘤ができやすくなります。直腸の静脈瘤とは、すなわち痔（じ）のこと。体内にたまった水による圧力、体重増加、便秘などが原因で、出血やかゆみ、痛みを起こします。痔を防ぐいちばんの方法は、便秘にならないよう気をつけることです。

✚ 便秘を防ぐ方法について、主治医に聞いてみましょう。お尻からの出血は、固い便によって肛門が裂けるために起こる場合もありますが、出血があった場合は主治医に相談しましょう。便秘以外に何か原因があるのか診断してくれるでしょう。

**知ってた❓** 胎児の消化器系の初期の発達では、その中身が作られる前に、のちに口になる組織と肛門になる組織を区別します。

## 6ヵ月 21週 136日目〜139日目

### 21週と5日 / 138日目
出産予定日まであと128日

目はまだ閉じていますが、この時期になると、まばたきのような動きをします。脊椎（せきつい）、あばら骨、手足の長い骨などが固い骨になります。最初に固くなるのが頭蓋骨です。この時点では、おでこ、こめかみ、頭蓋骨の上部と後部を覆うプレートは、軟骨でできています。

この時期になると、ママの心臓は通常より少し早く動いています。これは普通のことで、妊娠を維持するために、ママの体が正常な働きをしていることを示すものです。

**食事&栄養** タンパク質は、血液や筋肉など体の組織を作る主要な栄養素です。赤ちゃん、胎盤、ママの子宮や乳房の成長に不可欠で、妊娠中の血液の増産にも役立ちます。肉や魚が苦手な人やベジタリアンは、妊娠中に必要なタンパク質を補給するために、豆類や豆製品、木の実、穀物を意識して食べましょう。

**知ってた？** 生まれたばかりの赤ちゃんの鼻が、グズグズいっているかもしれません。これは羊水が入っているため。このことを知らないと、「もう赤ちゃんが風邪をひいたのかしら？」なんて心配するママもいることでしょう。

*diary & memo*

### 21週と6日 / 139日目
出産予定日まであと127日

手が大きくなり、力を入れて物をつかむことができるようになります。赤ちゃんが女の子の場合、彼女の子宮はもっとも急激な成長の時期を終え、ほぼ完成型に近づきました。

妊娠6カ月の中頃には、ママの子宮はおへそあたりにまで達します。胎児は190mm近くまで成長し、バービー人形くらいの大きさになっています。2週間以内に、体重はさらに100gほど重くなります。今の体重は460gほど。中身が入った500mlのペットボトルを持ってみましょう。この時期の赤ちゃんは、それと同じくらいというわけです。

**情報** 風邪やインフルエンザなど感染症を引き起こすウイルスは、鼻や口の細胞や赤血球に潜（ひそ）んでいます。そのため、口や鼻を覆わずに、せきやくしゃみをすると、ウイルスがばらまかれるのです。病気になってつらい思いをしないためにも、これらの病気にかかっている人にはなるべく近寄らないようにしましょう。

**出産文化いろいろ** スマトラ島では、赤ちゃんがいい声を持つようにとの願いを込めて、助産師がフルートを使ってへその緒を切る伝統があります。

---

もし赤ちゃんが欲しければ、新しく作りなさい。
もう赤ちゃんではない人を赤ちゃんのように扱うのはやめなさい。
Jessamyn West

## 22 weeks

体重　　　　　kg
ウエストサイズ　cm

| 22週と0日 | / |
|---|---|
| **140**日目 | 出産予定日まであと**126**日 |

| 22週と1日 | / |
|---|---|
| **141**日目 | 出産予定日まであと**125**日 |

中耳の骨が、音の伝導をよくするために固くなってきます（ちなみに中耳にある骨は、人間の体内でもっとも小さい骨のうちのひとつ）。すでに胎児は音の情報を脳に伝えることができますが、脳にはまだ外界の情報が何もインプットされていないので、音が伝達されても、「だれかが話をしている」「犬が鳴いている」など、何の音であるのか判断することはできません。でも、大きな音はびっくりする反射を引き起こすので、音の大小は脳内に記録されます。この1〜2週で、赤ちゃんは大きな音を聞くと目をパチパチさせたり、ジャンプするようになります。

ママは自分の子宮にさわることができます。外陰部の奥の間にある突起がそれです。この子宮口の開いている部分は、小さいへこみのように感じます。妊娠後期は胎児のポジションが変わるため、子宮口を自分で感じることは難しいし、また、自分で確かめることはやめましょう。

出産文化 いろいろ　アイヌ民族の間では、妊娠中に運動すると、そのごほうびとして、お産が短くなるといういい伝えがあります。

これからの4週間は、体重が急激に増える時期。27週までには、いまの2倍にもなります。

この時期、赤ちゃんはかなり成長するので、ママの体はいままでのどの時期よりもタンパク質を必要とします。すでに静脈瘤ができていたとしても出産後におさまります。静脈瘤は、出産経験が増えるにつれ、その症状がひどくなることもあります。

食事 & 栄養　スープや鍋料理は、一度にたくさんの食材からさまざまな栄養を摂れるので、妊娠中にはおすすめです。好きな食材を入れて作ることをおすすめしますが、缶詰やレトルトのものでも手軽に栄養補給ができます。ミネストローネ等のトマトベースのスープには、1日に必要とされるビタミンAの半分以上の量が含まれています。クラムチャウダーやポーク・アンド・ビーンズなどはタンパク質が豊富で、空腹感を満たす効果があります。

*diary & memo*

物事をやるには、3つの方法がある。
自分でやること。だれかを雇うこと。自分の子どもにはやらせないこと。
Monte Crane

## 6ヵ月 22週　140日目〜142日目

**22週と2日**
**142日目**　出産予定日まであと **124**日

ママが最初に感じる胎動は、赤ちゃんの手か足の動きによるものです。この最初の動きは、アメリカでは「クイックニング」と呼ばれています。

ほとんどの妊婦にとって、クイックニングは重要なイベント。なにしろ、超音波検査などで確認しなくても、胎児と直接的なコンタクトが取れるのですから！

**食事 & 栄養** ベリー類が旬の時期に妊娠している人は、それらを食べましょう。新鮮なイチゴやラズベリーにはビタミンCがたっぷり。イチゴ3/4カップには66mgのビタミンCが含まれ、これは1日の必要量の半分以上にあたります。イチゴは食べる直前まで洗わないようにしましょう。グシャグシャになったり、濡れてベタベタになってしまいます。

**情報** この時期になると、ママのお腹にヘッドフォンをあてたり、子宮に向かってメガフォンで話しかけたりと、赤ちゃんに音による刺激を与えようとする両親がいます。これは胎児に悪影響を与えることはありませんが、メリットもありません。

*diary & memo*

**赤ちゃん今昔**「赤ちゃんの魂（心）は、いつ宿るのか」という問題については、はるか昔から世界中で考えられていました。受精という医学的事実が認識される以前は、胎児は母親の子宮に自然に宿るものと信じられていました。それ以前となると、赤ちゃんの魂は、岩、池、木などの自然の中に潜んでいると考えられていました。この考えでは、赤ちゃんの最初の居場所は「自然の中」になるので、「人間は大地の子ども」となりました。

現在でも西欧での考え方はさまざまです。カトリックの間では、赤ちゃんの魂は受精の際に宿るとされています。イギリスの慣習法（アメリカの慣習法が作られる土台となったもの）では、それは、ママが胎動を初めて感じた瞬間に宿ると考えられています。

この問題については、今日でも引き続き議論されています。人類は21世紀になっても、いまだに、いつ人生（生命）が始まるのか考え続けているのです。

---

怖がるのではなく、希望を持つ。たくさん食べずによく噛む。泣き言をいわずに、深呼吸する。嫌わずに、もっと愛す。そうすれば、きっと良いことが起こります。
スウェーデンのことわざ

## 22週と3日
### 143日目
出産予定日まであと**123**日

👶 呼吸器系の発達が進んでいるとはいえ、まだ完成にはいたりません。息を吸う時に酸素を蓄え、その酸素を血液に送る働きをするようになるには、まだまだ発達が必要です。

👩 いま、あなたの子宮には、約350mlの羊水がたまっています。子宮が大きくなるにつれ、子宮を支える筋肉が伸びるため、下腹部に痛みを感じるかもしれません。この痛みはイスから立ち上がったり、姿勢を変えたり、ベッドから起き上がる時によく起こります。

✚ 骨盤のあたりも痛むかもしれません。でも、つねに痛むわけではなく、ほかの症状がないのであれば、心配ありません。

食事&栄養 サツマイモにはβ-カロテンが豊富です。100gに25μgのβ-カロテンが含まれています。これは1日に必要とされる摂取量の半分以上になります。

*diary & memo*

## 22週と4日
### 144日目
出産予定日まであと**122**日

👶 首、胸、股に蓄えられている褐色脂肪（熱を作り出すもの）は、出生後すぐになくなります。妊娠後期になると、胎児の皮膚の下には白色脂肪が蓄えられます。

👩 子宮が大きくなるにつれて、性行為が難しくなったり、怖く感じる人もいるでしょう。無理は禁物です。パートナーにそのことを伝え、あなたにとっていちばん楽な方法で行いましょう。妊娠中はセックスに対する反応が変わることもあるようです。妊娠中のほうが気持ちよく感じる人もいるし、そうでない人もいます。

✚ 性行為は、パートナーとの健康な関係のための、ごく自然な日常生活のひとコマ。妊娠合併症や出血、羊水不足、双子以上の多胎児を身ごもっている人でなければ、妊娠中でも控える必要はありません。質問や心配ごとがある場合は、医師や助産師に相談しましょう。

食事&栄養 アイスクリームを食べる代わりに、シャーベットやフルーツアイスキャンディを食べましょう。アイスクリームは満足感がありますが、大量の飽和脂肪が含まれています。

## 6カ月 22週 143日目～146日目

### 22週と5日
### 145日目　出産予定日まであと121日

👶 生まれてくる時の体型に少しずつ近づいています。まだ体に比べて頭が大きい状態ですが、手足、胴はそれなりに伸びてきました。

👩 お腹の皮膚が伸びるにつれて、かゆくなるかもしれません。

**↑アドバイス**
かゆい部分をかいても、何の効果もありません。ローションを塗りましょう。必要以上に体重が増えないようにすることも大切です。体重の増えすぎは、不快感が増すだけです。

**赤ちゃん今昔** 19世紀後半のヨーロッパでは、難産には迷信で対応していました。教会の鐘の音は、出産を早めると考えられていたし、「妊婦の身近にあるカギなどは出産に役立つ」というものもありました。古代ローマの歴史家プライニーによると、妊婦の近くで足を組んだり、手を握ったりしてはいけないといわれていました。

**知ってた？** Doula（助産師）という言葉は、ギリシャ語で「ほかの女性を助ける女性」という意味があります。現在の助産師は専門の教育を受け、妊婦を出産時、そして出産後も精神的、肉体的にサポートしてくれます。

### 22週と6日
### 146日目　出産予定日まであと120日

👶 細い綿毛のような産毛が、赤ちゃんの頭部や体全体を包みます。これからの6週間（23～29週）で、早産しても生き延びる可能性の高い範囲にまで成長します。

👩 妊娠中、ママの腟（ちつ）の組織は厚くなります。おりものなど分泌物の量も増え、腟のまわりを循環する血液も増えます。

**●重要●** そろそろ母親（両親）学級に参加しましょう。お産がどんなものなのか知ることができるし、呼吸法や気の紛（まぎ）らわせ方、痛みの逃し方などを学ぶことができます。パートナーと一緒に参加すれば、彼にも出産に対する理解や、ママのサポートの仕方を学んでもらえます。母親学級は、病院や自治体が開催します。いつ、どこで行われているのか調べてみましょう。

**赤ちゃん今昔** 植民地時代のアメリカでは、オノの刃を上に向けてベッドの傍（かたわら）に置いておくこと、窓を開けること、馬を小屋から自由にすることなどによって、陣痛の痛みが和らぐと考えられていました。これらは、「痛みを切る」という意味で行われていたのです。

*diary & memo*

(　　　　　　　　　　　　　　　　　　)

物事を観察し、もっと知りたいと思っている子どもたちを、
大人が欺瞞（ぎまん）やナンセンスから遠ざけようとするのは、大いに間違っていると思う。
Anne Sullivan

## 23 weeks

体重　　　　kg
ウエストサイズ　　　　cm

| 23週と0日 | / |
|---|---|
| **147**日目 | 出産予定日まであと**119**日 |

| 23週と1日 | / |
|---|---|
| **148**日目 | 出産予定日まであと**118**日 |

赤ちゃんはぐんぐん成長しています。成長していくにつれ、赤ちゃんにとって子宮の中はだんだん狭くなっていきます。

日ごとに、胎動がしっかり感じられるようになってきたことでしょう。ママには赤ちゃんの動きがはっきりとわかるようになっていますが、他人がお腹にさわって胎動を感じられるようになるまでには、あと数週間かかります。パパのやきもちは、もう少し続くかもしれません。

**情報**　専門家の研究結果によると、お産に助産師が立ち会う場合、分娩時間を平均で約2時間短縮することができ、助産師の行う赤ちゃんの位置を矯正するテクニックにより、帝王切開も半数ほど少なくできるそうです。妊婦が落ち着いていると、お産は時間もかからず軽いものになりますが、助産師は妊婦の気持ちを落ち着けることにも長けています。また、出産後のママがマタニティーブルーにかかる率を下げ、母乳育児ができる率を上げます。妊婦にとって、助産師は、とても頼りになる存在なのです。

この数週間は皮膚が変化する時期です。いまの皮膚はかなりシワシワですが、体内に脂肪分が蓄えられて筋肉も発達してくると、皮膚の表面はなめらかになってきます。

すでにママの体は母乳を生産する準備に入っています。母乳の出る量は人それぞれですが、その平均は、出産後すぐの場合で1日235㎖、数日後で470㎖、7日目頃で940㎖となっています。母乳で育てるママの場合、最初の6カ月間は、一般女性よりも1日35㎎ほど多くのビタミンCが必要になります。

**食事&栄養**　カルシウムをしっかり摂っていますか？　1日の必要量は600㎎。いちばん簡単な摂取方法は、牛乳を飲むことです。

**知ってた？**　助産師の果たす役目はまだあります。たとえば、陣痛中のママのサポートの仕方（マッサージや痛みを和らげるテクニックなど）をパートナーに教えてくれます。また、妊婦が考えていることを察し、パートナーに伝えてくれることもあるでしょう。研究結果によると、助産師がいることで、妊婦とパートナーの意思の疎通は、よりうまくいくそうです。

*diary & memo*

子どもたちがかんしゃくを起こしている時に、
あなたまでがかんしゃくを起こしてはいけません。
Dr. Judith Kuriansky

## 6カ月 23週　147日目〜149日目

**23週と2日**
**149日目**　出産予定日まであと117日

　いまの赤ちゃんの皮膚は、シワシワであると同時にとても薄いため、透き通っています。この時期の赤ちゃんを実際に目にすることができたら、透明な皮膚を通して、すぐ下にある内臓や血管などを見ることができます。

　足のつりやこむらがえり（ふくらはぎがつる状態のこと）に悩まされている人もいるでしょう。足を高い位置に置いて座ったり、サポート効果のある弾性ストッキングをはくことで、これらの症状をおさえることができます。

**↑アドバイス**
こむらがえりが起きた時は、突然の強い痛みのあまり飛び上がってしまいがちです。でもこれは筋肉を傷つけることもあるし、転倒する危険もありケガのもとです。落ち着いて、次のように対処してみましょう。

- **腰を下ろせる場所の時**
両足を伸ばして座り、つった足のつま先を持って体に引き寄せる動作を行うと、ふくらはぎの筋肉が伸びて痛みがおさまります。

- **腰を下ろせない場所の時**
壁のほうを向いて壁に両手をつき、つっていない足を支えにして、つっているほうはつま先立ちで立ちます。そして、つっている足のかかとをゆっくりと床に下ろしましょう。筋肉の伸びを感じ、足のつりもなくなってくるはずです。これらの対策には、こむらがえりを防ぐ効果もあります。

**健康**　足のつりなどを防ぐには、リンの摂取を減らし、カルシウムを多く摂るなど、食生活を見直すことも大切です。

**赤ちゃん今昔**　1540年に執筆されたThomas Raynalde著の『The Byrthe of Mankynde』には次のような一節があります。「出産を助け、より軽いものにするためには、以下のものがあります。まず初めに、妊婦は這いつくばった感じで座るか、まっすぐに背中を伸ばして、姿勢を正した状態で座り、後ろにもたれかかります。妊婦にとって、気楽でゆったりとした、慣れた状態にしてあげましょう」

*diary & memo*

子どもを怖がらせて束縛するのではなく、尊敬や優しさの気持ちによって、
あなたの側を離れないようにさせるべきです。
Publius Terentius Afer

| 23週と3日 | |
|---|---|
| **150**日目 | 出産予定日まであと**116**日 |

この時期の赤ちゃんは、安定したペースで成長を続けます。今週だけで体重は170g近くも増えます。この急成長は、出生後の生活に備えるためのものです。

引き続き、背中や腰に痛みを覚えるかもしれません。妊娠中は、たとえ気持ちや体調が安定している時でも、こうした小さなトラブルはつきもの。痛みがある人は、楽な姿勢で横になり、パートナーにやさしくマッサージしてもらいましょう。ぬるめのお風呂にゆっくりと入るのもいいでしょう。

**食事&栄養** ジャガイモには豊富なビタミンCが含まれています。小ぶりのジャガイモ1個には、約29mgのビタミンCが含まれ、これは1日に必要とされる摂取量（110mg）の1/4近くにもなります。皮をむかずに利用するなどして、調理中にビタミンが失われることを防ぎましょう。必要であれば、調理後に皮をむきましょう。

**赤ちゃん今昔** タンザニアのチャガ族の間では、「妊婦には十分に気を配りましょう。妊婦よりも大切な人はいないのです」といわれ、妊婦はとても大事にされていました。

*diary & memo*

| 23週と4日 | |
|---|---|
| **151**日目 | 出産予定日まであと**115**日 |

赤ちゃんの体重はいま、600g弱。とうとう500mlのペットボトル1本より重くなりました。この時期の体重増加分のほとんどは、筋肉や骨、内臓組織の発達によるもの。脂肪分はまだ微々たるものです。

大部分の筋肉は生まれてくる時までに動くようになりますが、出生時に動かない筋肉も、1歳の誕生日までには動くようになります。骨格が成長するにつれ、筋肉は伸びて重くなります。出生時の筋肉のサイズは、それまでに赤ちゃんがどのくらい筋肉を使うかによって変わってきます。

赤ちゃんが育つにつれて、ママの体も重くなっています。この時期は、1週間に平均400～500g増えるでしょう。

**赤ちゃん今昔** 古くから伝わる習慣として、エクアドルのヒバロの妊婦たちは、塩辛いものと甘いものを食べることを禁じられています。これは、お腹の中にいる赤ちゃんを、大きくしすぎないようにするためです。

**知ってた？** 最初に作られる赤ちゃんの骨のようなものは、あばら骨とつながる胸の骨です。

## 6ヵ月 23週 150日目〜152日目

### 23週と5日
### 152日目
出産予定日まであと114日

**育児の小さな知恵** 市販されている赤ちゃんのお尻ふき専用のウェットティッシュは、さっと取り出すだけでお尻をキレイにしてあげられるとても便利なもの。でも、必ずこれを使わないといけないわけではなく、お金をかけずに自分で作ることもできます。浅いボールやトレイにきれいな水を入れ、ガーゼを浸しておくのです。また、おしっこやウンチで汚れた赤ちゃんを、すぐにキレイにしてあげるために、上記のぬれガーゼやウェットティッシュの箱などは、ベッド付近に一式まとめて置いておくと便利です。ガーゼやタオル類は、入浴用とお尻ふき用で別に用意しましょう。

子宮の中の赤ちゃんが日常的に聞いている音には、ママの心音や声、ママの肺を空気が満たす音、息を吐く音、お腹や腸がなる音などがあります。つまり、赤ちゃんはママの体から発せられる音を、ほとんど耳にしているのです。

赤ちゃんの心音が大きくなると、ママのお腹に耳をあてるとその心音が聞こえることもあります（ママ自身がトライしてもいいですが、その姿勢はとてもできないヨガのポーズのように感じるでしょう。でも他人には簡単にできます）。聴診器を使って、赤ちゃんの力強い心音を確認することもできます。

**食事 & 栄養** 麦芽パン、ブランシリアル、ライ麦クラッカー、皮つきのジャガイモ、皮つきの梨（よく洗ってから食べましょう）、ピーナッツには、食物繊維が豊富に含まれています。

**知ってた?** お腹の赤ちゃんの舌や頬（ほお）の内側には、味覚を司（つかさど）る突起がたくさんできます。出生後、この突起物は次第に減り、増えることはありません。

*diary & memo*

子どもにアドバイスを与える最良の方法は、
彼らが何を欲しているかを正確に理解して、適切に表現することだ。
Harry S. Truman

| 23週と6日 | |
|---|---|
| 153日目 | 出産予定日まであと113日 |

これから出産までに、足の長さは、45mmから83mmへと倍近くに成長します。

今日で妊娠6カ月も終わり。この時期までくると、さすがに妊娠している状態に慣れたことでしょう。まだ吐き気を感じる場合は、2時間おき程度のペースで消化のよい物を食べると、症状が和らぐかもしれません。

1日に2～3回吐く場合や、ここにきて急に吐き気を感じるようになった場合は、すぐに主治医に相談しましょう。妊婦の5％は出産ギリギリまで吐き気を感じます。あなたが、この5％に入っていませんように。

**育児の小さな知恵** 出産のために上の子と離れる場合、彼らにママの様子を伝えてもらうよう、だれかに頼んでおきましょう。幼い子どもには、精神的に安心するものが必要ですし、質問もたくさんあるかもしれません。退院してからは、上の子が赤ちゃん返りをすることも頭に入れておきましょう。赤ちゃん返りは、弟や妹ができる時の反応としてよくあることですし、一時的なものです。その子が、もっと愛情がほしいと要求しているサインなのです。

*diary & memo*

両親としての尊敬を強要しないように。それよりも丁寧な言動や正直さを求めなさい。尊敬というのは自然と得るものです。
William Attwood

# 7
## Lunar Month

### 今月の体の変化＆心がけたいこと

**こころ＆体の変化**
- お腹が大きくなるにつれ、消化不良、胃が張っている感じ、吐き気、胸やけといった不快感が起こることもある
- 体重増加のペースが上がる時期
- おりものの量が増える

**日常生活**
- 母親学級、両親学級などに参加する
- 性行為をする時は、体に無理がかからないようにする
- 長時間同じ姿勢でいることを避け、血液循環をよくし、足のむくみを防ぐ
- 適度な運動を心がける

**食生活**
- バランスのよい食事と、赤ちゃんの成長をサポートする栄養素の摂取を心がける
- 食欲が出てきた人は食べすぎに注意する
- 体のむくみや血圧の上昇を防ぐため、塩分は控えめにする

※喫煙、薬の服用、アルコールやカフェインの摂取は、妊娠期間を通して控えましょう。

## 24 weeks

| 体重 | kg |
| ウエストサイズ | cm |

**24週と0日**
**154日目** 出産予定日まであと **112**日

**24週と1日**
**155日目** 出産予定日まであと **111**日

体内でいちばん細い血管である毛細血管が、皮膚下で作られ始めます。毛細血管に血液が流れると、赤ちゃんの皮膚は、赤もしくはピンクっぽい色に見えるようになります。

ときどき、手足がうずくような感覚を覚えるかもしれません。これがなぜ起こるのかはわかりませんが、姿勢を変えることにより、おさまることもあります。

健康 食中毒に注意しましょう。とくに梅雨から夏にかけては要注意。食中毒といっても、少しお腹が痛くなる程度のものから、重い症状までいろいろで、お腹の赤ちゃんに影響を与えることもあります。細菌がついた食べ物を口にした数時間で症状が現れる場合もあれば、数週間後に現れる場合もあります。これから数回に分けて、食中毒予防のコツを紹介します。

食べた物が原因で調子が悪くなったと思う場合は、すぐに病院に行きましょう。

出産文化 いろいろ サハラのタウログ族の女性は、伝統的に、出産の際は近くの小さな砂丘を上り下りし、いざ出産という時に小屋に戻ってきます。

子宮の外で生き抜くために必要な反射神経をきたえる練習が行われます。赤ちゃんの唇や口はとても繊細で、口の近くに手がくると、指をくわえたりすることもあります。ビックリした時に起こる反射作用もあります。この時期までには、大きな物音を立てた時にお腹の赤ちゃんが飛び跳ねる感じを、多くのママが経験していることでしょう。

きちんとした食事をしていても、ときには消化不良や胸やけ、膨満感(ぼうまんかん)、腸にガスがたまる感覚に悩まされるかもしれません。これらは、妊娠によるホルモンの増加で筋肉がゆるむために起こるものです。なるべく消化のよいものを食べるようにしましょう。

**食中毒を防ぐために** 食品を買いに行ったり、調理したり、貯蔵する際は、生ものと調理ずみのもの、すぐに食べられるものを分けるようにしましょう。ひとつの食品から別の食品に細菌が感染するのを防ぐことができます。生の肉類、魚介類などはしっかりとラップをかけるか、容器に入れてから冷蔵庫にしまうと、ほかの食品に汁などが付着しません。

*diary & memo*

( )

子どもを側に置いておきたいのなら、子どもを自由にさせてあげなさい。
Malcorn Forbes

## 7ヵ月 24週 154日目〜156日目

**24週と2日**
**156日目**
出産予定日まであと110日

**出産文化いろいろ** フィリピンのタロング族には、出産後の女性は、焼いた胎盤で作ったお茶を飲まされる伝統的習慣があります。これには、悪い気を取り除くという意味が込められています。また、タバコも吸わされます。

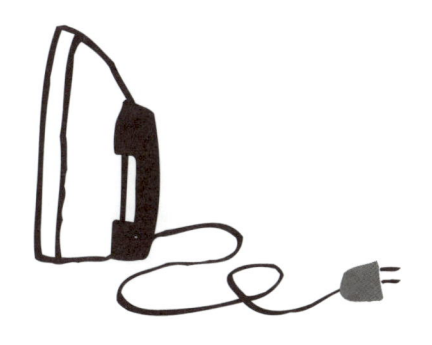

**育児の小さな知恵** 赤ちゃんの入浴は、最初の1カ月くらいは、ベビーバスや洗面所・キッチンのシンクを使って行います。体や顔をふいてあげる時は、ぬるま湯に浸したガーゼを使い、やさしくふいてあげましょう。大人用の石けんは、デリケートな赤ちゃんの肌には刺激が強すぎます。最初のうちはお湯だけで洗い、石けんを使う時も、なるべくベビー用石けんを使いましょう。また、へその緒が取れるまでには、1〜2週間程度かかるので、それまではおへそのまわりは刺激しないようにしましょう。

今月の赤ちゃんは握力が強くなります。これは、出産直後の赤ちゃんよりもずっと強いものです。

手足が少しむくむのは、妊娠が進んだこの時期になるとよく起こることです。

むくみがひどい場合は主治医に相談しましょう。できるだけ、立ちっぱなしになることを避け、足を高い位置に置くようにしましょう。適度な休息も大切です。

**出産文化いろいろ** インドのパンジャビ族、ティエラ・デル・フエゴのヤーガン族の間では、出産中の妊婦の背中とお腹をマッサージする習わしがあります。ほかの文化では、妊婦がいきみやすいように、妊婦のお腹にベルトを巻きつけたり、お腹を押したりするところもあります。

**育児の小さな知恵** 生まれてからの数カ月間、赤ちゃんは1日に十数回もおしっこやうんちをします。紙オムツを消費するペースも早いので、早め早めに買っておくようにしましょう。

*diary & memo*

子どもに対して父親ができるいちばん大切なことは、子どもの母親を愛することだ。
Theodore Hesburgh

### 24週と3日
### 157日目
出産予定日まであと**109**日

手足の爪が少しずつ伸びてきます。指のつけ根から伸び始め、出生時には、大人のミニチュア版のようなかわいらしい爪が生えそろっていることでしょう。

妊娠が進むにつれ、無性に水分が欲しくなる人がいます。体が欲しているのです。たくさんの水分を摂りましょう。水やビタミンCが豊富な飲み物がおすすめです。アルコールやカフェイン入りの飲み物は避けましょう。そして、尿意を感じたら我慢せずにトイレに行き、膀胱を空にしましょう。膀胱炎を防ぐためにも、ストレスを最小限におさえ、毎日入浴して腟をきれいに洗い、体を清潔に保ちましょう。

**育児の小さな知恵** 粉ミルクは授乳のたびに作るのが基本です。先に作って冷蔵庫で保存せざるを得ない場合でも、数時間にしておきましょう。でも、冷蔵庫に保存していたミルクをそのまま与えなくてはいけない状況になったとしても、心配しなくて大丈夫です。冷たいミルクが赤ちゃんの害になることはありません。赤ちゃんは、冷たいミルクでも温かいミルクと同じように消化できます。ただ、冷たいミルクはあまり魅力的ではないというだけなのです。

*diary & memo*

### 24週と4日
### 158日目
出産予定日まであと**108**日

これからの3日間で、赤ちゃんの肺の中の血管が発達します。

痔(じ)になってしまい、痛みやかゆみ、出血に悩まされている人もいるでしょう。
**↑アドバイス**
痔にもっとも有効なのは、便秘にならないよう気をつけることです。水分をたくさん摂り、新鮮な果物や野菜をたくさん食べましょう。また、長時間同じ姿勢で座るのを避け、適度な運動や散歩をしましょう。

**食中毒を防ぐために** 低温殺菌されていないジュースや牛乳、チーズなどはできるだけ避けましょう。

**赤ちゃん今昔** 昔のネイティブアメリカンの間では、妊婦は隔離された場所で出産するのが一般的でした。それが泉の近くの場合もよくありました。スー族の女性は、足首を交差させて太ももを開いて座り、腕は胸の前で組み、頭をうなだれ、赤ちゃんを前に押し出すような姿勢で出産しました。興味深いことに、太古のエジプト画には、これと同じように、足を組んだ姿勢で出産していると思われる女性が描かれています。

いちばん下の子どもが整理整頓を覚える頃には、
最初の孫が家の中をめちゃくちゃにしてくれる。
Christopher Morley

## 7ヵ月 24週  157日目〜160日目

### 24週と5日
### 159日目
出産予定日まであと **107**日

🧒 鼻の穴が開き始めます。今日までには肺の血管も発達するでしょう。出生後は、この血管が肺で酸素を取り入れて、体内に循環させる働きをするのです。

👩 羊水は約3時間おきにすべて交換されます。これは、1日に約25.6ℓもの水分が交換される計算になります。

**食中毒を防ぐために**　生の肉類、魚介類、卵を調理する時は、まな板や包丁、調理器具などを、洗剤とお湯を使って20秒間くらいていねいに洗いましょう。外出後やトイレの後、上の子のおむつ交換、庭いじり、ペットと遊んだ後も、必ず手を洗う習慣をつけましょう。

**出産文化 いろいろ**　ユカタン半島のマヤ族の女性は、出産の苦しみを人生の一部としてとらえ、出産に少々の痛みはつきものと考えています。女性たちが自分のお産の体験を語る時、痛みの話については出てくるものの、「痛みがあるのは当たり前のことで、どの女性たちもそうであったのと同様、やがてその痛みは去っていく」というように伝えるのです。

### 24週と6日
### 160日目
出産予定日まであと **106**日

🧒 歯ぐきの中にはすでに乳歯ができていますが、さらにその奥に、永久歯のもととなる突起ができてきます。胎児の脊椎（せきつい）は33の輪、150の関節、1000の靱帯（じんたい）からできています。これらはすべて体重を支えるのに必要なもので、この構造は今週中にすべて完成します。

👩 20〜50％の妊婦が妊娠中に痔になり、出血を経験します。この症状自体が赤ちゃんの異常を示したり、発育に影響することはありませんが、主治医に報告しましょう。

**食中毒を防ぐために**　食品をきちんと調理することで食中毒は防げます。肉や魚、卵などにしっかり火が通っているか確認する最良の方法は、手頃な値段の料理用温度計を使うことです。スープやソース類を再加熱する時は、しっかり沸騰（ふっとう）させましょう。残りものを温め直す時は、最低でも70℃近くまで温めましょう。害になる細菌類は、5℃前後でも増殖します。室温で1〜2時間以上放置されていた食品、冷蔵庫に3〜4日しまっておいた食品には、火を通しても殺菌できない菌が潜んでいる場合があります。危ないと思う場合は捨てましょう。

*diary & memo*

家とはあなたが住む場所のことではなく、
家族があなたを理解してくれる場所のことだ。
Christian Morgenstern

## 25 weeks

体重　　　　　　kg
ウエストサイズ　　cm

### 25週と0日
**161日目**　出産予定日まであと **105**日

赤ちゃんの鼻の穴が開いてきました。これにより、赤ちゃんは筋肉を使って息を吸い込むことができ、出生後に呼吸をする準備をスタートすることができます。この呼吸による動きは、肺の発達を刺激します。健診時に、この動きを超音波で確認することができます。

いくら体調がよくても、スケジュール帳がいっぱいになるまで予定を入れないように。ときには、何の予定も入れない休息日を作りましょう。

**食中毒を防ぐために**　果物や野菜の皮をむき、生のものは食前に流水で洗うことも大切です。必要ならば、野菜の表面についた汚れを取るためのブラシを使いましょう。

**育児の小さな知恵**　赤ちゃんが生まれてしばらくは、ママにはママとしての時間しかありません。でも、出産後も遠慮せずに、自分ひとりの時間を作りましょう。もし電話に出たくなければ、留守番電話をセットしましょう。ドアに "Do not Disturb（そっとしておいてください）"の札を出してもいいでしょう。

### 25週と1日
**162日目**　出産予定日まであと **104**日

この2日間で肺に肺胞嚢（はいほうのう）が発達します。肺胞は、この後9年間形成を続けます。肺胞が発達して肺の組織にも血液が十分に行き渡るようになるため、今週の終わりまでには、たいていの場合、呼吸ができるようになります。毛細血管と肺胞を仕切る膜はとても薄いので、酸素と二酸化炭素の交換を可能にします。

「必要な栄養はたっぷり、でも脂肪は控えめ」が、余分な脂肪は増やさずに必要な体重を増やすという理想の体重増加を可能にします。バターやマーガリン、揚げ物、ジャンクフード、ドレッシング、デザートなどは控えましょう。肉類に含まれる動物性脂肪には、ビタミンAやビタミンDも含まれていますが、食べすぎには気をつけましょう。

**食中毒を防ぐために**　まな板を清潔に保ちましょう。きれいにするのが難しいような深い溝ができた場合は、新しいものと交換しましょう。

**知ってた？**　妊娠16〜29週の間には、羊水が1週間に50mlずつ増えます。これは、最初の15週間の2倍のスピードです。

*diary & memo*

子どもとは、巻き毛でえくぼを持った狂人のようなものだ。
Ralph Waldo Emerson

## 7カ月 25週　161日目〜164日目

### 25週と2日　163日目　出産予定日まであと103日

👶 今週は肺の成長が盛んです。サーファクタント（界面活性剤）の分泌も始まります。この物質は、肺の組織がくっつくのを妨ぎ、肺胞をふくらませます。

👩 しっかり日焼け対策をしていますか？美肌を保ちたい人は、日焼け止めや帽子、軽い素材でできた長そでの服で日ざしをカバーしましょう。

**赤ちゃん今昔** 18世紀のアメリカの田舎では、出産の立会人には、その家庭でできる範囲のもので謝礼を用意していました。たとえば、にわとり、タバコ1巻、1日の労働など。そして、赤ちゃんが女の子の場合、支払いの代わりに、立会人の名前を赤ちゃんにつけることもありました。

**育児の小さな知恵** この機会にロッキングチェアーを買うのもいいでしょう。ロッキングチェアーに座って赤ちゃんを揺らすと、赤ちゃんの機嫌がよくなるだけでなく、ママもリラックスできます。また、ロッキングチェアーは、帝王切開後の不快感にもよいという報告もあります（帝王切開の傷には、1日60分以上座るのがよいでしょう）。

### 25週と3日　164日目　出産予定日まであと102日

👶 これからの4日間で、視覚や聴覚に対して脳波が動き出します。脳と結びついている感覚システムが発達するのです。感覚システムは出生後に使われるものですが、現時点では、赤ちゃんの目が光をとらえたり、耳が音を感知するといったことができます。でも、まだそれが何を意味しているのか理解することはできません。生まれてからの実践練習が必要です。

👩 運動をする時はゆっくりと簡単なものにしましょう。妊娠中は「痛みを感じないような運動は体に効かない」という理論はあてはまりません。体を伸ばしたり、リラックスすることに集中しましょう。飛び回ったり、長時間運動を続けることはやめましょう。

✚ 何か運動をする時は、妊娠中にしても問題ないか、始める前に主治医に聞きましょう。

**食中毒を防ぐために** 外食をする時は、ちゃんと火が通っているものをオーダーし、できたてのものを運んでもらいましょう。また、テーブルや食器類、トレイなどをチェックし、清潔でないようであれば、ほかのお店で食べたほうがよいでしょう。

*diary & memo*

ハグをすることは、とくに子どもに対しては、さまざまな良い効果がある。
Princess Diana

## 25週と4日
## 165日目
出産予定日まであと **101**日

この頃までにはまゆ毛とまつ毛が認識できるようになります。あと2～3日もすれば、爪もはっきり見えるようになります。

赤ちゃんの爪が伸びる一方で、ママの爪もよく伸びます。血液循環や新陳代謝がよくなるため、妊娠中は強くて健康な爪が育つのです。明日で出産予定日まであと100日。「あと100日だけか」「まだ100日もあるのか」あなたはどのように感じますか？

**食中毒を防ぐために** 残りものはきちんと冷蔵庫にしまい、3～4日のうちに食べ切りましょう。それ以上しまっていた食べ物は、見た目やにおいは大丈夫でも危ない場合があるので、捨てるようにしましょう。

**育児の小さな知恵** 生まれてきた赤ちゃんの生活リズムを作り、それを尊重しましょう。たとえば、友だちや親戚が来たからといって、普段のリズムで寝ている赤ちゃんを無理に起こすことはやめましょう。みんなが赤ちゃんに興味を持ってくれるのはうれしいことですが、赤ちゃんが大人に合わせるよりも、大人が赤ちゃんに合わせるほうが簡単です。

**考えてみましょう** もうすぐ、あなたの生活はパートナーとのふたりだけのものではなく、家族としてのものになります。赤ちゃんが生まれると、ママは赤ちゃんにつきっきりになりがち。その様子を見て、やきもちを焼くパパもいるでしょう。大切なパートナーと疎遠にならないためにも、毎日ほんの少しの時間でもいいのでふたりで過ごすようにしましょう。夕食後にふたりでお茶を飲んだり、1日の出来事を報告しあったり。休日に一緒にごはんを作るのもいいでしょう。親になっても、カップルとしての時間を持ち続けることも大切です。

*diary & memo*

## 7カ月 25週 165日目〜166日目

### 25週と5日
### 166日目
出産予定日まであと100日

赤ちゃんはいま、800gほど。脂肪があまりついていない体は、シワシワの皮膚に包まれています。その皮膚を通して毛細血管が見えるので、ピンクや真っ赤な色をしています。

この時期になると、横向きの姿勢で寝るのが楽な人が多いでしょう。左脇を下にして横になると、胎盤と胎児に血液をスムーズに送ることができます。

**↑アドバイス**
手足のむくみを防ぎ、体に負担をかけないためにも、できるだけ同じ姿勢で立ち続けないように。もし立たなくてはいけない場合は、片方の足を踏み台か何かに乗せましょう。座る時も足を高い位置に置きましょう。休息時には横になるようにしましょう。

**食中毒を防ぐために**　買い物をする際は、生鮮食品は最後に買い、すぐに家に帰るようにしましょう。生ものは購入後2時間以内に冷蔵庫にしまいましょう。気温が32℃を超える場合、冷蔵庫の温度設定は4℃以下、冷凍庫は－17.8℃以下にしましょう。また、卵はなるべく火を通し、買った時にヒビが入っている卵などは食べないようにしましょう。食中毒の原因となるサルモネラ菌などの細菌がヒビ割れ部分から、中に入ってくることもあります。

**出産文化 いろいろ** 産後の回復期間として出産後の女性にあてられる時間は、文化によってさまざまです。コロンビアのゴアジロインディアンの女性たちは、初めての出産後は1カ月間、ベッドで過ごします。ティエラ・デル・フエゴのヤーガンの女性たちは、出産後24時間以内に、部族の人たちと貝拾いに出かけます。

**育児の小さな知恵** 出産直後に、たとえ赤ちゃんを愛おしいと思えなくても心配することはありません。赤ちゃんに対面した時にどう思うかは、とてもあいまいな感情ですし、人それぞれです。子どもに対する親の愛情が発達するには、数週間、数カ月かかることもあります。お互いの愛情が確立する過程を楽しみ、確かな関係を築きましょう。

*diary & memo*

> 親の役割とは、子どもの口——時には噛まれることさえあるその口に、
> 食べ物を入れてあげる程度のものかと感じる時がある。
> Peter de Vries

**25週と6日**
**167日目**　出産予定日まであと**99日**

赤ちゃんは、ママの子宮にいる期間の2/3を終えたことになります。赤ちゃんは残りの3カ月間で、ママの子宮という、もっとも快適で安全な場所から出ても生きていけるように準備していきます。この段階で、身長は230㎜、体重は800gくらいにまで成長しています。

妊娠中は血圧の変化にも注意しましょう。全体の約7％の妊婦が高血圧になり、とくに妊娠21週以降に血圧が上がるケースが多くみられます。蛋白尿を伴う血圧の上昇は「子癇前症」と呼ばれ、さらに高血圧がひどくなり痙攣を起こすような状態を「妊娠子癇」と呼びます。

**食中毒を防ぐために**　冷凍保存していた肉や魚などは、冷蔵庫や電子レンジ、あるいは水につけて解凍しましょう（水につけて解凍する場合、30分ごとに水の入れ替えを。食品の表面を低温に保つことができます）。解凍後はすぐに調理しましょう。

**知ってた？**　生まれたばかりの赤ちゃんの皮膚には、50万もの毛嚢（毛穴）がついています。毛嚢は妊娠6カ月以降に作られ始めます。

**育児の小さな知恵**　ママや家族が疲れていて、赤ちゃんをお風呂に入れるのは大変だと感じる時は、無理して入れる必要はありません。温かいお湯に入ることで、赤ちゃんもリラックスしますが、少しくらい入れなくても大丈夫です。ハイハイをするまでは、汚れるのはおもにお尻、股、顔、首、脇の下くらいです。この部分を、お湯で湿らせたガーゼでふいてあげるだけでも、赤ちゃんの清潔さは保てます。

*diary & memo*

(　　　　　　　　　　　　　　　　　)

## 26 weeks

| 体重 | kg |
| ウエストサイズ | cm |

**26週と0日**
**168日目** 出産予定日まであと**98日**

**26週と1日**
**169日目** 出産予定日まであと**97日**

お腹の赤ちゃんは、いよいよ肺呼吸する力を身につけました。今週の終わりまでに、身長は13mm近く伸びるでしょう。子宮の外の世界で生活するための準備はさらに進められます。外の世界で生きていくための目標体重は、少なくとも1000gです。

赤ちゃんが呼吸ができるようになったので、ひと安心です。肺胞、サーファクタントが十分な量になると、赤ちゃんは楽に呼吸できるようになり、さらに外の世界に適応できる体になります。

**育児の小さな知恵** 赤ちゃんは、母乳にしてもミルクにしても満腹になるまで飲みます。哺乳ビンで飲ませる場合、赤ちゃんがもう飲みたくなさそうなのに、哺乳ビンが空になるまで飲ませようとしないこと。赤ちゃんに飲みすぎるクセがついてしまいます。新生児の胃の大きさは、彼らのこぶしと同じくらいの小さなものです。そのため、赤ちゃんは少ない量を頻繁に必要とするのです。

これからの3カ月間で、男の子の精巣が最終的な位置に下りてきます。腸が発達して下腹部の圧力が大きくなり、睾丸から陰嚢までの通り道が刺激されるからです。

妊婦健診で行う尿検査では、尿糖値をチェックします。妊娠をきっかけに糖尿病になってしまうケースがあるためで、これを妊娠糖尿病と呼びます。妊娠糖尿病になると、この時期から胎児の体重が通常以上に増えて巨大児になったり、出生後に呼吸障害や低血糖の症状が起こることも。そのため、妊娠前から糖尿病だった人も、妊娠糖尿病になった人も、主治医から食生活等について指導が行われます。妊娠糖尿病は、たいていは出産後になおります。

**食事＆栄養** 糖尿病の人もそうでない人も、1日に50〜200μgのクロム（クロミウム）と、2〜5mgのマンガンを摂ることで、ブドウ糖の量を調節できます。クロムが豊富な食品には、牡蠣（かき）、レバー、ジャガイモ、シーフード、全粒製品、穀類のふすま、鶏肉などがあります。マンガンは、全粒製品、ナッツ、種実類、アボカド、ドライフルーツ、パイナップル、ブルーベリーに多く含まれます。

*diary & memo*

あなたの1日にトラブルがあったとしても、それは別。
子どもには平穏な日々を送らせなさい。
Thomas Paine

### 26週と2日
### 170日目
出産予定日まであと96日

🧑 赤ちゃんの肺は急成長を続けています。

👩 この時期は、妊娠していない時よりも1日500kcal余分に必要になります。妊娠していない成人女性が健康を維持するためには、1日に約2100kcal必要なので、妊婦は1日に2600kcal必要というわけです。

**赤ちゃん今昔** 多くの女性がイスや木の切り株にもたれかかったり、腕や肘で上半身を支えてひざまずいた姿勢で、子どもを産んできました。この姿勢は聖書やローマの詩の中でも述べられています。また、中世のドイツやネイティブアメリカンの間でも、この姿勢が一般的でした。

**育児の小さな知恵** 授乳をする度に赤ちゃんの背中をトントンと叩き、ゲップをさせるようにしましょう。赤ちゃんはおっぱいやミルクを飲む時に、空気も一緒に吸い込みます。胃にたまった空気は、吐き戻しの原因にもなります。背中を強く叩きすぎると、吐いてしまう恐れがあるので気をつけましょう。いろいろ試してもゲップをしない場合は、そのままで大丈夫です。赤ちゃんが心地よさそうにしていれば問題ありません。

*diary & memo*

### 26週と3日
### 171日目
出産予定日まであと95日

🧑 この時期は、赤ちゃんの脳も急ピッチで成長しています。

👩 ときどき、外陰部がかゆくなるかもしれません。かゆみの原因は、カンジダ感染や不衛生が考えられます。刺激の弱い石けんと水で洗浄しましょう。また、かゆみは妊娠糖尿病の症状の可能性もあります。

**食事&栄養** ヨーグルトには豊富なタンパク質と、牛乳と同じくらいのカルシウムが含まれています。さらに、妊娠中にかかりやすいカンジダ感染のリスクを下げる効果のある培養物も含まれています。

**育児の小さな知恵** 母乳育児の場合、おっぱいをあげる時は「前回は右のおっぱいだったから今回は左」というように、ごく自然に交互のおっぱいで授乳します。哺乳ビンであげる場合でも、赤ちゃんの向きを交互にする親がいます。これは、赤ちゃんの成長には影響しませんが、向きを変えることによって、赤ちゃんが右を見たり左を見たりする練習になります。

## 7カ月 26週 170日目〜173日目

### 26週と4日 172日目  出産予定日まであと94日

👶 この時期になると、脳波が出生時のそれと似たものになってきます。視覚と聴覚の情報を処理する脳波が働き始めます。

👩 車の運転は、大きくなったお腹が邪魔になるまでは続けてもいいでしょう。でも、少しでも運転しにくくなったらきっぱり止めましょう。シートベルトは装着するべきですが、腰のベルトはお腹を圧迫しないようにお腹の下を通しましょう。妊娠期間は集中力が低下し、注意力も散漫になっています。とくに安全運転を心がけましょう。急いでいる時や考えごとがある時は、絶対に運転しないようにしましょう。

**育児の小さな知恵** おっぱいを飲ませる姿勢は、ママと赤ちゃんがいちばん楽な姿勢がベストです。クッションを使って心地よい姿勢を見つけましょう。ママの膝の上にクッションや枕を乗せ、その上に赤ちゃんを寝かせて授乳するのが楽かもしれないし、ママの膝と腕の間にクッションを入れるほうがいいかもしれません。ベッドの上で授乳する場合、寄りかかったり、腕を休めるための枕がいくつか必要になるかもしれません。ママの腰にはめるドーナツ型の授乳用クッションもあります。

### 26週と5日 173日目  出産予定日まであと93日

👶 この数週間で、おでこのすぐ裏側に位置する前脳部が大きくなり、ほかの発達中の脳の構造をカバーします。結果として、めざましい脳の発達が起こります。

👩 赤ちゃんの体が成長するにつれ、ママのお腹の壁にぶつかる力が強くなります。胎動を数えてみましょう。2時間に少なくとも10回はキックしているのがわかるでしょう。胎動を数えるのは、夜7〜10時の間がおすすめです。というのは、赤ちゃんはこの時間帯にもっとも活動的になるからです。

✚ 赤ちゃんがママのお腹を蹴る回数が2時間で10回以下になったら、主治医に報告しましょう。

●重要● 母乳だけで育てられている赤ちゃんの場合、生後4カ月以降は、鉄分と太陽にあたる機会が少ないと、ビタミンDのサプリメントが必要になる場合があります（6カ月以降は鉄分が補強された離乳食をあげることもできます）。

*diary & memo*

> 人は歳を取ってから、やっと子どものありがたさがわかるものだ。
> 子どもこそが歳を取らせた張本人なのだが。
> James Cox

**26週と6日**
**174日目**　出産予定日まであと**92日**

赤ちゃんは、この7日間で13mmも背が伸びました。

赤ちゃんが大きくなるにつれ、ママは少し体を動かしただけで息がすぐに上がるようになるかもしれません。大きくなった子宮が横隔膜を圧迫し、呼吸が浅くなるからです。この時期になると、思いきり深呼吸できなくなっていることでしょう。

↑**アドバイス**
浅くなった呼吸を助けるためにも、余裕のあるスケジュールで動きましょう。ストレスを最小限におさえましょう。

**情報** 赤ちゃんの肺胞の95％は生まれてから発達します。40週前後で生まれた赤ちゃんの場合、出生時には約5000万個（成人の肺胞の数の1/6に相当）の肺胞があります。肺胞の生成は8歳近くになってようやく完了します。

**出産文化いろいろ** フィリピンのミンダナオのビキナン族の間では、伝統的に「胎盤は赤ちゃんの兄弟」という考え方をします。胎盤は家の下に埋められ、その魂は空に帰ると考えられています。

**育児の小さな知恵** 多くの親は、「赤ちゃんが寝ている時に暑すぎたり寒すぎたりしないか」と心配します。快適な状態で眠っているかどうかは、赤ちゃんの首の後ろをさわることで判断できます（この時、冷たい手でさわらないように）。首の後ろが温かく、汗ばんでいないのなら、赤ちゃんは心地よい温度でいるということです。首の後ろが湿っぽい場合は、暑がっています。反対に、首の後ろが冷たい場合は、毛布をもう1枚かけてあげたほうがいいかもしれません。首の後ろではなく、手足をさわって判断しないようにしましょう。赤ちゃんの手や足は、どんなに暑がっていても普通は冷たいものです。

*diary & memo*

## 27 weeks

体重　　　　kg
ウエストサイズ　　　　cm

**27週と0日**　／
**175日目**　出産予定日まであと**91**日

**27週と1日**　／
**176日目**　出産予定日まであと**90**日

👶 筋肉が徐々に発達します。この時期の赤ちゃんは、力を入れて手を握ることができます。

🤰 赤ちゃんが活発に動くようになるにつれ、睡眠を邪魔されるようになるかもしれません。

**出産文化いろいろ** 北アメリカのパウニー族の女性と西ミクロネシアの女性は、出産をサポートしてくれる人や母親に背中を預けるようにして、うずくまって出産します。

**知ってた？** 牛乳にはビタミンCはあまり含まれていません。一方、きちんと栄養を摂っているママの母乳には、ビタミンCがたくさん含まれています。

**育児の小さな知恵** 母乳での子育てを考えているのであれば、前開きのカーディガンやかぶりタイプのパジャマを出産前に用意しておきましょう。かぶりタイプの上着にはボタンもなく、着崩れも少ないし、さっと授乳できるので便利です。

👶 この頃までには、赤ちゃんの体には体重の2〜3％の脂肪分が作られているでしょう。

🤰 子宮が大きくなるにつれ、それを支える間膜が伸びることによって、骨盤が痛む時があるかもしれません。歩いたり運動した後に股間や内股が痛むことも増える時期です。休息を取ることによって痛みは和らぎます。

**出産文化いろいろ** ボリビアのシリオノ族の女性は、女性たちで混み合っている小屋の中で出産します。しかし、だれも出産の手伝いをしません。妊婦は地面すれすれにつり下げられたハンモックに横になり、お産にいどみます。産まれた赤ちゃんは、ハンモックから床に滑り落ちます。滑り落ちることで、初めての呼吸が促されるのです。

**育児の小さな知恵** 厚紙でできたカップホルダーなどを冷蔵庫の中に準備し、その中に空の哺乳ビンをしまいましょう。こうすれば、哺乳ビンにバイ菌がつくことを防げるし、冷蔵庫の中で倒れることもありません。

*diary & memo*

( )

自分の父親を本当に理解できる子どもは賢い。
Homer

| 27週と2日 | |
|---|---|
| **177**日目 | 出産予定日まであと**89**日 |

赤ちゃんのまぶたが少しだけ開きます。

汗がたまりやすい股間や胸の下などに炎症が起こる人もいます。こまめに汗をふき、シャワーを浴びたり入浴するなどして、清潔を保ちましょう。また、パウダーやローションを使うのも効果的です。

出産文化 いろいろ アフリカのコイコイ族の女性は、ほかの女性たちで混み合っていて、場所を確保するのさえもひと苦労するような小屋で出産していました。

育児の小さな知恵 哺乳ビンを使う場合、哺乳ビンや乳首をガラスの容器に入れたお湯の中で煮沸するか、電子レンジで消毒できる哺乳ビン専用の消毒セットを用意しましょう。

知ってた？ 「いつ、おっぱいは作られるの？」と疑問に思うママもいるでしょう。通常、次の授乳に必要な量を作るのには、約2時間を要します。これは、赤ちゃんが母乳を消化し、空腹で目が覚めるのにちょうどよい、パーフェクトなタイミングです。

*diary & memo*

| 27週と3日 | |
|---|---|
| **178**日目 | 出産予定日まであと**88**日 |

この数日の間に、赤ちゃんの目がいよいよ完成します。まつ毛も生えてきます。

手足にさらにむくみを覚えるかもしれません。
↑**アドバイス**
できるだけ長時間立ち続けることは避けましょう。座っている時は足を高い位置に置きましょう。食事は塩分控えめを意識しましょう。

出産文化 いろいろ インドネシアのアロール島民族の女性は、出産後10日間で畑仕事に戻ります。昼間は親戚に赤ちゃんを預け、畑から戻ってくるとすぐに母乳を与えます。夜は、赤ちゃんとママは一緒に眠ります。

育児の小さな知恵 哺乳ビンは、使ったらすぐに残った中身を捨てて水洗いしましょう。そうしないと、哺乳ビンの中にカッテージチーズのようなものができてしまうからです。ミルクのすっぱいようなにおいがついてしまった時は、哺乳ビンに温かいお湯を入れ、ティースプーン1杯分のベーキングソーダを加えてシェイクし、一晩浸けておきましょう。

## 7カ月 27週　177日目〜180日目

### 27週と4日
### 179日目　出産予定日まであと87日

　赤ちゃんはいま、吸い込んだり、飲み込んだりする技術をせっせと磨いています。

　妊娠中に立ちくらみを経験する人はたくさんいますが、その原因はいろいろです。たとえば、暑さ、姿勢を急に変えること、長時間立ち続けること、疲労や興奮、閉め切った部屋、混雑した場所にいることなど。こうした環境や状況はなるべく避けましょう。

出産文化 いろいろ　世界中の多くの文化では、お産には年配の女性が立ち会います。特定の女性が助産師に任命される文化もあれば、女性の親戚がその役割を果たすところもあります。男性はたいてい、分娩室への立ち入りを禁止されます。

育児の小さな知恵　哺乳ビンで授乳する場合、哺乳ビンの口をどのくらいきつく締めるかによって、ミルクの出る量を調節することができます。ミルクの出がゆっくりすぎる場合は口をゆるめ、早い場合は口を固く締めます。哺乳ビンの乳首にある穴を大きくする場合は、つまようじを使いましょう。穴を広げた後は、沸騰したお湯で3分間煮沸しましょう。穴が大きくなりすぎないように注意しましょう。

*diary & memo*

### 27週と5日
### 180日目　出産予定日まであと86日

　今日か明日までには、まつ毛がはっきりと認識できるようになるでしょう。

　母乳育児をしようと考えている人は、リラックスすることを覚えましょう。リラックスすることで、母乳の出がよくなるからです。授乳する時は、静かで邪魔が入らない場所を選びましょう。赤ちゃんは、お腹がいっぱいになると飲むのをやめます。ときには普段よりも授乳に長くかかることもあれば、すぐすんでしまうこともあります。もしあなたが心配性で、1回の授乳に何分かかるのか気になりそうなら、おっぱいをあげる時は、時計が見えない場所がいいかもしれません。

知ってた？　分娩時、赤ちゃんの心臓につながっている主な血管の栓はしまります。これにより、使用ずみの血液と、新鮮で酸素をたくさん含んだ血液を分けるのです。

育児の小さな知恵　最初の数カ月は、一般的に夜中にも何回か授乳します。夜中の授乳に備えて、自分用に軽食を用意しておくとよいでしょう（お腹が空いているのは赤ちゃんだけではないかもしれません）。

---

自分の子どもをよく知っているのは、賢い父親だ。
William Shakespeare

## 27週と6日
## 181日目
出産予定日まであと85日

今日で27週が終わります。赤ちゃんの頭臀長（とうでんちょう）は約25.4cm、体重950gくらいまで成長しています。この2週間で、身長は約20mm、体重は170gも増えたことになります。

今日で妊娠7カ月も終わり。気がつけば、180日以上も妊娠していることになります。お腹もかなり大きくなり、すでにフウフウいっている人もいるかもしれません。でも、これからの3カ月でお腹はさらに大きくなり、体は重くなります。妊娠後期を元気に過ごせるよう、日々、体と心をいたわりましょう。

健康 日増しに大きくなる子宮が膀胱を圧迫するため、膀胱にためられる尿の量が少なくなっていきます。また、腎臓と膀胱をつなぐ尿管はしまりがなくなっています。このように妊娠中は膀胱の機能が低下するので、トイレに行くのを我慢することが続くと、膀胱炎になりやすくなります。

↑アドバイス
笑ったり、咳をしたり、物を持ち上げた時、少し尿がもれてしまうこともあります。頻繁に膀胱を空にするようにしましょう。

育児の小さな知恵 哺乳ビンやその乳首、リングなどは、蒸し器を使えば、しっかりと殺菌消毒できます。この方法は少し手間がかかりますが、部品がなくならないし、場所もとりません。

考えてみましょう 家族が増えるにつれ、パートナーとのふたりきりの時間が少なくなるでしょう。ふたりだけの時間というのは、夫婦生活の時間に限らず、ふたりの関係を密接でよいものにするためのすべての時間のことです。近所にふたりの両親や親戚、友人がいる人は、週に一度、30分でもいいから赤ちゃんの面倒をみてもらい、パートナーとふたりで過ごす時間を定期的に作ってみましょう。ときにはデートの計画を立てるものいいでしょう。育児にかかりきりのママにとっては、貴重な外出の機会になるでしょう。初めての妊娠時よりもふたり目以降の妊娠のほうが、健康な赤ちゃんが産まれるはずという自信があるので、妊娠中のセックスにも安心感があるかもしれません。

*diary & memo*

あなたを必要としている者の手を取りなさい。
そうすれば、満ちあふれるほどの喜びが見つかるでしょう。
Flavia

妊 娠 後 期

# 8
*Lunar Month*

## 今月の体の変化＆心がけたいこと

| こころ＆体の変化 | ● 次のような症状を覚えたら、主治医に報告する——腟周辺のかゆみ／おりものの変化／ひどい立ちくらみ／体や顔のむくみ／激しい頭痛／目のかすみ／急激な体重増加など<br>● 定期的に胎動を数え、赤ちゃんの動きに注意する<br>● 胎動によって、眠りを妨げられることもある |
|---|---|
| 日常生活 | ● 飛行機に乗る計画がある場合は、主治医に相談する<br>● 車の運転は安全を心がけ、遠出は避ける。体調が悪い時はやめておく。シートベルトはお腹の下を通して苦しくない状態で着用する<br>● パートナーとふたりで過ごす時間をつくる<br>● 母乳育児について勉強したり、育児の準備や計画を進める |
| 食生活 | ● 塩分・脂肪分は控えめにして、栄養バランスのよい食生活を心がける<br>● 妊娠後期（8〜10カ月）の摂取エネルギーは、通常より500kcal追加する |

※喫煙、薬の服用、アルコールやカフェインの摂取は、妊娠期間を通して控えましょう。

## 28 weeks

| 体重 | kg |
| ウエストサイズ | cm |

**28週と0日**
**182日目** 出産予定日まであと**84**日

**28週と1日**
**183日目** 出産予定日まであと**83**日

この時期の赤ちゃんの目は、光や暗さに対し、とても敏感になっています。でも、まだ物を認識することはできません。生まれてからいろいろなものを見ることによって、その力を獲得していきます。

妊娠期間は、「感情をうまくコントロールしながら生活をする能力」が、女性の人生の中で低下する三大期間のひとつといえます。残りのふたつの期間は、思春期と更年期です。もちろん、これは人によって個人差がありますが、生物学的（たとえばホルモン）、社会的、精神的要因が人間の感情には影響します。

**振り返ってみましょう**　今週から妊娠後期がスタートします。これまでの赤ちゃんの成長と妊娠生活を振り返ってみて、いちばん思い出に残っていることは何ですか？

**出産文化 いろいろ** ユカタン半島では、通常、出産に立ち会うことができるのは、助産師、夫、妊婦の母親のみです。難産で時間がかかる時は、ほかの女性——たとえば妊婦の夫の母、妊婦の姉妹、ゴッドマザー、妊婦の夫の姉妹、妊婦の親友や近所の人がやってきます。

今日は赤ちゃんの成長にとって重要な日。脳の指示を受け、リズミカルに呼吸するようになるのです。体温を調節する力も身につけつつあります。

上に書いてあることは、もし赤ちゃんが、いま生まれてしまっても、赤ちゃんの脳が呼吸をするように指示を出し、医療機器がなくても生命を維持できることを意味します。また、赤ちゃんには、暑すぎる場合はクールダウンし、寒すぎる場合は体を温める機能も備わりつつあるというわけです。

**出産文化 いろいろ** 世界中のほとんどの国や文化では、出産後すぐに母乳を与えることを奨励しています。初乳には、普通の母乳より多くの免疫抗体、タンパク質、ミネラルなどが含まれており、赤ちゃんに必要な栄養分を供給するパーフェクトな食事です。母乳中のタンパク質は、新生児の体に最適で、抗菌効果を持っています。そのため、母乳で育てられている赤ちゃんは、粉ミルクの赤ちゃんに比べて、吐いたり、下痢を起こしたり、中耳炎にかかったりすることが少ないのです。

*diary & memo*

世界は思考に語りかけるが、親はより親密に心に話しかける。
Haim Ginott

## 8カ月 28週 182日目〜185日目

### 28週と2日 184日目　／　出産予定日まであと82日

👶 赤ちゃんは、生まれる日と、子宮内での発達の完了時期に、1日ごとに近づいています。日ごとに子宮の外で生き延びる能力も高くなっています。

👩 妊娠当初、ママの子宮は約55gでした。それが、妊娠が終わる頃には985g近くにまで成長します。今月の体重増加のペースは、1週間に平均335gです。来月には平均224gになります。

**出産文化 いろいろ** ユカタン半島に住んでいる人々の間では、お産に夫が立ち会うのはごく普通のことです。夫は妻がどのようにして痛みを乗り越えるのかを見るべきだと、人々は考えるからです。夫の立ち会いはとても厳しく求められ、もし立ち会えない場合、出産がよくないものになるとさえいわれます。

**赤ちゃんの 食事** 母乳に含まれるカルシウムとリンの比率は、赤ちゃんの骨の成長促進に理想的なものになっています。さらに母乳には塩分が少なく、牛乳に含まれているものよりも吸収されやすい鉄分や亜鉛が含まれています。

### 28週と3日 185日目　／　出産予定日まであと81日

👶 これからの3日間で、皮膚の下にはより多くの脂肪がつき、表面もさらになめらかになってきます。

👩 この時期になると、血圧が上がるかもしれません。若干の上昇は妊娠後期にはよくあることですが、妊娠高血圧症候群には注意が必要です。血圧検査の結果に問題がある場合は、主治医から指示が出るはずです。その指示をしっかりと守りましょう。

➕ ひどい頭痛や目のかすみ、体重の急激な増加、手足や顔のひどいむくみ等の症状が現れたら、主治医にすぐ伝えましょう。これらの症状は高血圧の可能性が高く、その場合はママにも赤ちゃんにも影響があるからです。

**赤ちゃんの 食事** 母乳の中身はいつも同じわけではありません。未熟児を産んだママの母乳は、予定日前後で出産したママの母乳とは違い、赤ちゃんの発達に合わせた中身になります。成長するにつれて必要となる栄養も変わってくるので、それに合わせて母乳の成分も変わります。いい換えると、ママの母乳は、赤ちゃんが欲しいものを、つねに正確に把握しているのです。

*diary & memo*

愛情だけは、いくらでも分け与えることができ、
しかも決してなくならないものです。
Anne Morrow Lindbergh

## 28週と4日
### 186日目
出産予定日まであと**80**日

これからの3日間で、光、音、味、においに対する感覚が敏感になります。皮膚をさわられたことがわかる触覚は、すでにできあがっています。

いま、お腹の赤ちゃんは、あなたに会い、あなたの声を聞き、あなたのにおいや与えてくれるおっぱいの味で、あなたを判別する準備をしています。赤ちゃんに最初に会った時に何て話しかけるか、その肌にどのようにふれるか想像してみましょう。赤ちゃんとの対面は、もうそんなに先のことではありません。

**知ってた？** 赤ちゃんの肌の1平方インチ（約2.5㎠）には、約700の汗腺、100の脂肪分泌腺、2万1000個の温度に敏感な細胞があります。

**赤ちゃんの食事** 上の子がまだ幼児期の場合、その子に目を配りながら赤ちゃんを抱きかかえて授乳するのは、とても大変なものになるでしょう。上の子が落ち着きがなく、赤ちゃんに授乳するのが難しい場合、おっぱいをしぼって哺乳ビンで授乳したり、授乳する間隔を短くし、1回の授乳時間も短縮するといった方法を考えましょう。

*diary & memo*

## 28週と5日
### 187日目
出産予定日まであと**79**日

脂肪が増えてくるにつれ、皮膚はよりなめらかで白っぽい色になってきます。いま蓄えられている脂肪は白色脂肪で、妊娠初期に、体温を保つために蓄えられていた褐色脂肪とは異なるものです。白色脂肪は断熱の働きをし、エネルギーのもとになります。ふっくらとした、出生時の体重が多い赤ちゃんが健康な赤ちゃんとは限りませんが、生まれてきた赤ちゃんの体が問題なく機能するためには、ある程度の脂肪が必要です。

膀胱（ぼうこう）は丸みを帯びた器官ですが、妊娠中は外からの圧力に押しつぶされるので、尿をためておく力は極端に下がります。

**出産文化いろいろ** ブラジルのアイマラの女性は、どこに行くにも新生児を連れて行きます。また、最初の2年間は赤ちゃんに添い寝をします。

**赤ちゃんの食事** 母乳を生産するために、ママは1日に500〜650カロリーを燃焼します。これは、体重に換算すると、1週間に約450g以上消費している計算になります。そのため、母乳育児のママ、母乳とミルクの混合授乳を出産後3カ月以上続けているママは、ミルクだけで育てる

## 8カ月 28週 186日目〜188日目

**28週と6日**
**188日目** 出産予定日まであと**78**日

ママよりも体重を早く落とすことができます。

**育児の小さな知恵** 赤ちゃんを心地よく眠らせてあげるために、寒い時期は、寝る前にシーツをヒーティングパッドや湯たんぽで温めてあげるのもいいでしょう。冷たい布団は赤ちゃんにショックを与えるかもしれません。ただし、電気毛布を使ったり、ヒーティングパッドを毛布として使うのはやめましょう。電気コードや電気そのものが危険だからです。

あんかや湯たんぽを使う場合も、赤ちゃんに直接あたって低温ヤケドをしないようにタオルなどでくるみ、置く位置も赤ちゃんから離すようにしましょう。また、寝る時の室温は20度程度が適温ですが、ずっとエアコンをつけておくとノドを痛める原因になります。寝入る時や途中で起きた時につけるなど工夫をしましょう。

赤ちゃんの眼球が動くようになります。胎児は見る練習をしています。

赤ちゃんには子宮の内側はどのように見えているのでしょう？ ママが洋服を着ていない時や、明るい日ざしの下にいる時は、胎児の世界はピンク色をしています。一方、夜に洋服を着ている時や、暗い部屋の中にいる場合、胎児の視界も暗い状態です。お腹の赤ちゃんは、光の強さの変化にも気づきます。でも、ピンク色を判断するには生後何カ月もかかります。出産時の赤ちゃんは、かろうじて、赤、緑、黄色が判別できる程度です。

**出産文化いろいろ** さまざまな文化において、授乳中のセックスに関するタブーがあります。たとえば、ニューギニアのアラペッシュ族の間では、赤ちゃんが歩き始めるまでは、セックスすることを禁止する習わしがあります。

**育児の小さな知恵** 赤ちゃんに日夜の生活リズムができてきたら、「お風呂に入ったら寝る」ことを習慣づけましょう。そうすれば湯冷めする心配がないし、お風呂は赤ちゃんをリラックスさせてくれるので、眠りにつくのを助けてくれます。

*diary & memo*

子どもには絶対に手をあげないように。
そのすきに、あなたのお腹が攻撃されてしまうから。
Robert Orben

## 29 weeks

体重　　　　kg
ウエストサイズ　　　　cm

### 29週と0日
**189**日目　／　出産予定日まであと**77**日

この3日間で行われる成長により、赤ちゃんの脳の表面にシワができます。脳の表面にシワが現れるのは普通のことであり、必要なことです。このシワは脳回（のうかい）と呼ばれます。表面がつるつるの脳に比べて多くの細胞があり、より高性能です。

静脈瘤（じょうみゃくりゅう）ができるのは、子宮に流れる血液が増え、手足の血流がゆっくりになることも原因のひとつです。

**出産文化 いろいろ** 東南アジアでは、出産用の小屋の中で火をたく習慣のある地域があります。火をたくのは妊婦をいぶるためで、煙や熱が妊婦の体の痛みを和らげ、ママの体から子宮が落ちるのを防ぐと考えられているのです。

**●重要●** ウォーターベッドを使っている場合、そのベッドに赤ちゃんを寝かせたり、添い寝をしたり、寝かせたままその場を離れるのは絶対にやめましょう。ベッドの表面がへこみ、赤ちゃんの顔のまわりを包んで窒息させてしまう危険があります。また、マットレスとベッドのすき間に赤ちゃんが入ってしまい、窒息することもあります。

### 29週と1日
**190**日目　／　出産予定日まであと**76**日

26週から29週の間に、450g以上も体重が増えます。今週の終わりまでには、頭からつま先までの長さは約40cmになります（これ以降のページの赤ちゃんの身長表記は、頭からつま先までの長さです）。

この時期の赤ちゃんは、ママから与えられる栄養を積極的に吸収しています。カルシウムは頭蓋骨の形成に、鉄分は赤血球に、タンパク質は全体の成長のために使われます。

この時期になると、妊婦健診が2週に1回のペースになるでしょう。臨月に近づくにつれ、主治医が妊娠の経過を把握しておくことは、とても重要になります。

**赤ちゃんの 食事** 出産すると母乳が出るようになるのは、ホルモンの影響によるものです。赤ちゃんが吸うことによってママの乳房には圧力や刺激が与えられ、さらに乳房内が空になることによって、脳はホルモンの分泌を促します。この時に分泌されたホルモンで母乳は生産されるので、次回の授乳までにさらにたくさんの母乳が作られるようになるのです。十分な量を作ることができないのは、とても珍しいケースです。

*diary & memo*

親に要求されること：感傷的でない愛情、残虐でない権威、攻撃的でないしつけ、
ばかばかしくないユーモア、義理を感じさせない犠牲、所有欲のない仲間意識。
William E.Blatz

## 8カ月 29週 189日目〜192日目

### 29週と2日
### 191日目　出産予定日まであと75日

骨髄で赤血球の精製が行われるようになります（赤血球の精製は、最初は血島と呼ばれる組織によって行われ、のちに脾臓がその一部を担っていました）。脾臓には、大人になっても血液構造の情報が残っていて、血液を作ることもできるようになっています。

この時期はもう飛行機による旅行はおすすめできません。気圧の変化や狭い場所に長時間座り続けることは、ママの体に負担をかけます。また、万が一、雲の上や旅行先で体調に変化が起きてしまうと、必要な処置をすぐに受けられない心配があります。

どうしても飛行機に乗らなくてはならない用事がある場合、主治医に相談しましょう。日本では、航空会社により多少異なりますが、だいたい妊娠36週（10カ月）以降は、原則として妊婦の搭乗は禁止されています。

**知ってた？** 母乳を作る準備として、乳房には脂肪と特別な組織が蓄えられ、片方につき約450ｇ重くなります。健康な女性の場合、母乳の生成のために2270ｇほどの脂肪が、体内に蓄えられます。

*diary & memo*

### 29週と3日
### 192日目　出産予定日まであと74日

すでにまぶたを開けることができるので、目を大きく開けたり閉じたりすることができます。目が開いている時間が多くなり、赤ちゃんは見る練習をしています。

赤ちゃんのいる位置が子宮の上側の場合、胸のすぐ下のあばら骨付近が、柔らかくなったり、痛みを覚えるかもしれません。痛みは、赤ちゃんが頻繁にキックすることにもよります。

**↑アドバイス**
あばら骨付近の痛みは、横になったり、前かがみの姿勢を避けることで和らげることができます。妊娠が進むにつれ、赤ちゃんはポジションを変え、ママの骨盤あたりに下りてきます。

**育児の小さな知恵** 新生児を窒息から守るために、大人用のふかふかの布団や毛の長い毛布の上に、うつぶせに寝かすことはやめましょう。自分で頭を持ち上げたり、寝返りを打てるようになるまでは、こうした状況は危険です。また、生まれたばかりの赤ちゃんは、顔にかかった布を取ることができません。寝る時は仰向けに寝かせ、寝ている赤ちゃんの様子は定期的に確認しましょう。

---

大人とは違い、子どもは自分をあざむく必要がほとんどない。
J.W. Goethe

## 29週と4日
### 193日目
出産予定日まであと**73**日

ミエリンは神経細胞を外側から包む脂肪質です。神経の伝達を早く、スムーズに、より効果的にします。

寝る時に、あばら骨や横隔膜付近に、赤ちゃんや子宮から受ける圧力によって違和感を感じるかもしれません。また、胃が圧迫されるような不快感のせいで、なかなか寝つけない人もいるでしょう。

**↑アドバイス**
消化不良による不快感を防ぐために、寝る姿勢を変えてみましょう。枕をいくつか用意して、頭を高くしてみましょう。寝る直前に食べ物を口にしないようにしましょう。

**育児の小さな知恵** なるべく早いうちから「そろそろ寝る時間だ」と赤ちゃんがわかるように、眠りのパターンを習慣づけるといいでしょう。たとえば、寝る時間になったら毎晩同じ歌を歌ってあげる、寝るサインとして体のどこかを必ずなでる、抱っこしてゆらゆらする、本を読んであげるなど。こうした習慣は、ママがいない時に赤ちゃんが寝なくてはいけない状況で、役に立つでしょう。

## 29週と5日
### 194日目
出産予定日まであと**72**日

この時期までには、肩や背中の一部を除く産毛（胎児の体を包んでいる柔らかい毛）が消えます。一方、髪の毛（まだ色素の入っていない白髪）は、少しずつ伸びています。

白っぽいおりものが多くなったことに気づく人もいるでしょう。これは妊娠後期によくみられることです。

おりものの色が濃くなったり、逆になくなった時、痛みやひりひり感、かゆみ等の不快感、出血、異臭を伴う場合は、主治医に相談しましょう。

**育児の小さな知恵** ママのお腹にいた時と同じような環境（体のどこかが何かにふれているような狭い状態）にしてあげると、赤ちゃんは安心します。赤ちゃんを寝かせる時は、ベビーベッドの真ん中よりも、隅のほうに寝かせてあげましょう。

**赤ちゃんの食事** 赤ちゃんの上体を起こしてママと向き合うように抱っこする（たて抱き）と、授乳後、赤ちゃんがゲップをするのが楽になります。そのため、お腹にガスがたまり、腹痛を起こすことも少なくなります。

*diary & memo*

# 8カ月 29週　193日目〜195日目

## 29週と6日
## 195日目
出産予定日まであと **71日**

足の爪がはっきりと見えるようになります。また、頭部にはしっかりとした髪の毛が生えています。何週間にもわたって急成長が続いていますが、その速度は出産が近づくにつれてスローダウンします。

今日で29週が終わります。いよいよ近づいてきた出産に備え、必要なものをそろえたり、心の準備を始めましょう。

**赤ちゃんの食事**　もし、ママがある特定の栄養素が不足した食生活をしていると、母乳もその栄養素が不足したものになるのでしょうか？　興味深いことに、ママの食事の栄養バランスに問題がある場合、それは母乳の「質」ではなく「量」に影響が出ます。つまり、仮にあなたの食事に十分な栄養が含まれていなくても、栄養バランスが取れたパーフェクトな母乳を作ることができるのです。

ただし、ママが脂溶性の栄養素を摂りすぎると、母乳にも含まれてしまいます。水溶性の栄養素を過剰摂取した場合、その栄養素は尿として排出されて終わりです。でも水溶性にせよ、脂溶性にせよ、ビタミンなどは必要以上に摂りすぎないようにしましょう。

**育児の小さな知恵**　赤ちゃんがどうしようもないほど泣き続ける時は、赤ちゃんの口元に砂糖抜きのミントキャンディ棒を近づけて少しなめさせてみるか、ミントキャンディのかけらを水に溶かして、哺乳ビンで飲ませてみましょう。もし、赤ちゃんがお腹が痛くて泣いているのであれば、ペパーミントは効果があります。ラベンダーの香りがついた温かいお風呂もいいでしょう。

**知ってた？**　母乳には、リンパ腫ガンや小児糖尿病を予防する効果があるといわれています。さらに9カ月以上授乳を続けると、ママの乳ガン予防にも役立ちます。

*diary & memo*

子どもに与えることのできる遺産は2つだけ。
ひとつはルーツ（先祖）で、もうひとつは羽根だ。
Hodding Carter

## 30 weeks

体重　　　　kg
ウエストサイズ　　　　cm

---

**30週と0日**
**196日目**　出産予定日まであと**70**日

赤ちゃんの身長はおよそ40cm。それより大きい赤ちゃんもいるでしょう。体重は1300g程度にまで増え、中身入りの1ℓのペットボトルより重くなりました。

妊婦の10人に1人が、静脈瘤を経験します。

**赤ちゃんの食事**　母乳は冷凍保存できます。冷凍母乳は、働きながら母乳育児をしたいというママの希望をかなえてくれます。また、外出や病気などで授乳できない日があることを考えて、つねに何パックか保存しておくのもいいでしょう。ただし、保存する際は、汚れや細菌がつかないよう注意が必要です。母乳用の保存パックが市販されているのでそれを利用しましょう。保存期間は2週間から1カ月以内。湯煎（ゆせん）にかけたり、電子レンジの解凍モードを使用するなどして、ゆっくり解凍しましょう。安全のためにも、一度解凍した母乳は再冷凍しないようにしましょう。

**育児の小さな知恵**　スリング（1枚の布でできている、赤ちゃんを包み込むタイプの抱っこホルダー）を使う場合、ママが抱きにくくなければ、ときどき、赤ちゃんをたて抱きにしてみましょう。

---

**30週と1日**
**197日目**　出産予定日まであと**69**日

この時期になると、身長と体重の増え方はスローダウンします。それでも、この4週間で体重は900g近く増えます。

妊娠生活も終わりに近づいてきました。残りの期間を健康で過ごせるよう心がけるとともに、出産後の子育ての準備を始めましょう。母乳育児の知識を得ることも、大切な準備のひとつです。母親学級や本、インターネットを駆使して、おっぱいのあげ方を習ったり、母乳にいい食事について調べたり、アドバイスをもらえる情報源を探してみましょう。『ラ・レーチェ・リーグ』は、母乳育児について質問のあるママをサポートする国際的な非営利のボランティア団体です。

［日本支部のホームページアドレス
http://www.llljapan.com/］

**知ってた？**　もし赤ちゃんが今日生まれても、脳は、ものを見たり、音を聞いたり、物事を覚えたりすることができるくらい高度なものになっています。西洋の科学者は、こうした脳の活動は、本当の自覚の始まりであると信じています。赤ちゃんの脳波の並びは、順番はまだ異りますが、大人のものと同じようになっています。

---

*diary & memo*

親が子どもに与えることのできる最良の遺産は、
1日に数分ずつ一緒に過ごすことだ。
O. A. Battista

## 8ヵ月 30週 196日目〜199日目

### 30週と2日 / 198日目　出産予定日まであと68日

😊 今日生まれてしまったら、赤ちゃんの親指には、吸いダコがあるかもしれません。お腹の中の赤ちゃんは、頻繁に親指を吸っているからです。

👩 妊娠中の虫歯は、妊娠によって歯そのものが変化することよりも、唾液に含まれるpHの減少、歯磨きの仕方に原因があることが多いものです。

●**重要**● 赤ちゃんのサイズ的な成長がスローダウンする一方で、体内のシステムや組織は、より複雑で精巧なものへと成長を続けます。そのため、カルシウム、タンパク質、鉄分、ビタミンB群、亜鉛、ビタミンA、葉酸を、引き続き意識して摂取することが大切です。

**育児の小さな知恵** 哺乳ビンから授乳をする場合、ミルクの温かさが均一になるように、飲ませる前に哺乳ビンをよく振りましょう。温度の確認は、ママの手首の内側にミルクを数滴たらして行いましょう。人肌くらいに温かければ、それは赤ちゃんにも、ちょうどよい温度です。

### 30週と3日 / 199日目　出産予定日まであと67日

😊 臨月に近づくと、赤ちゃんは体をまっすぐにする余裕がないほど大きくなり、足を胸の前で抱えるように折り曲げています。この姿勢を「胎児姿勢」と呼びます。

👩 引き続き、活発な胎動を感じていることでしょう。ママが夜眠ろうとする時に限って、お腹の中で大騒ぎしていることもあるのでは？　赤ちゃんは夜に活発になるせいもありますが、夜はママがほかのことに気を取られないので、胎動に気づきやすいという理由もあります。

**出産文化いろいろ** メキシコでは、出産後の新米ママは、痛みやヒリヒリする筋肉をいやすために、スチームバスに入ります。

**育児の小さな知恵** 新生児を裸にしておくのは、できるだけ短時間にしましょう。入浴後の赤ちゃんが寒がらないように、日ざしやドライヤーで温めたタオルを使うのもいいでしょう（でも温めすぎには注意）。タオルの一片がフードになっているベビータオルも保温に役立ちます。赤ちゃんが大きくなると、体温調整も上手になってきます。

*diary & memo*

( )

子どもは、親に似た大人に成長するものだ。
だから、あなた自身が自分の理想像に近づけるように努力しなさい。
David Bly

## 30週と4日
### 200日目
出産予定日まであと66日

👶 ママの血液と胎児の血液を分けるために、胎盤には4つの層があります。胎盤が壊れたりしない限りは、ふたりの血液が混ざることはありません。

👩 最近、歩いていてつまずいてしまった人はいませんか？ これは、出産に備えて関節がゆるんできたことと、お腹の赤ちゃんの姿勢が変わることに原因があります。バランスを失わないように気をつけましょう。でも、もし転んでしまったとしても、赤ちゃんは子宮の強い筋肉に包まれ、羊水という世界でいちばん高性能のショック緩和システムに守られていることを思い出しましょう。

✚ ひどく転んだ時は主治医に相談しましょう。医師は、転倒によって母体に起きているかもしれない症状について、あなたに尋ねてくれるでしょう。

**育児の小さな知恵** ママの腕の中でウトウトしてはいるものの、深くは眠っていない状態の時でも、思い切って赤ちゃんを布団に下ろしてみましょう。ママの助けなしに眠りにつく練習になります。

*diary & memo*

## 30週と5日
### 201日目
出産予定日まであと65日

👶 脳はまだ急成長を続けています。神経細胞が連結し合い、一生を通して働く、とても複雑な機能を作り上げています。

👩 子宮が日に日に大きくなっています。そのため、お腹の痛みが強くなったり、頻繁に感じるようになるかもしれません。

**↑アドバイス**
痛みを感じたら休息を取り、足を休ませましょう。ヒーティングパッドやサポート効果のある枕を使い、痛みを和らげましょう。

**赤ちゃんの食事** 粉ミルクで育てられた赤ちゃんは、脳や目の網膜の機能を助けるDHAやAHA、葉酸、脂肪酸の量が、母乳で育てられている赤ちゃんよりも少なくなっています。大豆油を使用すると、市販の粉ミルクで育っている赤ちゃんのn-3脂肪酸の量を増やすことができます。現在の粉ミルクには、母乳の働きに近づけるべく、DHAや他の栄養素が加えられています。

**知ってた？** 赤ちゃんの柔らかい体を支えるには、トータル222本の骨が必要とされています。これらの骨は、座ったり、立ったりする時に、とりわけ必要になります。

## 8カ月 30週　200日目〜202日目

| 30週と6日 | |
|---|---|
| 202日目 | 出産予定日まであと64日 |

**考えてみましょう**　ウォーキングなどのエクササイズをする時は、転ばないように注意しましょう。何か支えになるものにつかまるのもいいでしょう。ストレッチをする時は、イスの背に手を添えて体を支えるようにしましょう。泳ぐ機会のある人は、水に入る時、水から上がる時はゆっくり慎重に動き、足をすべらせないようにしましょう。

**育児の小さな知恵**　出産後、体の回復が思わしくなくて寝て過ごす日が続く可能性は、だれにでもあります。上の子がいる人は、産後しばらくの間、上の子のお世話をしてくれる人を見つけておきましょう。また、ママのベッドの近くに上の子のおもちゃや洋服、新生児用のお世話グッズを用意し、ベッドから降りなくても上の子と遊んだり、赤ちゃんのお世話ができるようにしておきましょう。そうすれば、ママもうまく休息をとりながら回復することができます。出産直後は、家事の負担を減らすことも大事です。紙皿や紙コップを使えば、洗い物を減らせます。

この時期から40週目までに、男の子の精巣が最終的な位置に下りてきます。いま位置している場所は、精巣と未熟な精子精製機能にとっては温かすぎます。精巣は温度に敏感な組織のため、陰嚢（いんのう）に移動した後は、精巣を体に近づけて温めたり、体から離してクールダウンさせたりして、パーフェクトな環境で維持されます。

妊娠期間のラスト12週間は、カルシウムがとても必要な時期です。胎児の骨の骨化が急激に行われるため、より多くのカルシウムが必要になるのです。カルシウムはサプリメントに頼らずに食品から摂取しましょう。牛乳や乳製品、小魚類などに含まれるカルシウムは、錠剤のものに比べ、吸収・合成しやすいからです。

**育児の小さな知恵**　クーファン（新生児を寝かせる小さなカゴ）用のパッド（敷き布団）は、サイズが同程度の普通の枕カバーに入れて使ってもいいでしょう。裏表をひっくり返して使えば、清潔さを保てるし、洗濯の回数を減らすこともできます。

*diary & memo*

子どもたちが親よりもよくならない限り、世界は決してよくならないだろう。
Bob Edwards

## 31 weeks

体重　　　　kg
ウエストサイズ　　　　cm

**31週と0日** / 　　**203日目**　出産予定日まであと**63**日

😊 この時点で、赤ちゃんの五感すべてがしっかりと発達しています。

👩 息切れが激しくなってきたかもしれません。赤ちゃんがより大きくなるにつれ、ママの肺は圧迫され、深呼吸をするのにも努力が必要になってきます。でもこの息切れは、ママや胎児の体内の酸素が不足しているせいではありません。

**知ってた？** 生まれてきた時点での赤ちゃんの感覚で、もっとも発達しているのは触覚です。

**赤ちゃんの食事** 母乳の作られる量は、ママがどれだけ水分を飲むかによってではなく、赤ちゃんがどれだけ母乳を飲むかに左右されます（赤ちゃんがたくさん飲むほど、母乳もたくさん作られるのです）。もちろん、ママが水分を摂ることは、脱水症状を防ぐためにも必要なことです。

**育児の小さな知恵** ベビーベッドのベッドメーキングをする時に、シーツを何枚か重ねて敷いておくのもいいかもしれません。そうすれば、いちばん上のシーツをめくるだけで清潔なシーツが現れます。

**31週と1日** / 　　**204日目**　出産予定日まであと**62**日

😊 五感はすでに発達していますが、感覚によっては、その機能を実際に試す機会が限られています。子宮内での赤ちゃんは肺呼吸をしていないので（つまり、鼻から息を吸い込まないので）、嗅覚はあまり発達しません。

👩 出産予定日が近づくにつれ、ママの体は出産に向けての準備を始めます。なかでも、子宮の筋肉はこれまで以上に収縮と弛緩を繰り返すので、お腹の張りを頻繁に感じるようになるでしょう。

**知ってた？** この子宮の収縮は、「ブラクストン・ヒックス収縮」と呼ばれるもので、いわば「お産の予行演習」です。15～30秒くらいでおさまることもあれば、1分以上続くこともあります。一般的に痛みを伴うことはあまりありません。出産が近づくにつれ、回数と張りの強さが増してきます。

**育児の小さな知恵** お風呂に入る時、赤ちゃんと一緒にベビーソープやシャンプーのボトルを湯船に入れておきましょう。そうすれば使う時に中身が温まっていて、赤ちゃんの肌に不快感を与えないでしょう。

*diary & memo*

熱意なしに偉大なことがやり遂げられた試しはない。
Ralph Waldo Emerson

## 8ヵ月 31週　203日目～205日目

### 31週と2日
### 205日目
出産予定日まであと **61日**

赤ちゃんの目は薄暗い時は開き、まぶしい明かりの時は閉じるというように、光の量に反応し始めます。これは反射行動のひとつで、瞳孔（どうこう）反射と呼ばれます。

お腹が大きくなってくると、ママは子宮を支えながら体のバランスを取るために、肩を後ろに引くような姿勢になります。腹筋が弱い人ほどこの姿勢をとりがちですが、腰に痛みや疲れをためやすい姿勢です。規則的に運動して子宮の筋肉をきたえましょう。

お腹の張り具合について心配や疑問がある場合や、いつもと張り方が違い、「もしかして陣痛？」と感じた場合は、まずは病院に電話しましょう。慌てて健診に通っている病院や緊急病院に行かないように。電話であなたの症状を聞いた医師が、病院に来るべきか様子を見るべきかなど、適切な判断をしてくれます。

**赤ちゃんの食事**　人前で授乳することに抵抗がある人は、搾乳をしておき、哺乳ビンでおっぱいをあげてみましょう。そうすれば、赤ちゃんは母乳育児のメリットを失わないし、ママもイヤな思いをせずにすみます。

**育児の小さな知恵**　夜中の赤ちゃんの様子を見やすいように、赤ちゃんの寝室は真っ暗にせず、薄暗い明かりをつけておきましょう。懐中電灯を手元に置いておくのもいいでしょう。また、出産前には、赤ちゃんの静かな眠りを邪魔するものがないか、家の中をチェックして直しておきましょう（たとえば、たてつけが悪くてうるさい音を立てる家のドアや引き出しなど）。ベビーベッドを使う場合は、開閉する側の手すりから音がしないか確認し、油をさしたりスプレーをするなど、手入れをしておきましょう。でも、強い化学薬品は使わないようにしましょう。

*diary & memo*

貧乏でも子どもは財産だ。
イギリスのことわざ

### 31週と3日
### 206日目
出産予定日まであと**60**日

😊 これからの3日間で、赤ちゃんの足の爪が完成します。

🤰 引き続き、腰痛など妊婦特有のマイナートラブルが起こっていることでしょう。赤ちゃんとママのお腹が大きくなるにつれ、腰にかかる負担も大きくなります。

✚ 腰痛がひどく、長引いている場合は、主治医に相談しましょう。

**育児の小さな知恵** 授乳の後は、肩に抱えるなど赤ちゃんの上体をまっすぐにして、背中をとんとんと軽く手のひらでたたいてゲップを出してあげましょう。肩に抱える時は、よだれ対策としてタオルや布オムツなどを床に敷きましょう。肩に抱える姿勢が上手にできない時は、膝の上で赤ちゃんを腹ばいにし、頭だけを横向きにしてもいいでしょう。また、膝の上に座らせ、片手で胸のあたりを押さえて背中をさすっている間は、赤ちゃんを少し前向きに傾かせましょう。

*diary & memo*

### 31週と4日
### 207日目
出産予定日まであと**59**日

😊 髪の毛が長くなります。とはいえ、両親からの遺伝により、フサフサで生まれてくる場合もあれば、ほとんど生えていない場合もあります。どちらにせよ、それは普通のことです。

🤰 相変わらず、足のつりやこむらがえりに悩まされているかもしれません。とくに眠りぎわに起こる場合が多いようです。

✚ 足の痛みやじんじんする感じが続く場合は、主治医に相談しましょう。足に血瘤(けつりゅう)ができていることもあります。

**知ってた?** ママの体内を循環している母乳の生成に関わるホルモンは、赤ちゃんの胸の乳腺をはれさせます。そのため、性別に関わらず、生まれてきた赤ちゃんのおっぱいがはれている場合があります。びっくりするかもしれませんが、これはよくあること。数日でおさまります。

**育児の小さな知恵** 赤ちゃんのお風呂グッズは、赤ちゃんを抱っこしながらでも楽に手に取れるように、取っ手のついたプラスチックの整理箱にまとめておくといいでしょう。

## 8ヵ月 31週　206日目〜209日目

### 31週と5日　208日目　出産予定日まであと58日

今日までには、足の爪が完成するでしょう。男の子の睾丸は、まだ降下中です。

おっぱいが少し出始めた人がいるかもしれません。この時期に出る母乳は、薄い黄みがかった液体（初乳）で、この後に通常の母乳が出てきます。母乳で育てる場合、この初乳が赤ちゃんの生まれて初めての食事になります。初乳は栄養分がとても豊富で、抗生物質も多く含まれています。さらに、母乳育児は、赤ちゃんの中耳炎や呼吸器系の病気、小児糖尿病などを予防することができます。こうしたメリットは、母乳以外から得ることはできません。

出産文化 いろいろ　フィリピンでは、出産後の新米ママには、ゆでたとり肉、トウモロコシのおかゆ、少量の調理した胎盤の特別食が与えられることがあります。

育児の小さな知恵　赤ちゃんを入浴させる時に手がすべらないよう、木綿の手袋をつけるのもいいでしょう。ぬれた赤ちゃんは、とてもつるつるしています。

### 31週と6日　209日目　出産予定日まであと57日

ここ数週間の脳の急激な発達により、赤ちゃんの頭は9.5㎜も大きくなります。脳が成長するにつれ、赤ちゃんの頭蓋骨は内側から広げられ、皮膚が折り重なって脳のシワを作ります。

手、足、足首、顔に起こる、そんなにひどくない浮腫やはれは、妊娠中によくある症状です。これは、ママの体内に通常以上の水分がたまることによって起こります。

↑アドバイス
少しでも快適な生活を送るために、水分をたくさん摂り、座る時は足を高い位置に上げ、左側を下にして横になりましょう。適度な体温を維持し、サポート効果のある弾性ストッキングをはいてみましょう。

育児の小さな知恵　赤ちゃんをベビーバスで入浴させる時に、シャワーを使ってみましょう。赤ちゃんによっては、シャワーの水の出る感じが気に入るかもしれません。体や髪の毛を洗うのも簡単になります。でも、くれぐれも赤ちゃんにシャワーを持たせないように。あちこちに水がかかるだけでなく、シャワーを自分の顔に向け、誤って飲んでしまう危険もあります。

*diary & memo*

金持ちに子どもはいない。彼らには相続人がいるだけだ。
Peter C. Newman

## パパとなるパートナーに記入してもらいましょう

　ママの妊娠も8カ月が過ぎ、いよいよ出産も間近。あなたのパートナーは「パパ」となる心がまえができてきましたか？　父親になることに対しての率直な気持ちなどを書いてもらいましょう。

　また、里帰り出産をする場合、出産までパパとママは離れて暮らすケースも出てきます。いまのうちに、その間の生活のことや、準備しておきたいことなどを話し合っておきましょう。

**Q** 赤ちゃんを授かったと知った時、
　　どのように思いましたか？

**Q** 赤ちゃんができたことで、
　　気持ちや生活に変化はありましたか？

**Q** 妊娠中のパートナー（ママ）を見て、
　　どのように感じましたか？

**Q** 今のパートナー（ママ）に言葉をかけるとしたら、どんな言葉をかけてあげますか？

**Q** お産には立ち会いますか？
　　立ち会いませんか？　その理由は？

**Q** 生まれてくるわが子に、
　　どんなことを望みますか？

**Q** わが子と初めて会った時、
　　どんな言葉をかけるつもりですか？

**Q** パートナー（ママ）のお腹にいる赤ちゃんにメッセージを！

そのほか、いま感じていることを
自由に記入しましょう。

# 9
## Lunar Month

### 今月の体の変化＆心がけたいこと

| こころ＆体の変化 | ● 出産に備え、子宮の張りがさらに頻繁に起こる<br>● 乳房にコブができたり、おっぱいが出ることもある<br>● 体型の変化などで寝つきが悪くなったり、熟睡できないこともある<br>● 就寝中にこむらがえりや足のつりが起こる<br>● お腹の皮膚がかゆくなる |
|---|---|
| 日常生活 | ● 移動手段に関係なく、長旅は避ける<br>● ゆっくりと慎重に動き、転倒やつまずかないようにする<br>● 肉体的にも精神的にも無理はしない。長時間立ち続けない<br>● 疲れを感じたら横になって体を休める<br>● 出産準備品や育児用品をそろえる |
| 食生活 | ● 赤ちゃんの脳の発達の時期のため、亜鉛、ビタミンB群、葉酸をさらに意識して摂取する<br>● 十分な水分を補給する<br>● 栄養バランスのよい食事を心がけるとともに、旬のフルーツや野菜を取り入れるなど、食生活を楽しむ |

※喫煙、薬の服用、アルコールやカフェインの摂取は、妊娠期間を通して控えましょう。

## 32 weeks

| 体重 | kg |
| ウエストサイズ | cm |

---

**32週と0日**　　／
**210日目**　出産予定日まであと**56日**

妊娠9カ月に入り、赤ちゃんはまだ急成長を続けます。この時点で、身長は約40〜45cm、体重は約1700gにまで成長しています。今週中には、身長がさらに10mm程度伸びるでしょう。

胎盤はとても複雑で、よくできている器官です。胎盤には、ACTH（副腎皮質刺激ホルモン）を除くすべての生物が持っている酵素が含まれています。つまり、胎盤はどんなホルモンの機能も果たせるということです。

**育児の小さな知恵** 上の子が赤ちゃんのまねをして、おっぱいをせがんできた場合、飲ませてあげるかどうかはママ次第です。おっぱいを再体験させてあげることで、その子の気持ちもおさまることでしょう。別の方法で赤ちゃん時代を思い出させてあげようとしても、その気持ちはおさまらないでしょう。飲ませる前に、「一度だけよ」と伝えるのもいいかもしれません。母乳はいくらでも生産可能なので、上の子に飲ませたからといって、母乳不足を心配する必要はありません。子どもにイヤな思いや恥をかかせることなく、かつ、ママにとってもいちばんいいと思われる方法を選びましょう。

---

**32週と1日**　　／
**211日目**　出産予定日まであと**55日**

赤ちゃんがママのお腹のどのあたりにいるかは、赤ちゃんの大きさと姿勢によって微妙に違っています。ママの胃を圧迫するほど上のほうにいる赤ちゃんもいれば、骨盤を圧迫するほど下にいる赤ちゃんもいます。またそのポジションによって、ママのお腹が大きく見えたり、小さく見えたりします。同じ妊娠週数の妊婦でも、お腹の大きさは人それぞれです。

大きくなったお腹のせいで、ほかの器官がますます圧迫されています。腸が圧迫されることで、これまで以上に便秘に悩む人もいるでしょう。

**↑アドバイス**
適度で規則的な運動、たくさんのフルーツや野菜、水分を意識して摂りましょう。ただし、濃い紅茶をたくさん飲むのはNG。紅茶には、便秘のもとになるタンニンが含まれているからです。

**知ってた？** 母乳で育てているママは、1日に約750mlの母乳を生産します。ただし、1日に作られる母乳の量は、母乳の需要量、つまり赤ちゃんの食欲に左右されます。

---

*diary & memo*

いたずらな子どもが愛情深い母親を持つのは幸せなことで、
幸運にもよくあることだ。
Thomas Middleton

| 9ヵ月 32週 | 210日目〜213日目 |

### 32週と2日
### 212日目　　　／　　　出産予定日まであと54日

👶 たいていこの時期になると、羊水の量が最大限になります。今後は、赤ちゃんが成長するにつれて羊水の量が減り、胎児の占める面積が大きくなってくるので、ママは胎動をさらに感じやすくなります。羊水は透明で、淡黄色の液体です。出産の頃までには、羊膜にはおよそ1ℓの羊水がたまります。

👩 母乳生産の準備が進むにつれ、胸に小さなコブ状のものができたり、波立っているのを感じるかもしれません。初めての妊娠の場合、この変化を感じやすいでしょう。お腹の皮膚が伸びに伸びて、かゆくなっている人もいるはず。でも、いくらかきたくなっても我慢しましょう。代わりにローションを塗ってケアをしましょう。

**育児の小さな知恵** 粉ミルクは授乳の度に作るのが望ましいですが、そうした状況にない時は、24時間以内で必要な量をまとめて作りましょう。ただし、その場合も必ず冷蔵庫に入れ、絶対に保存は24時間以内にしておきましょう。

### 32週と3日
### 213日目　　　／　　　出産予定日まであと53日

👶 この時期の赤ちゃんは、自分の指を吸うことで、ものを吸う練習をすることがあります。

👩 すごく疲れているはずなのに、夜眠れない…こんな日々が続くのも妊娠後期の特徴。赤ちゃんが活発に動く、腰痛や足がつる、寝やすい姿勢が見つからないなど、その理由は人それぞれです。

**育児の小さな知恵** 働きに出ているママは、新生活のバランスをどのように取っていくか考えましょう。出産後に働くことについては、ひとり目が生まれる時と、ふたり目が生まれる時に考えるのとでは、大きく変わってきます。なぜなら、ふたり分の子どもの世話と日常生活のバランスを取るのは、とても大変なことだからです。ママがすることは最低でも2倍、ときにはそれ以上になります。子どもがふたりいれば個性もそれぞれ違うし、場合によっては上の子は小学校に、下の子は保育所へなど、送り出す時間や送り迎え先も変わってきます。そのうえで仕事をするのは、かなり大変でしょう。とくにシングルマザーや、働くママへのサポート体制のない職場で働いている人などは、難しいでしょう。

*diary & memo*

親は子どもに感情移入する。そのため、自分のことよりも、
子どものことに関してのほうが、より敏感に感じるものだ。
Marie de Sevegne

### 32週と4日
### 214日目
出産予定日まであと **52** 日

😊 いまの赤ちゃんの身長は約45cmです。この本を開いている状態より大きくなりました。

👩 足やお腹の痛みが増したり、静脈瘤に気づくかもしれません。体重と血液の量が増えるにつれ、足の血管にかかる圧力が増え、足のだるさや痛みを覚えるでしょう。

**↑アドバイス**
起きたらすぐに、サポート効果のある弾性ストッキングをはき、痛みを和らげることを心がけましょう。できるだけ足を休ませてあげましょう。

**育児の小さな知恵** 働きに出ることとママ業を、どのように両立しますか？ パートで働いたり、仕事を辞めるという選択肢がない状況の人もいるでしょう。仕事については、後で後悔するのを避けるため、実際に赤ちゃんが生まれてきて、新生活がどのようなものか確かめてから決めてもいいでしょう。いつもハッピーで、充実した毎日を送るママでいるためには、仕事という存在が欠かせない人もいるでしょう。人それぞれ、生き方にはスタイルがあります。働きに出るにせよ、そうでないにせよ、あなたが自分らしいスタイルで生活できることを願っています。

*diary & memo*

### 32週と5日
### 215日目
出産予定日まであと **51** 日

😊 皮下脂肪がついてくるにつれ、赤ちゃんの体の色は、濃い赤みがかった透明から、ピンクっぽい半透明に変わります。妊娠後期になると、胎児はタンパク質と脂質をさらに必要とします。最後の6～8週には、赤ちゃんの体重は、いまの2倍近くになります。

👩 妊娠すると、夜、頻繁に夢を見るようになる人がいます。そのことを心配する人もいますが、妊娠中という人生の大きな過渡期にある人がさかんに夢を見るのは、少しも不思議なことではありません。妊娠中は、生活が安定している時期より心配ごとや不安が増えます。赤ちゃんを授かるという喜ばしい変化でも、その状況に慣れることが必要です。新しい環境に慣れるためにはストレスも発生します。日頃、あなたが抱えている悩みや不安（たとえば、赤ちゃんはちゃんと育っているだろうか？ 自分はよい親になれるだろうか？ 子どもを持つという責任を自分が持てるだろうか？ など）が、就寝中も心に残っているため、夢となって出てくることもあるのです。

**●重要●** 悩みごとに前向きに向き合いましょう。心配しているだけでは何も変わりません。

## 9カ月 32週 214日目〜216日目

**32週と6日**
**216日目**　出産予定日まであと **50**日

もしあなたが、赤ちゃんが健康に生まれてくるかどうか不安がっているのであれば、これまでの妊娠期間を振り返り、「赤ちゃんの健康のためにできるだけのことはしたんだ」と、自分のやってきたことに自信を持ちましょう。ストレスを感じる時は、ゆっくりと深呼吸しましょう。呼吸することだけに集中し、鼻からゆっくりと息を吸い込み、口からゆっくりと吐き出すのです。目を閉じて、体全体をリラックスさせ、余計なことはひとまず頭から追い出してしまいましょう。毎日、寝る前などに5分でもいいから、ゆっくり呼吸する時間を持つことをおすすめします。

今週、赤ちゃんの頭囲は、脳の急成長によって約9.5㎜も大きくなりました。

食生活は季節によって左右されます。たとえばいまが秋や冬の人は、夏場に比べてジューシーなフルーツの種類は減りますが、毎日しっかりお腹が空く人が多いでしょう。でも、いまが夏の人は、暑さのために食欲がなくなっている一方で、新鮮なフルーツや野菜が豊富に手に入ります。

**↑アドバイス**
どの季節だったとしても、1回の食事でたくさんの量を食べるのではなく、少量ずつ何回かに分けて食べ、たくさんの水分を摂るようにしましょう。医者がすすめるのであれば、ビタミン剤を飲みましょう。

**出産文化 いろいろ** フィリピンのトロンでは、出産後、粘土でできたツボに胎盤を入れていぶし、そのツボを土に埋める習慣があります。

*diary & memo*

子どもを教育する時に子どもの不器用さにイライラさせられたら、
一度左手で物を書いてみなさい。子どもはみんな左利きなのです。
J. F. Boyse

## 33 weeks

体重　　　　　kg
ウエストサイズ　cm

**33週と0日**
**217日目**
出産予定日まであと**49日**

赤ちゃんは成長を続けます。今週、身長は約13mm伸びるでしょう。

お腹の赤ちゃんは、たとえいま生まれても、外の世界に適応して生活できるまでに成長しています。だから安心してください。赤ちゃんによっては、窮屈な場所から早く出たくて仕方がない子もいますから（でも、できれば、あと1月半はママの子宮で成長したほうがいいのですが）。いつ出産することになってもおかしくないと、頭に入れておきましょう。

**考えてみましょう** 出産時に麻酔を使うこと（いわゆる無痛分娩）は、「良い悪い」ではなく、個人の判断です。出産の痛みに耐えることが、その人を献身的でよいママにするとは限りません。「産みの苦しみ」に自分が耐えられるかどうか自信がない人は、主治医にその気持ちを正直に伝え、無痛分娩についての説明や、ほかにどんな選択肢があるのか聞いてみましょう。出産時に麻酔を打っても、赤ちゃんの健康に直接影響はしません。

**知ってた?** 出産時、へその緒はゼリー状の物質で閉じられています。このゼリー状の物質は、妊娠中に赤ちゃんの血管を包んでいたもので、空気にふれると膨張し、止血帯として働きます。その物質内で自然発生するホルモンも止血を助けます。そのため、血液が通っていたへその緒が切られても、出血しないのです。

**育児の小さな知恵** 赤ちゃんを連れて外出する度に、何を持っていくべきか悩まないためにも、お出かけ用のバッグをひとつ用意しましょう。そして、おむつやお尻ふき、ビニール袋、着替え用の洋服、アフガンといった必需品を入れておきましょう。携帯用のお世話グッズには、無料サンプルが役立ちます。大量買いしておいたものは、小分けして入れておきましょう。ミルクの子は、清潔な哺乳ビンに粉ミルクを入れて、母乳の子は、水分補給のため哺乳ビンやフタつきマグカップに水を入れて持っていきましょう。外出から戻った時点で、使ってしまったおむつなどを補充しておくことを忘れないようにしましょう。

**兄弟が生まれるママへ** 上の子が興味を示すようであれば、抱っこやミルクのあげ方など、赤ちゃんのお世話の仕方を教えてあげましょう。その子が大きくなり、ママやパパになる時のための練習にもなります。

*diary & memo*

(　　　　　　　　　　　　　　　　　　　　)

子どもを育てる中でいちばん大変なことは、
親のほうが年上だとわからせることだ。
作者不明

## 9ヵ月 33週　217日目〜219日目

### 33週と1日
### 218日目　　／　　出産予定日まであと48日

起きている時の赤ちゃんの目は開き、眠っている時は閉じるようになります。まだ目の色素沈着は完成していないので、出生後の瞳の色に関係なく、いまは青色をしています。最終的な目の色素沈着が起こるためには、数週間、陽の光にさらされる必要があります。

赤ちゃんが視覚情報を伝達できるようになっているとしても、いまの彼らが見ている世界がどのようなものかをイメージするのは難しいことです。焦点を絞る能力はまだ確立されていません。出生後もしばらくの間、原色しかはっきりと見ることはできません。

**育児の小さな知恵** 生まれて間もない赤ちゃんに、すぐに一定の生活リズムができることを期待しないように。たとえ、子育て経験のあるママでも、新しい赤ちゃんの求めることや生活パターンに応じられるようになるまでには時間がかかります。赤ちゃんのリズムと、ママのこれまでのリズムとが合わないこともあるでしょう。身に染みついた習慣が乱され、ママは混乱してしまうかもしれません。出産前に家族のメンバーと話し合い、家事の分担を決めるなどして、少しでも混乱を避けるようにしましょう。

*diary & memo*

### 33週と2日
### 219日目　　／　　出産予定日まであと47日

ママからもらう免疫以外にも、少々の軽い感染であれば、自分で免疫反応ができるようになります。

妊娠期間中、ママは赤ちゃんに抗体を供給し続けています。胎児はこの抗体によって呼吸器系や胃腸系の病気の感染や、ママの体内に存在しているかもしれない水ぼうそうやはしかのウイルス感染から守られます。抗体は、ママの血液により、胎盤を通して赤ちゃんに運ばれます。

✚ 母乳育児を成功させるカギについて、医師や助産師、看護師に相談しましょう。

**知ってた？** 母乳で育てると、引き続きママから赤ちゃんに抗体が供給され、赤ちゃんを守ります（百日咳や水ぼうそうは除く）。粉ミルクからは、このような免疫をひとつも受け取ることはできません。

---

子どもは育てられる必要はない。子どもは育つものだ。
Buffy Sainte-Marie

### 33週と3日
**220日目** 出産予定日まであと**46**日

この3日間で、手の爪が最終的な位置まで伸びてきます。

ほとんどの医師は、妊娠のラスト2カ月間は旅行を控えるよう助言するでしょう。長時間のドライブは疲れますし、別の方法で旅行するとしても、ママが主治医のもとから離れすぎてしまう心配があるからです。この時期にどこか景色の違う場所に行きたくなっても、近場にしておきましょう。

**兄弟が生まれるママへ** 赤ちゃんの誕生をどんなに首を長くして待っていたとしても、上の子の生活は弟か妹の誕生によって大きく変わります。赤ちゃんが生まれると、上の子はすべてを赤ちゃんと共有しなくてはならないのです。しかも、両親の愛情や注目は、どうみても赤ちゃんに多く注がれているというのに！ それまでひとりっ子で親の愛情などを一身に受けていた子どもが、いかにスムーズにお兄さん、お姉さんになっていけるかについて、これから数回に分けて、アドバイスしていきます。

### 33週と4日
**221日目** 出産予定日まであと**45**日

羊水の量が最大限に達したいま、赤ちゃんは羊水に浮かんでいるというよりも、子宮の壁に寄りかかって休んでいるような状態です。もちろん、実際には羊水に浸かっていて、羊水は常時、新しいものと交換されています。

この1週間ほどで、出産に備えてママの血液がさらに増えます。体重が1～2kg増える人もいるでしょう。自然分娩にしても帝王切開(ていおうせっかい)にしても、産後の回復を早めるため、ビタミンC、鉄分、亜鉛を意識して摂りましょう。

**知ってた？** へその緒の表面には痛点（痛みを感じる組織）がないため、出産後に切っても、赤ちゃんもママも痛みを感じることはありません。

**育児の小さな知恵** 母乳で育てる場合、最初のうちはおっぱいがカチカチに張り、とても苦しい思いをするかもしれません。授乳間隔が開いた時や赤ちゃんがあまり飲まなかった時、授乳できないほどおっぱいが張りすぎている時は、すーっと楽になるまでおっぱいを搾りましょう。シャワーや入浴時など体が温まっている時のほうが母乳は出やすくなります。搾乳器(さくにゅうき)を使ってみるのもいいでしょう。

*diary & memo*

(                                    )

## 9ヵ月 33週　220日目〜223日目

### 33週と5日　222日目　出産予定日まであと44日

今日までには手の爪が指先まで伸びてきます。誕生後すぐに切る必要があるほど伸びている赤ちゃんもいるかもしれません。赤ちゃんの爪はとても小さいものですが、ひっかくことはできます。まだ、筋肉を上手にコントロールすることができないので、自分をひっかいてしまいがちです。生まれてすぐ、顔に引っかき傷を作る赤ちゃんもいます。

この時期には血圧が安定しない女性もいます。血圧が低めになり、立ちくらみやフラフラ感、頭痛を感じる人もいます。

**↑アドバイス**
血圧が下がることもあるので、姿勢を変える時はゆっくりと動きましょう（とくに横になった状態から立ち上がる時）。血圧を一定に保つため、少しずつ何回かに分けて食事をするようにしましょう。換気のよい場所に座りましょう。暑すぎたり寒すぎたりしないように心がけましょう。

**出産文化いろいろ** いまも昔も世界中の多くの地域では、出産後、胎盤は包まれて埋められます。

### 33週と6日　223日目　出産予定日まであと43日

もし今日生まれてしまっても、赤ちゃんは子宮から外の世界へスムーズに適応できるだけでなく、ほとんどの病気にも耐えることができます。

今日で33週が終わります。出産予定日まであと1カ月あまり。赤ちゃんとの対面は、もうすぐです。

**出産文化いろいろ** ユカタンでは、助産師が健診に訪れる度にマッサージをしてくれます。お腹の赤ちゃんが逆子や横向きになっていると思われる場合、助産師が赤ちゃんの頭とお尻に圧力を与え、頭が下向きになるようにマッサージします。これは痛みを伴うこともありますが、ママたちには、帝王切開を行うよりは好まれています。

**知ってた？** 赤ちゃんの成長は驚くほどです。この1週間で、脳の急激な成長のため、頭囲が9.5mmも大きくなりました。脳の急成長は、妊娠期間の最後の1カ月間に起こります。

*diary & memo*

---

興奮した赤ちゃんほど疲れを知らない動物はいないだろう。
Amy Leslie

## 34 weeks

体重　　　　　kg
ウエストサイズ　　cm

---

**34週と0日**
**224日目** ／ 出産予定日まであと**42**日

赤ちゃんの体重は約2100g、身長（頭のてっぺんからつま先まで）は45cm近くまで成長しています。急成長によって赤ちゃんの体つきも変わってきています。たとえば、10週頃には全体重の10％近くを占めていた肝臓が、この時期には5％程度になります。

妊娠期間を月周期で数えると、少々の誤差が出ます。月周期の1カ月は、1週間を7日間として4週間（トータル28日間）からなっていて、赤ちゃんが生まれるまでには10カ月（40週間）かかります。でもここには排卵前の2週間も含まれているので、実際は266日間、もしくは9.5カ月となります。

●重要● 里帰り出産をする人は、遅くともこの週までに帰郷しましょう。

育児の小さな知恵 暑い時期、車用のチャイルドシートを使わない時は、バスタオルなどで覆って直射日光が当たるのを防ぎましょう。シートが熱くなり、赤ちゃんがヤケドをしてしまうこともあります。また、チャイルドシート側の窓には、シェードやソーラーフィルムをはりましょう。

---

**34週と1日**
**225日目** ／ 出産予定日まであと**41**日

いまから出産までの間に、男の子の精巣が所定の位置まで下りてきます。精液を生産する精細管は、思春期になって精液を作り始めるまで、その場に残っています。

この3日間でママの体内の血液は、4ℓから5.5ℓに増えます。出産すると胎盤が子宮からはがれるため、ある程度の出血が予想されます。そのためにいまから血液を増やしておき、血液が不足しないようにするのです。血液増産に備えて水分をたくさん摂り、鉄分やカルシウム、銅、ビタミンKもしっかり補給しましょう。

出産文化 いろいろ 世界中を見渡すと、社会に出て働くのは女性の役目という文化もあります（南米のティエラ・デル・フエゴなど）。その場合、ママは出産後すぐに社会復帰するために、赤ちゃんはママと離れなくてはなりません。

育児の小さな知恵 キッチンシンクの下に置いていた洗剤を高い位置に移すなど、赤ちゃんの事故防止対策をいまのうちにすませておきましょう。親が気づく前に、赤ちゃんはハイハイを始めてしまうものです。

---

*diary & memo*

若いということの美徳のひとつは、自分の想像力がまだ現実に邪魔されないということだ。
Sam Levenson

## 9ヵ月 34週　224日目〜226日目

**34週と2日**
**226日目**　出産予定日まであと**40**日

赤ちゃんの位置が少し下に移動し、ママの骨盤あたりになるかもしれません。でもこれは、すべての赤ちゃんにあてはまることではありません。

赤ちゃんが降下してくること（これをセトリングあるいはライトニングと呼びます）によって、胃や心臓への圧迫感が減り、呼吸が楽になるでしょう。その一方、膀胱にはさらに圧力がかかるので、トイレに行く回数がますます増える人も。少し失禁してしまう人もいるかもしれません。

この時期になると、医者は健診の度に、胎児が下りてきているかどうか確認するでしょう。

●重要● こうした赤ちゃんの位置の変化は出産が近づいていることを示すので、自分のお腹の形の変化や感覚の違いに注意しましょう。でも、健診時に「まだ下りてきていない」といわれても心配しないように。胎児の降下は、一般的に出産の2〜4週間前に起こりますが、個人差があるので、それによって出産時期を予測するのは難しいことです。赤ちゃんは、それぞれ自分のスケジュールを持っています。

出産文化いろいろ アフリカのタンザニアでは伝統的に、妊婦の食事には、肉類、牛乳、血、脂肪分等が含まれた、とても栄養価の高いものが出されます。

兄弟が生まれるママへ どんなに上の子が赤ちゃんに興味を持ち、赤ちゃんのお世話ができそうでも、10〜12歳より小さい子どもにベビーシット（子守り）の役目は務まりません。ベビーシットとは、ママがそこにいなくても全責任を持って赤ちゃんの面倒をみられることであり、これは大人の仕事なのです。上の子は、赤ちゃんの遊び相手にはなれても、親の代わりにはなれないのです。

育児の小さな知恵 赤ちゃんが小さいうちから、その子のお気に入りになるような特定の毛布やおもちゃ、おしゃぶりなどを、用意しておきましょう。親が近くにいない時、赤ちゃんはこれらの物を使い、つねにそばにいるはずの人がいない不安を和らげようとするでしょう（こうした物のことをトランジッショナル・オブジェクト＝過渡期用の物と呼びます）。子どもがトランジッショナル・オブジェクトに頼るのは、彼らの精神が不安定だからではなく、事態に対処するためのメカニズムなのです。

*diary & memo*

> 一族、ネットワーク、種族、家族。
> 何と呼ぶにしても、あなたがだれであっても、そういったものが必要なのだ。
> Jane Howard

## 34週と3日
### 227日目
出産予定日まであと **39**日

ほとんどの場合、お腹の赤ちゃんは頭を下にしてママの骨盤あたりにいます。頭がいちばん重いため、子宮の底に頭があるほうが、おさまりがいいからです。

自然分娩をする場合、赤ちゃんは子宮口を通って子宮を出ます。子宮口が10cm開くと、赤ちゃんはそこを通ることができます。

この時期になると、医師は妊婦健診の度に、子宮口の広がりと薄くなり方を調べます。

**知ってた?** 臨月に子宮口が1〜2cm開くのは珍しくありません。でも、子宮口が開き始めたからといって、すぐに陣痛が起きたり、お産がスタートするわけではありません。

**育児の小さな知恵** 妊娠期間中のことをこの本に記したように、出産後も、赤ちゃんの行動や、ママが感じたことなどを書き残すノートや日記帳、写真などを保管するベビーファイルを用意しましょう。

*diary & memo*

## 34週と4日
### 228日目
出産予定日まであと **38**日

赤ちゃんは出生後の数日間、生まれた時より体重が減ります。いまの時点で生まれた赤ちゃんは、予定日近くで生まれた赤ちゃんに比べ、この体重の減り方が大きくなります。この時期はまだ、外の世界で自立して生きていくための消化機能が未熟だからです。

妊娠17週から40週の間、ママが吸い込む息には、普段に比べて15〜20%も多くの酸素が含まれています。

**育児の小さな知恵** 赤ちゃんの1カ月健診や3カ月健診などの際には、その間に起こったできごとや心配なこと、わからないことを医師にしっかり聞くことができるよう、質問事項をリストアップしていきましょう。赤ちゃんの様子、自分自身の体について、遠慮せずに何でも聞きましょう。また、医師からもらうアドバイスをメモできるよう筆記道具を持参しましょう。その場ではしっかり聞いていたつもりでも、家に帰るまでに忘れてしまうことはよくあることです。

## 9ヵ月 34週　227日目〜230日目

### 34週と5日　229日目　出産予定日まであと37日

毛細血管が皮下脂肪で覆われてきたため、皮膚は、なめらかでピンク色っぽく見えます。皮膚の色素沈着はまだスタートしていないので、のちに肌の色が黒くなる赤ちゃんでも、いまはピンクがかった色をしています。

大きくなった子宮に圧迫されるため、横隔膜が上に持ち上げられて少しゆがんでいます。このため、ママのあばら骨は少し開き気味になるかもしれません。胸囲も6cm程度大きくなるかもしれません。

●重要● ブラクストン・ヒックス収縮がより強く、頻繁になる人もいるでしょう。痛みを伴うこともあるかもしれませんが、これは普通のことです。

兄弟が生まれるママへ　上の子がその気になるようであれば、何らかの責任ある仕事を与えてみましょう。たとえば、赤ちゃんの洋服や食事、おもちゃを決めさせてあげるなど。でも、たとえばママが、「赤ちゃんのお昼ごはんをエンドウ豆にするか、緑豆にするか迷っているんだけど決めてくれない？」と尋ねた時に、その子が嫌がるようであれば、無理に決めさせる必要はありません。

### 34週と6日　230日目　出産予定日まであと36日

皮下脂肪が増えるにつれ、赤ちゃんの手足はさらにプクプクしてなめらかになってきます。妊娠中期にはわずか2％だった脂肪分が、出産時には12〜15％にまで増えています。この1週間ほどで、皮下脂肪は全体重の8％を占めるようになります。

鉄分をしっかり摂りましょう。鉄分は、胎盤を介してママから赤ちゃんへ与えられますが、その5/6が妊娠後期に蓄えられます。蓄えられた鉄分は、出生後、最初の4カ月間に使われます。母乳やミルクには十分な量の鉄分が含まれないからです。

育児の小さな知恵　赤ちゃんに与えるオモチャは、「柔らかくて肌ざわりがよく、赤ちゃんの気を引きそうな音を立てるもの」なら、何でもいいと思いがちです。でも、オモチャによっては発育をサポートしてくれるものもあります。たとえば、新生児の目は物の形、線、色などを覚えるので、最初に与えるオモチャは視覚的に刺激を与えるものがいいかもしれません。モビールやベッドメリー、色のはっきりしたオモチャなどは、よい選択でしょう。

*diary & memo*

子どもの心に隠されている、あふれんばかりの思いやり、優しさ、寛大さに、だれも本当には気づいていない。教育とは、こうした宝の扉を開けてあげることだ。
Emma Goldman

## 35 weeks

体重　　　　　kg
ウエストサイズ　　cm

**35週と0日**
**231**日目　出産予定日まであと**35**日

この時期から、赤ちゃんの成長は出生に備えて最終段階に入ります。今日で赤ちゃんは35週間も成長し続けていることになります。すでに胃腸はゆっくりと機能し始め、へその緒の働きに頼らなくてもよくなります。でも、胃腸の消化システムは、3～4歳になるまでは未熟です。

この時期の妊婦（妊娠高血圧症候群などで動くことができない人を除いて）は、いつもより500kcal多く、エネルギーを摂取することが望ましいとされています。

**知ってた?** 今月、ママは体重を落とすことができるかもしれません。出産が近づき、赤ちゃんの成長もほぼ完了するこの時期に、体重が1kg程度落ちる人は意外といるのです。でも、たとえ妊娠初期の予想より体重が増えていたとしても、出産まであと数週間というこの大事な時期に、ダイエットは絶対にしないようにしましょう。

**育児の小さな知恵** 赤ちゃんを人に預けて外出する時、別れぎわに赤ちゃんが泣き出してしまうのはよくあること。この対策として、出かける前の数分間は一緒に過ごすようにして、焦ったり急いでいる様子をできるだけ赤ちゃんに見せないようにしましょう。

**兄弟が生まれるママへ** 赤ちゃんが誕生することにより、新しいベビーシッターが来るのであれば、上の子に慣れさせるために事前に来てもらいましょう。上の子の寝る場所が変わるのであれば、赤ちゃんが生まれる前からその習慣をつけておきましょう。そうすることによって、きっと上の子は、赤ちゃんのせいで自分がないがしろにされていると感じなくてすむでしょう。

*diary & memo*

子どもの教育は、少なくとも子どもが生まれる100年前から始められなくてはいけない。
Oliver Wendell Holmes

## 9ヵ月 35週　231日目～233日目

### 35週と1日　／
### 232日目　出産予定日まであと34日

発育の最終段階であるこの時期には、皮下脂肪が蓄えられます。この脂肪は体温維持に役立ち、いまは出生後に備えて蓄えられています。発育スピードはスローダウンします。もしかすると出産に備え、彼らもいまは、エネルギーを蓄えているからかもしれません。

妊娠後期にもなると、ママの体の基礎代謝率は、普段より25％もアップしています。つまり、この時期のママは普段より25％も効率よく、栄養分をエネルギーに変えることができるのです。お腹の赤ちゃんとママ自身の体が、それを必要としているからです。

**育児の小さな知恵** 柵のついたベビーベッドやプレイゾーン等の安全な場所以外に、赤ちゃんをひとりにしておくことは絶対にやめましょう。あなたの目が届かない場所で、赤ちゃんが転落や誤飲事故を起こすには、わずか数秒しかかかりません。たとえ赤ちゃんを入浴させている最中だったり、1分もかからない用事（チャイムが鳴ったので玄関に行く、電話に出るなど）だったとしても、赤ちゃんを抱っこして一緒に行くようにしましょう。

### 35週と2日　／
### 233日目　出産予定日まであと33日

脂肪がつき、手足がふっくらしてきました。肘や膝にはくぼみができ、手首や足首には、くびれの線が現れてきました。

子宮が大きくなり、赤ちゃんや胎盤が発達するにつれ、子宮を循環する血液が増えます。妊娠後期のこの時期は、体全体の1/6の量の血液が、子宮に集まっています。

●**重要**● 妊娠中は、多くの妊婦が疲れやすさを感じます。でも、この時期には、ひどく疲れを感じる日と、エネルギーに満ちあふれた日が交互にやってくるかもしれません。エネルギーがある時は、いま、本当に重要で必要なこと、つまり、出産やその後の生活の準備をするようにしましょう。でも、張り切りすぎには注意。エネルギーをすべて使い切らないで、お産の時まで残しておきましょう。

**育児の小さな知恵** 赤ちゃんがハイハイを始める前に、事故防止対策はすませましょう。使っていないコンセントの穴は、コンセントキャップでふさぎましょう。長すぎるコードは巻いて、輪ゴムやひもでくくっておきましょう。

*diary & memo*

子どもにはつねに親切にしなさい。
なぜなら、彼らがあなたの終の住処を決めるのだから。
Phyllis Diller

**35週と3日**
**234日目**　出産予定日まであと **32日**

この時期の赤ちゃんの歯ぐきは、いまにも歯が生えてきそうな感じです。

お産の際、羊水は次の2つのことを防いでくれます。ひとつは、子宮の収縮による圧力が、赤ちゃんの体の一部だけにかかってしまうこと。もうひとつは、陣痛の影響を受けて、胎盤から胎児に送られる血液の流れが悪くなることです。羊水は、最後の最後まで、赤ちゃんを守ってくれます。

●重要● ママの食欲がない時でも、お腹の赤ちゃんには栄養が必要です。何回かに分けて、少しずつでも何か口にするようにしましょう。

育児の小さな知恵 おじいちゃん、おばあちゃんになる人の呼び方を考えておきましょう。そうすれば、子どもにとっても、特定のおじいちゃんやおばあちゃん（たとえば、父方の祖父祖母、母方の祖父祖母）のことを話す時に、区別がつきやすくなります。おじいちゃん、おばあちゃんによっては、ジョーおじいちゃん、ジョーンズおばあちゃんのように、名前をつけて呼んでもらうことを好む人もいれば、ニックネームで呼ばれたい人もいます。

*diary & memo*

兄弟が生まれるママへ 赤ちゃんの誕生をきっかけに、上の子が赤ちゃん返りをしてしまうことがあります。哺乳ビンを使いたがったり、赤ちゃん言葉を使ったり、ベビーベッドで寝たがったり、オムツをつけたがったりしても、怒らないで我慢しましょう。たいていの場合、彼らは赤ちゃん気分をもう一度味わってみたいだけなのです。大切なのは、小さな赤ちゃんにも、大きな赤ちゃん（上の子）にも、同じ量の愛情と注意を注いであげることです。上の子が下の子にはできないようなことをした時には、いっぱいほめてあげましょう。

## 9カ月 35週 234日目～236日目

### 35週と4日
### 235日目 出産予定日まであと31日

予定日近くになると、胎盤は子宮の15～30％を占め、2500ｇ近くなります。でも胎盤自体の重さは700ｇ弱。残りの1800ｇは、胎盤に含まれる血液の重さです。

日によって食欲や活力のあるなしが変わります。手足や顔のむくみが気になる人が増えるでしょう。4割近くの妊婦がラスト12週間で、少々の足首のむくみを経験します。朝方より夕方のほうがむくみは強くなります。

痛みを伴うむくみや、24時間たってもおさまらないむくみは、主治医に相談しましょう。

**情報** 透明、あるいはピンクがかったおりものは、子宮頸管をふさいでいる粘膜栓（妊娠中、子宮頸管を閉じているもの）が開いた兆候です。これが起こると子宮口が開き始め、いよいよ、数日もしくは数時間後にお産が始まります。

**育児の小さな知恵** ベビーベッドや赤ちゃんの家具は、窓の近くに置かないように。もし窓が開いていたら、網戸があったとしても、赤ちゃんが外に落ちてしまう危険があります。

*diary & memo*

### 35週と5日
### 236日目 出産予定日まであと30日

この2～3日で、白色脂肪が増えて、体全体の8％を占めるようになります。

大きくなり続けている子宮が横隔膜を圧迫するにつれ、ママの心臓も左上のほうに押されます。また、妊娠後期は夜中に足がつることが増えます。疲労を避け、できるだけ足を高い位置に置くことで、足のつりを防ぎましょう。

**育児の小さな知恵** じっとしていない赤ちゃんの爪を切るのは、ひと苦労。ママの両手が空いていて、赤ちゃんが何かに気を取られている時に切るようにしましょう。チャンスは授乳中や寝ている時。赤ちゃんの手が枕に乗っている時も、切りやすいでしょう。安全に、さっと切り終えるためには、赤ちゃん用の爪切りを使いましょう。

**兄弟が生まれるママへ** 赤ちゃんが生まれても、上の子と一緒に過ごす時間を大切にしましょう。それまでの習慣（たとえば寝る前の習慣など）は、続けるようにしましょう。そうすることで、上の子も、兄弟が生まれる前と後がまったく違う世界ではなく、一連のつながったものであるという感覚を持てるでしょう。

---

さくらんぼやイチゴがどんな味がするのかは、子どもか鳥に聞くべきだ。
J. W. Goethe

| 35週と6日 | |
| --- | --- |
| **237**日目 | 出産予定日まであと**29**日 |

赤ちゃんの体に蓄えられる脂肪の量が、体重の2〜3％から8％まで増加するには、8週間（27〜35週）もかかります。最終的には15％になります。この脂肪が、出生後の赤ちゃんの体温を保ちます。

今日で妊娠9カ月が終わります。この時期にママが食べすぎると、赤ちゃんは肥(ふと)ってしまうかもしれません。ママの体重増加が標準的だったとしても、いまの赤ちゃんは、子宮の中で横にしか動けないほど大きくなっています。

出産文化 いろいろ 中国など文化によっては、6歳まで母乳を飲ませるところもあります。

育児の 小さな 知恵 赤ちゃんの歯を健康に保つためには、バランスのよい食事を与え、つねに清潔を保ち、定期的に検診を受けることが大切です。生えはじめの頃は、歯ブラシや歯磨き粉を使わなくてもいいので、小さいガーゼでふいてあげましょう。ママの膝の上に赤ちゃんの頭を乗せ、歯や歯ぐきをやさしくふき、歯垢(しこう)や食べカスを取り除いてあげましょう。

兄弟が生まれるママへ 上の子がママを求める回数より、ママが赤ちゃんにかまう回数のほうが多くなってしまわないように気をつけましょう。上の子と赤ちゃんでは、ママに求めるものが違います。でもふたりとも、すぐに自分のほうを向き、たっぷりとかまってもらいたいのは同じです。ただし、ふたりには順番を守ることを教えてあげる必要があります。ママが彼らを平等に、順番にかまってあげることはとても大切なことです。でもときには、上の子を、いつもよりたくさん抱っこをしてあげることも必要でしょう。

*diary & memo*

(                                                                         )

子どもたちは魂を癒してくれる。
Fyodor Dostoevsky

# 10
*Lunar Month*

## 今月の体の変化＆心がけたいこと

**こころ＆体の変化**
- 赤ちゃんの位置が下に下がることで、呼吸や消化が楽になる
- 膀胱が圧迫されてトイレが近くなる
- 健診後や性交後に少量の出血が起こることもある
- 食欲が落ちて、体重が落ちる人がいる
- 気分や体調のアップダウンが激しくなる

**日常生活**
- 妊婦健診は決まったペースで必ず受ける
- 出産のきざしに注意。出血が続いたり、破水したらすぐに病院に連絡する
- 転倒やつまずかないように気をつける
- 無理をしないこと。あまりスケジュールは入れず、家事などもできる範囲で
- 出産に備え、呼吸法の練習をする
- 育児書を読むなどして、親になることに備える

**食生活**
- バランスのよい食生活を心がける
- 塩分控えめを心がける
- 血液の増産をサポートするために、鉄分、亜鉛、ビタミンなどをしっかり摂る
- 食欲が落ちた人は体調に合わせて食べる。少々体重が増えすぎていても、ダイエットは考えない
- 十分な水分を摂る

※喫煙、薬の服用、アルコールやカフェインの摂取は、妊娠期間を通して控えましょう。

## 36 weeks

| 体重 | kg |
| --- | --- |
| ウエストサイズ | cm |

**36週と0日**
**238日目**　出産予定日まであと**28日**

　全体の9割近い赤ちゃんが、出産予定日の前後2週間で生まれます。あと2週間で、ママと赤ちゃんはその期間に入ります。

　おりものの量が増える時期です。粘液状のものが含まれていることもあるでしょう。妊婦健診やセックスをした後に、赤やピンク、もしくは茶色がかった血液が出るかもしれません。いまのママの子宮頸管はとても敏感で、血液量も増えているため、パンパンにふくらんでいます。ぶつかったりすると出血することもあります。

●重要● 出産の兆候に気をつけましょう。でも、そればかりにとらわれすぎないように。赤ちゃん誕生の瞬間は、すぐそこまで来ているかもしれないし、何週間も先かもしれません。1日ずつ数えていきましょう。

食事&栄養　粉ミルクがダマになるのを防ぐためには、まず哺乳ビンに粉ミルクを入れ、次にお湯を注いでフタをし、乳首の先の空気穴が開いているのを確認してから、勢いよく振るといいでしょう。

兄弟が生まれるママへ　赤ちゃんが生まれたらすぐに、赤ちゃんと上の子のポジティブな関係作りに取り組みましょう。上の子には、赤ちゃんがいかにお兄ちゃんお姉ちゃんのことを好きなのか教えてあげましょう。上の子がそばに来ると、赤ちゃんがどのように笑い、喜んでいるかとか、上の子たちにキスされることが、赤ちゃんにはどれほどうれしいことなのかなどを、彼らに気づかせてあげましょう。自分に好意を持っている相手を嫌いになることは難しいものです。

　また、上の子が注意しなければいけないことをした時は、ママは穏やかに対処し、その時もできるだけほめて、勇気づけてあげましょう。怒ったり叱ったりすると、泣いてしまうだけでなく、親から拒否されたと感じる可能性もあります。

*diary & memo*

家族を持つことは、頭の中にボーリングレーンを持つようなものだ。
Martin Mull

## 10ヵ月 36週　238日目〜239日目

**36週と1日**
**239日目**　出産予定日まであと**27**日

赤ちゃんの握力が、どんどん強くなっています。

胎児の血液は、へその緒に通っている2本の動脈と、1本の静脈を通して循環しています。妊娠後期になると、へその緒がある位置から、「シャーシャー」と柔らかく流れる臍帯雑音（さいたい）を聞くことができます。

明るい赤色の出血や点々とした出血が長く続くような時は、すぐに主治医に連絡しましょう。

●重要●生まれたての赤ちゃんには何が必要でしょうか。それは洋服、おむつ、眠る場所、食事、そして何よりも愛情です。母乳で育てるつもりであれば、すでに愛情と食事はそろっているといえるでしょう。それ以外の物は、もうそろいましたか？

育児の小さな知恵　赤ちゃんに液体の飲み薬を飲ませる時は、飲み薬を哺乳ビンの乳首の部分に入れて飲ませてみましょう。最後に水を少し入れて吸わせると、薬を全部飲むことができます。赤ちゃんに薬を飲ませる専用スポイトも役立ちます。スポイトを使う時は、喉（のど）の奥に薬を落とすと赤ちゃんがむせて、吐き戻してしまうこともあります。ほっぺの内側あたりに落としてあげましょう。

兄弟が生まれるママへ　「赤ちゃんとの間に愛情の絆（きずな）を築くには、それなりの時間がかかる」ことを覚えておきましょう。生まれて間もない時期は、赤ちゃんがあなたたちを知っていくのと同様に、あなたたちも赤ちゃんの個性やクセ、好きなものなどを知っていく期間なのです。また、「赤ちゃんを家族に迎えることは、親にとっては計画的なことだったかもしれないけれど、上の子にとってはそうではない」ということも、頭に入れておきましょう。

*diary & memo*

男の子とは——汚れのついた騒音。
Samuel Taylor Coleridge

### 36週と2日
## 240日目
出産予定日まであと **26** 日

すべての骨が出生時に十分固くなっているわけではありません。でもこれは、赤ちゃんにとってもママにとっても都合のいいことです。なぜなら、固い骨ばかりだと、固い物が産道を通ることになります。でも固くなりきっていない部分があり、とくに頭蓋骨が柔らかければ、狭い産道も通りやすくなります。

出産時の胎盤とそれを包む膜の重さは680gにもなります。また、羊水の総量は900gほどになります。

**知ってた?** 子宮頸管の出入り口をふさぐ粘膜栓は、羊水とよく間違われます。でも、粘膜栓は羊水よりねばついており、鼻の粘膜や血液の混じった粘膜のような感じです。一方の羊水は、もっとサラサラとした水っぽいものです。

**育児の小さな知恵** 赤ちゃんという存在は、調理中のママの気をそらします。泣きだしたり、イタズラをはじめた赤ちゃんの姿を見たママは、簡単に料理のことを忘れてしまい、火事を起こしそうになったり、鍋を焦がすことになります。でも、タイマーをセットしておけば、その音が、鍋を火にかけていることを思い出させてくれます。

*diary & memo*

( )

### 36週と3日
## 241日目
出産予定日まであと **25** 日

この時期の赤ちゃんは、光の方向に自然に向くことができます。これは「オリエンティング・リスポンス(定位反応)」と呼ばれるもので、赤ちゃんが外の世界に順応していくために役立ちます。

一般的に、妊娠中を健康に過ごせているのであれば、問題のあるレベルまで血圧が高くなることはありません。妊娠中期は通常の値よりも少し低く、妊娠のラスト1週間がいちばん高くなります。

**育児の小さな知恵** 生まれて間もない赤ちゃんは、洋服を脱がされることをとても不安がります。外気に直接肌がさらされる感覚を嫌い、洋服や毛布にくるまれている感覚を好むのです。入浴させる時は大判のガーゼやタオルで体をくるみ、お湯に入れてあげましょう。着替えさせる時も、肌着を替える時はおむつはつけたまま、おむつを替える時は肌着は脱がせないなど、赤ちゃんを不安がらせないようにしましょう。

( )

| 10ヵ月 36週 | 240日目〜242日目 |

## 36週と4日
## 242日目
出産予定日まであと24日

👶 白色脂肪がついて体重が増えるにつれ、赤ちゃんの体は丸みを帯び、ふっくらと張りが出てきます。いまのふっくらとした体つきは正常で健康的なものです。肥満につながるわけではありません。

👩 出産後の準備を計画的に進めましょう。着々と準備することで、ママは「赤ちゃんを迎える態勢はできた」と安心でき、心も落ち着くはずです。出産後はしばらく台所に立たなくていいように、いまのうちにパートナーと一緒に調理をして、冷凍庫に食品をストックしていきましょう。

**知ってた？** 偽(にせ)の陣痛であるブラクストン・ヒックス収縮は、胎盤内を循環する血液の流れと関係があると考えられています。

●**重要**● 出産直後には、「ベビーブルー（産後うつ）」と呼ばれる気分の変化が起こり、人によっては、かなりつらいものになることを覚悟しておきましょう。ひとり目を生んだ時に経験した人は、どんな状態になるか覚えているかもしれません。理由もなく涙が出てくる、感情がコントロールできない、怒りっぽくなる、寝ても疲れがとれない、夜眠れない、気分が沈む…。前回の出産で産後うつにならなかった人でも、今回はなってしまうこともあります。ふたり目、3人目の出産後に、産後うつになる確率は50％。妊娠前や妊娠中にうつ状態になった場合、出産後、その症状は悪化するでしょう。ほとんどの人は2週間以内でよくなります。きちんと体調を管理し、まわりのサポートもある人のほうが早くよくなるでしょう。もし、2〜3週間たっても症状が改善されなかったり、ひどくなり、赤ちゃんのお世話ができない、赤ちゃんを傷つけてしまうかもしれないと考えるようになったら、すぐに医師に相談しましょう。

*diary & memo*

私たちは子どもに関しては運がなかった。
彼らは成長し、みな大人になってしまった。
Christopher Morley

### 36週と5日
### 243日目
出産予定日まであと23日

👶 お腹の中の赤ちゃんは、ママの体温よりも0.5℃ほど高い体温を維持しています。

👩 この時期の子宮には、赤ちゃんが手足を動かすスペースがほとんどないので、動かす時はぎこちない動きになります。パンパンに張ったお腹を見たりさわったりすることで、胎児の手足の位置を推測するのは意外と簡単。でも、頭とお尻を区別するのは難しいでしょう。

**知ってた?** 出産後の数週間、赤ちゃんは胎児姿勢をすることがあるでしょう。筋肉がその姿勢に慣れているからです。

**●重要●** 新生児をお世話する時期は、どんなママでも助けが必要です。あなたかパートナーのお母さんに助けを求めたり、友人の力を借りましょう。たとえば、栄養たっぷりの食事を調達してもらう、昼寝ができるように、少しの間、赤ちゃんを見てもらう、あるいは掃除をしてもらうなど。お祝いをくれるという友人がいたら、品物ではなく、こうした協力をお願いするのもいいでしょう。逆に、この時期のママは、お客さんを迎えるには、ちょっと疲れすぎているかもしれません。

*diary & memo*

### 36週と6日
### 244日目
出産予定日まであと22日

👶 今日が終わると、妊娠36週が終了したことになります。脂肪を蓄えることを除けば、赤ちゃんの成長はスローダウンします。この2週間で平均14gの脂肪をつけました。これは脂肪分100%のバター大さじ1杯にあたります。

👩 破水（羊膜が破れ、羊水が流れ出てくること）することによって、お産が始まる人もいるでしょう。勢いよく水が流れるというよりは、チョロチョロともれてくる感じが多いようです。そのため、尿もれと勘違いする人もいますが、羊水には独特のにおいがあります。外出する時は、破水に備え、生理用ナプキンやタオルをバッグの中に入れておきましょう。

✚ 破水の疑いがある時は、すぐに病院に連絡しましょう。

**育児の小さな知恵** クローゼットに大きめのビニール袋を用意し、子どもの洋服が小さくなったら、その中に入れましょう。こうすれば、バザーやだれかにあげる時に、すでに洋服は区分けされていて便利です。もちろん、もっと子どもを持つ予定の人は別ですが。

## 37 weeks

| 体重 | kg |
| --- | --- |
| ウエストサイズ | cm |

**37週と0日**
**245日目**　出産予定日まであと**21**日

赤ちゃんの腸内には、すでに大量の濃い緑色の胎便（肝臓、膵臓、胆嚢から出た細胞や老廃物）がたまっています。

この頃までには、主治医から、本物の陣痛と、そうでないお腹の張りや痛みについて説明を受けていることでしょう。いざ本物の陣痛がきても慌てないように、これからの何回かに分けて、陣痛について、主なポイントを述べていきます。

**偽の陣痛vs本物の陣痛**　ブラクストン・ヒックス収縮など、本物の陣痛ではないお腹の痛みの場合、それは下腹部に起こります。それに対し、子宮の収縮に伴う本物の陣痛の痛みは、腰のあたりから始まり、その後、下腹部に広がります。

妊婦健診が週に1回のペースになります。子宮の収縮が起こる頻度や子宮口の広がり具合、胎児の下り具合といった出産への近づき方の確認のほか、母体のむくみ、体重増加、血圧、尿に含まれるタンパク質や尿糖を確認します。これらはとても大切なことなので、健診には忘れずに行きましょう。

**出産文化いろいろ**　ユカタンでは、出産時に助産師と妊婦の母親のほか、女性がもうひとり呼ばれることがあります。この女性は、難産の時に精神的、肉体的なサポートをします。出産に立ち会う女性たちは、出産経験のある人ばかりなので、妊婦を元気づけたり、ときには叱ったりしながら、ひとりでお産に挑んでいるわけではないということを妊婦にわからせます。そして、出産は「もうすぐ終わるよ」と、力づけます。

**育児の小さな知恵**　赤ちゃんが、どこかにぶつかるなどしてアザをつくったら、24時間以内に、ぶつけた部位を軽く押さえながら20分間ほど冷やしましょう。唇をぶつけた場合、袋に入ったアイスキャンディで冷やしてもいいでしょう。冷凍野菜などの冷凍食品も、形を変えられるので便利かもしれません。市販されているアイスパックや保冷剤でもいいでしょう。

*diary & memo*

幸せとは、自分の子どもの中に幸せを見出せる人のことだ。
Thomas Fuller

| 37週と1日 | ／ |
|---|---|
| **246**日目 | 出産予定日まであと**20**日 |

腸にたまっている胎便は、出生後すぐに便として出てきます。でも出産が遅れた場合、ときにはママのお腹の中で出してしまうこともあります。この場合、出産時に便が混じった羊水が出てきます。

今日までには、赤ちゃんの足の爪が最終的な長さまで伸びます。生まれてすぐ、赤ちゃんの爪を切る必要のあるママもいるかもしれません。ちなみに、手の爪は手のひらに、足の爪は足の裏にまず作られ、時期が来て、それぞれ所定の場所に移動したのです。

●重要● たとえ、体中にエネルギーが満ちあふれていると感じても、家中の大掃除をしたりしないように。このエネルギーは、出産のためにとっておきましょう。

育児の小さな知恵 子どもの手が届く場所には、絶対にビニール袋を置かないようにしましょう。たとえ小さなビニール袋でも、子どもがかぶって窒息してしまう危険があります。捨てる前にはしっかり結び、子どもが頭からかぶったりしないようにしましょう。

*diary & memo*

( )

| 37週と2日 | ／ |
|---|---|
| **247**日目 | 出産予定日まであと**19**日 |

この3日間で、赤ちゃんの頭囲は、肩幅やお尻まわりと同じくらいになります。今後は、頭よりもお腹のほうが大きくなるかもしれません。

**偽の陣痛vs本物の陣痛** 本物の陣痛は、時がたつにつれどんどん強くなり、姿勢を変えても痛みは和らぎません。

出産文化 いろいろ マヤ文化の伝統では、出産から20日後に、出産した女性は助産師から特別なマッサージを受けます。このマッサージが、産後期間の終わりを意味します。

育児の小さな知恵 赤ちゃんの熱は、肛門で計るのがいちばん正確です。でも、家庭でこの計り方をするのは安全ではないので、ベビー用の体温計を使い、脇の下で計りましょう。おでこに貼るタイプの体温計もあります。また、ママの唇の温度は手の温度より一定しているので、赤ちゃんのおでこにママの唇をつけ、熱っぽいかどうか調べることもできます。医師に赤ちゃんの体温を告げる時は、どんな方法で計ったのかも伝えましょう。

( )

## 10ヵ月 37週 246日目〜249日目

---

**37週と3日**
**248日目** 　出産予定日まであと **18**日

手足を胴体にくっつけるように折りたたみ、手はしっかりと握りこぶしを作っています。この時期の子宮にはスペースがほとんどないので、赤ちゃんの動きはかなり制限されています。

**偽の陣痛vs本物の陣痛**　本物の陣痛は、陣痛と陣痛の間隔が徐々に短くなってきます。陣痛がくるとその間隔を計ります。とはいえ、そんなに厳密に計る必要はありません。たとえば、陣痛が4分おきになったら連絡するようにといわれている場合でも、ぴったり4分間隔ではなく、およそ4分くらいでいいのです。

**出産文化いろいろ**　多くの民族の間では、出産を楽にするために、妊婦の産道の出口に、樹液や油などを塗る習慣があります。

**育児の小さな知恵**　市販の赤ちゃんのお尻ふき（アルコール入りではないもの）にはいろいろな使い道があります。1)傷口をきれいにする　2)ママのアイメイクを落とす　3)外出先で手を洗いたくなった時に代用する　4)日焼けした肌をしずめる　5)トイレやバスタブの表面をきれいにする

---

**37週と4日**
**249日目** 　出産予定日まであと **17**日

あと1週間ほどで、足の大きさが太ももの長さよりも少し長くなります。自分の足のサイズと太ももの長さを比べてみましょう。誕生後、赤ちゃんのこの不思議な体型バランスは、徐々に変わってきます。

**偽の陣痛vs本物の陣痛**　陣痛が始まってから立ったり歩いたりすると、重力によって子宮の収縮がより効果的になり、お産にかかる時間を短縮できます。出産日が近づいてくると、外陰部の筋肉がなめらかに広がり、まわりの筋肉が小さくなります。その結果、外陰部の壁が柔らかくなり、生まれてくる赤ちゃんが通りやすくなります。

**出産文化いろいろ**　グアテマラのサンタマリア諸島では、助産師、両方の祖母、夫、さらに、ときには義父までがお産に立ち会うのが習わしです。

**育児の小さな知恵**　赤ちゃんは、生後4週間くらいは頭や首の筋肉のコントロールがきかない状態です。そのため、新生児を抱き上げる時は、片手を赤ちゃんの首の後ろにあてて頭を支え、もう片方の手は背中にあてて下半身を支えるようにしましょう。頭を支えることが重要です。

---

*diary & memo*

> どんなに私たちが将来を確かなものにしようと努力しても、
> 子どもたちに将来をあげることはできない。あげることができるのは現在だけだ。
> —— Kathleen Norris

| 37週と5日 | / |
|---|---|
| **250**日目 | 出産予定日まであと**16**日 |

👶 赤ちゃんが女の子の場合、この３日間くらいで、性器には、小陰唇を覆うような形で大陰唇が作られます。

👩 尿意を感じたらガマンせずにトイレに行きましょう。膀胱に尿がたまっていると、子宮を圧迫し、不快感のもとになります。

**出産文化いろいろ** マヤでは、お産の時に妊婦の後ろに座り、妊婦の腕や体を支える女性のことをヘッド・ヘルパーと呼びます。陣痛の最中、このヘッド・ヘルパーは妊婦の体重を支え、いきみや呼吸を陰ながら助けます。

**育児の小さな知恵** 赤ちゃん連れで外出する時、財布や携帯電話はウエストポーチに入れると、手荷物がひとつ減ります。

**考えてみましょう** 赤ちゃんに、オーガニック（有機栽培）の粉ミルクやベビーフードを与えることを考えてみましょう。オーガニックの乳製品とは、農薬の入っていないエサを食べ、成長ホルモンを与えられていない牛のミルクからできた製品のことです。オーガニック製品を使うことが頭になかった人も、考えてみましょう。

*diary & memo*

| 37週と6日 | / |
|---|---|
| **251**日目 | 出産予定日まであと**15**日 |

👶 この時期の体重は、2500ｇ以下の子もいれば、3000ｇ以上の子もいます。

👩 近づいてきた出産に備え、呼吸法を練習しましょう。呼吸法を使うことで、陣痛の痛みを和らげることができます。

**出産文化いろいろ** コマンチ・インディアンの女性が出産する場合、自宅近くの開けた場所に行きます。そこには３本の長さ４フィート（約120㎝）の杭（くい）が、およそ３ｍ間隔で地面に突き立てられています。妊婦はその周囲を歩き、陣痛がくる度にその杭のそばにひざまずき、頭を押さえるようにして杭をつかみます。妊婦には女性の親戚が付き添います。

**育児の小さな知恵** 石けんが目に入ることもあるので、赤ちゃんが頭を洗うのを嫌がるのはよくあることです。そんな時は、色とりどりのシールを風呂場の天井に貼ってみましょう。シールに気を取られて赤ちゃんが上を向き、楽に髪の毛を洗い流せるかもしれません。頭に水を流す時は、水の流れをしっかりコントロールできるよう、手おけなどは使わず、スポンジやガーゼを使いましょう。

# 38 weeks

体重　　　　kg
ウエストサイズ　　　　cm

**38週と0日**　　／
**252日目**　　出産予定日まであと**14**日

**38週と1日**　　／
**253日目**　　出産予定日まであと**13**日

　一般的に、妊娠期間は10カ月と思われていますが、実際は9カ月半です。これからの数日間で、赤ちゃんの皮膚はより厚く、より青白くなっていきます。

**偽の陣痛vs本物の陣痛**　本当の陣痛が始まると、下痢が起こることもあります。

**出産文化いろいろ**　多くの文化では、胎盤には赤ちゃんの魂の一部が込められているため、大切に扱うべきだと信じられています。

**育児の小さな知恵**　多くの赤ちゃんがおむつかぶれを経験します。おむつかぶれを防ぐいちばんの方法は、頻繁におむつを替えることです。お尻がかぶれてしまった場合、昼寝中はおむつをはずしてお尻を空気にさらしましょう（この時、赤ちゃんの下にタオルを何枚か敷くなどして、布団をおねしょから守りましょう）。また、おむつ交換の時に、ドライヤーでお尻を乾かすのもいいでしょう（ただし、赤ちゃんがヤケドをしないよう、熱風は使わず、お尻からも遠ざけましょう）。アルコール入りのお尻ふきは、赤ちゃんの肌を乾燥させすぎてしまうので、使わないようにしましょう。

　これからの数日間で、肺ではサーファクタントの生産量が増えてきます。この物質は、肺の中にある肺胞嚢（はいほうのう）をふくらませるのに役立ちます。

　ママの子宮の筋肉はきたえられ、いまではその重さは1kg以上にもなっています。子宮にさわることができるとしたら、収縮時に固くなっていることがわかるでしょう。

**●重要●**　破水したり、陣痛の間隔が短くなったりして、いよいよ出産という段階になったら、すぐに病院に電話しましょう。それが何時であろうと気にしないように。出産に携（たずさ）わる人たちは、24時間、たとえ深夜であろうと呼び出されるのには慣れています。

**出産文化いろいろ**　多くの原始的な文化の間では、ママと新生児は、ほかの人から離れてひとつの小屋で過ごします。ママはだれにも邪魔されることなしに体を休め、元気を回復します。

**知ってた？**　出産中はとかくノドが乾きがちです。口の中が乾かないように、ハーブ系のキャンディを用意しておくのもいいでしょう。

*diary & memo*

> 私たちはずっとずっと不思議に思っている……
> 自分の中の深い深いところにやって来て、成長し、向きを変えたり浮かんだり、
> 泳いでいるこの人はいったいだれなんだろうと。　Crescent Dragonwagon

### 38週と2日
### 254日目
出産予定日まであと12日

👶 この時期から、お腹の中の赤ちゃんは、1日につき約14gの脂肪をつけます。

👩 子宮の収縮が行われるたびに、子宮上部の筋肉には約24.5kgの圧力がかかります。これは出産の際、子宮頸管を開き、子宮から赤ちゃんを出すためには、どれだけ逆の圧力が必要となるかを示しています。

●重要● 緊急連絡先のリストを手の届きやすいところに置いておきましょう。もし、家にひとりでいる時に急に陣痛が起こり、病院等と連絡が取れない場合、119番もしくは緊急連絡番号に電話しましょう。玄関の鍵を開け、横になり、助けが到着するまでは、いきまないようにしましょう。お産は時間がかかるものです。すぐに助けが来なくてもパニックに陥らないようにしましょう。

育児の小さな知恵 お産の間、上の子たちの面倒をみてくれる人を探しておきましょう。たとえ自宅で出産するとしても、お産の最中に子どもたちの要求に応えることはできません。出産直後もしばらくはできないでしょう。

*diary & memo*

### 38週と3日
### 255日目
出産予定日まであと11日

👶 体を包んでいた産毛がなくなってきます。でも、赤ちゃんによっては出生後も肩やおでこ、首のあたりに少々残っているかもしれません。

👩 **偽の陣痛vs本物の陣痛** 出産経験者の体験談に興味がある人もいるでしょう。多くの経験者たちが、本物の陣痛とそうでない陣痛の違いについて教えてくれるでしょう。なかには、本物の陣痛を波にたとえる人もいます。集まってくる感じ、持ち上げられるような感じ、壊れそうな感じ、落ちる感じ…。人によっては、陣痛は重い生理痛に似ていると感じることもあります。また、多くの妊婦は、お腹の痛みとともに、腰も痛いと報告しています。

表現は人それぞれですが、子宮内の圧力がピークに達すると、それは約30〜50秒間続きます（この間に痛みを感じるわけです）。陣痛が去ると次の陣痛までは何も感じません。「labor（＝陣痛　仕事、労働の意味もある）」という言葉は、その意味をよくとらえている言葉です。出産は、赤ちゃんのために、女性だけができる仕事なのです。この仕事は難しいものですが、それにみあった報酬が必ずついてきます。

## 10カ月 38週　254日目〜257日目

### 38週と4日
### 256日目
出産予定日まであと**10**日

👶 2〜3日の間に赤ちゃんの手の爪は、指先から出てしまうくらい長くなります。生後数週間、赤ちゃんは涙を出す機能を持っていません。ですから、たいていの赤ちゃんは、産声をあげる時に涙を流さないでしょう。

👩 いちだんと寝つきが悪くなり、眠りが浅くなる時期です。赤ちゃんがよく動くため、頻繁にお腹が張るため、出産に対する不安や心配におそわれて…。どれも、この時期に起こって当然のことです。できるだけリラックスして、疲れた時は休むようにしましょう。

**育児の小さな知恵** 出産に上の子を立ち会わせたいと思う人もいるでしょう。自宅出産ならそれは可能です。病院によっては子どもの立ち会いを許可しているところもあります。ただし、この問題はその子の年齢や性格も考慮するべきです。すばらしい出来事として受け入れる子もいれば、逆に怖がってしまう子もいます。また、途中で飽きて退屈してしまう子もいます。子どもを立ち会わせる時は、お産の真っ最中のママに代わり、子どもがお腹をすかせたり、ほかのことをしたくなった時に面倒をみてくれる大人を、必ずひとり確保しておきましょう。

### 38週と5日
### 257日目
出産予定日まであと**9**日

👶 出生時の赤ちゃんのへその緒の長さは、平均610㎜です。でも、これはあくまでも平均です。短いもので127㎜、長いものでは1200㎜以上と、赤ちゃんによってさまざまです。赤ちゃんが生まれてくる頃には、へその緒は、1日に315ℓもの液体を送るようになっています。

👩 赤ちゃんがママの骨盤の奥深くに居座っていると、ママはつまずいたり、バランスを取りにくくなります。赤ちゃんが姿勢を変える時に、ママの体では重力の中心が移動するからです。

**育児の小さな知恵** ビデオカメラは高価なものですが、それだけのお金を使う価値のあるものでしょう。子どもの誕生日、旅行、親戚を訪ねた時などに1本ずつビデオを撮影すると、毎年増えていくこのビデオが、子どもの特別な記念日の記録となります。これは、子どもにとっても、親たちにとっても、後から見て楽しむことのできるすばらしい宝物になるでしょう。デジタルカメラも、友人や親戚に写真を送ったり、見せたりする時に便利です。

*diary & memo*

もし子どもたちが幼いころの資質のまま育つのならば、
この世には天才しかいないのに。
J. W. Goethe

## 38週と6日
## 258日目
出産予定日まであと **8日**

皮膚の色が、赤みがかった色やピンクっぽい白色から、白もしくは青みがかったピンクに変わります。この変化は、皮下脂肪の厚みの変化によるものです。妊娠の早期には、脂肪分はほとんどなく、皮膚の色は透明でした。実際に赤ちゃんを見ることができたら、透明な皮膚を通して内臓が見えたほどです。でもいまは、厚くなった脂肪分の層が皮膚の色を不透明にし、筋肉や血管は見えなくなっています。

妊娠38週がもうすぐ終わります。大きくなった子宮や赤ちゃんの姿勢により、ママの平衡感覚は安定しません。自分の足取りが変化したことに気づいていますか？

**出産文化いろいろ** 部族社会では、新生児がママからおっぱいをもらったり、お世話されたり、ママと一緒に寝たり、泣きだしたらすぐにママが駆け寄ってくるという育児の期間が、他文化よりも少々長いようです。もう少し文明化の進んだところでは、この期間はずっと短くなります。でも、スウェーデンやデンマークなどのスカンジナビア諸国は例外です。これらの国では、国（社会）が親たちに、長い育児休暇を与えてくれます。

**育児の小さな知恵** 子どもが誕生して最初の1年間は、毎月同じ日（たとえば第1週目の日曜とか毎月15日とか）に写真を撮ってみましょう。毎回決まったポーズや、同じ家具と一緒に撮影すれば、赤ちゃんの劇的な成長の変化が手に取るようにわかるでしょう。1歳以降は子どもの成長スピードもゆるやかになるし、親の興奮も少し冷めます。でも、少なくとも1年に2枚くらいは写真を撮るようにしましょう。

**知ってた？** お産の途中で妊婦が疲れてしまったり、進み方がスローダウンした場合、多くの文化では妊婦の乳首を刺激します。乳首を刺激すると、オキシトシンが分泌されるからです。これは、欧米諸国で使われている陣痛促進剤と同じ成分です。

*diary & memo*

## 39 weeks

体重　　　　　kg
ウエストサイズ　　cm

| 39週と0日 | / |
|---|---|
| **259**日目 | 出産予定日まであと**7**日 |

| 39週と1日 | / |
|---|---|
| **260**日目 | 出産予定日まであと**6**日 |

赤ちゃんの頭蓋骨はまだ完全に固まっていません。この時期の頭蓋骨は、継ぎ目の固まっていない薄い5枚の骨からできており、産道を通り抜ける時は、継ぎ目を重ね合わせて小さくなります。

予定日まであと1週間となった今週も、お腹の赤ちゃんは、ママの血液、胎盤、羊水（赤ちゃんは、ときどき飲み込みます）を通して、これから生きていくためにもっとも大事なものを受け取り続けます。それは、さまざまな病気とたたかうための抗体です。

**健康** この時期にあまり無理をしないようにしましょう。出産に備えて休息を取り、よく食べて栄養をつけましょう。

**知ってた?** 赤ちゃんの頭蓋骨は、最初に頭蓋底（とうがいてい）が作られます。21週頃に、軟骨でできたおでこ、こめかみ、頭頂部、後頭部をカバーするプレート状のものができてきます。

これからの3日間で、赤ちゃんの胸がさらに突き出てきます。性別に関係なく、ママから送られてくるエストロゲンというホルモンのために、おっぱいがふくらんでいることがあります。新生児のお腹は、大きな肝臓の存在により、丸く、大きくなっています。胎児の肝臓は、血液細胞を作り出すために自然と大きくなっているのです。

この時期の赤ちゃんのキックは、「膝の上にある本を落とす」くらいの衝撃を、ママのお腹に与えることでしょう。

**●重要●** 積極的に準備に関わっているイベントなどの予定が近づいている人は、いまのうちに、家族や友だちにその役を代わってもらいましょう。いまは、すべての責任やプレッシャーから解放されて、赤ちゃんを産むことだけに集中しましょう。

**育児の小さな知恵** 赤ちゃん連れで飛行機に乗る場合は、前抱きタイプの抱っこヒモを使いましょう。そうすればママの両手が空きます。離陸時や着陸時に、赤ちゃんの耳にかかる空気圧の変化を和らげるためには、授乳するといいでしょう。

*diary & memo*

賢い父親は、すべてを見ようとはしないものだ。
W. A .C. Bennett

## 39週と2日
## 261日目
出産予定日まであと5日

　これからの3日間で、わずかに残っていた胎脂がなくなっていきます。赤ちゃんの頭蓋骨の割れ目は「泉門（せんもん）」と呼ばれます。これは「小さな泉」という意味の単語ですが、この部分をさわると脳血管の流れを簡単に感じることができるからです。生まれてきた赤ちゃんの頭をさわった時に柔らかく感じる場所が泉門です。お産の際、赤ちゃんの頭の形が長くなったり、少しいびつな形になっても心配しないように。出産後数日間で普通に戻ります。頭の形が変形するのは、プレート状の頭蓋骨を重ねることによって狭い産道を通り抜け、圧力が脳にダメージを与えないようにするためです。

　この時期のほとんどの赤ちゃんは、ママの骨盤内で頭を下にして、顔も下に向けています。でも、なかには頭は下にあっても、顔が上向きになっていることもあります。この場合、赤ちゃんの後頭部がママの尾てい骨や背骨に圧力を加え、「バックレイバー」と呼ばれる強い痛みを引き起こします。そして陣痛の合間にも、その痛みが収まらないかもしれません。痛みを和らげるテクニックについて、医師にアドバイスしてもらいましょう。

*diary & memo*

健康　赤ちゃんが生まれる日までウォーキングを続け、呼吸法やリラックス法を練習しましょう。いざ陣痛が始まったら、これらが助けになるでしょう。背中が痛む人は、背中の筋肉をゆっくり伸ばすことによって、痛みを取り除くことができるかもしれません。

育児の小さな知恵　赤ちゃんは、子宮の中では安全で心地よく包まれていました。出産後も、子宮の中と似たような環境を作ってあげるといいかもしれません。抱っこする時は、アフガン（おくるみ）や薄いブランケットでやさしく包んであげましょう。1歳以下の赤ちゃんは、仰向けで寝るのがもっとも安全な姿勢です。支えとなるものを使い、左右どちらかに向かせることもできます。でも、絶対にうつぶせにはしないようにしましょう。

## 10ヵ月 39週 261日目〜263日目

### 39週と3日
### 262日目
出産予定日まであと4日

体の表面についているクリーム状の胎脂が出生時まで残るとすれば、それは背中の部分でしょう。胎脂が落ち始めると、羊水の色は、透明もしくは黄みがかった透明から、クリーミーな色に変わることもあります。

たとえあなたが子育て経験が豊富なママだとしても、この時期に、本を読んだり、近所のママと話したりして育児の勉強をすることは、けっして無駄にはなりません。お腹の赤ちゃんに対する愛着がさらに強くなるでしょうし、ママ友だちができるというメリットもあります。育児講習会に参加すれば、今後、何かと相談できる講師と知り合えるかもしれません。出産や子どもの発達、育児に関しては、つねに新しい発見や考えがあるものです。

**情報** 生まれたばかりの赤ちゃんの顔のサイズは、頭のサイズに比べて小さくなっています。これは、顎がまだ小さい、副鼻腔、顔の骨が発達段階であるといった理由によるものです。3〜4歳を過ぎると、副鼻腔が大きくなるため顔の形も変わり、声にも響きが出てきます。

### 39週と4日
### 263日目
出産予定日まであと3日

この頃になると、赤ちゃんの体全体の15％近くが脂肪分になります。この脂肪分の80％は皮膚の下に蓄えられ、残りの20％は内臓や筋肉の組織に蓄えられています。

ここ2週間くらいで、ママの体重が増えるスピードが遅くなったか、体重が減っているかもしれません。でも、心配しなくて大丈夫です。

**出産文化いろいろ** ミャンマー（旧ビルマ）の伝統では、ママになったばかりの女性には、魚や植物、フルーツの入ったスープが与えられます。

**育児の小さな知恵** 離乳食や飲み物を電子レンジで温める時は、気をつけましょう。電子レンジは便利ですが、部分的に熱い箇所ができて、赤ちゃんの口の中をヤケドさせてしまう危険があります。また、赤ちゃんに抗体を与えることのできるミルクは母乳だけですが、この抗体は、電子レンジで温めると壊れてしまいます。冷凍母乳を解凍する場合、なるべく電子レンジは使わず、鍋にお湯を入れて湯煎で解凍したり、流水で解凍しましょう。

*diary & memo*

(　　　　　　　　　　　　　　　　　)

どのくらいよい親かを計る基準があるとしたら、
それは子どもが親の業績を超えたかどうかでわかる。
Tom Haggai

## 39週と5日
## 264日目
出産予定日まであと **2** 日

生まれてきた赤ちゃんの最初の大仕事は、初めての呼吸をすることです。この呼吸には、通常の呼吸の5倍もの努力が必要といわれます。なぜなら、最初のひと吸いで、肺の中にある何千もの肺胞嚢をふくらませる前に、まずは肺にたまった水分を押し出す必要があるからです。これは、シュノーケリングの際、シュノーケルに入った水を吹き出すのと同じくらいの労力を使います。

分娩時に赤ちゃんの胸に圧力がかかることにより、肺にたまっている水分のいくらかは吐き出されます。でも生まれた時の赤ちゃんの肺には水が少し入っており、呼吸することで、この水を抜き出します。また、医師が生まれてきた赤ちゃんの鼻や口から水を吸い出します。

母乳育児を考えている人は、もっともバランスがよく、抗体の含まれている栄養分を赤ちゃんに与えようとしている人です。妊娠中、ママの乳房は授乳の準備のために、片方につき約670gも重くなります。

**知ってた?** 母乳育児は本能で行うものではなく、学びながら上手になっていくものです。最初のうちは、おっぱいの出る量、赤ちゃんの飲む量や回数、乳房の張りや乳首の痛み、搾乳についてなど、聞きたいことや心配事がいろいろ出てきます。その時にアドバイスや励ましの言葉をもらえるような先輩ママや助産師、サポート機関などを探しておくといいでしょう。

**育児の小さな知恵** 赤ちゃんが冷たいミルクや飲み物の入った哺乳ビンを持つことを嫌がる場合、哺乳ビンにソックスをはかせ、赤ちゃんの手が冷えないようにしてみましょう。

**出産文化いろいろ** 新米ママが新生児と一緒に長い時間を過ごす地域では、次の子が生まれるまでの間隔が開き、出産後のママがすぐに仕事や家事に戻らなくてはならない社会では、次の子が早く産まれる傾向があるようです。

*diary & memo*

| 10ヵ月39週 出産予定日 | 264日目〜出産予定日 |

### 39週と6日
### 265日目
出産予定日まであと1日

赤ちゃんはいま、700〜1000㎖の羊水で満たされた羊膜の中にいます。

母乳で育てると、特別なエクササイズをしなくても、座ったり、リラックスしたり、食事をしている間に、1日500〜650kcalも消費できます。これ以上に簡単にカロリーを消費できる方法を知っていますか？

**育児の小さな知恵** ママの子宮にいる間、赤ちゃんの世界は水に包まれていました。赤ちゃんをなだめるために、子宮内の音をまねたCDやおもちゃを買うのもいいですが、水が流れる音も赤ちゃんを眠らせるのに役立ちます。シャワー音、バスタブに水をためる音、食器洗い機の音などを録音したり、水の音のCDを買い、赤ちゃんがなかなか寝つけない時に試してみましょう。

### 出産予定日
### 266日目

今日はあなたの赤ちゃんの出産予定日です。お腹の赤ちゃんは、生まれる前になされるべき発育はすべて完了したのです。赤ちゃんによって個人差はありますが、平均的な大きさの赤ちゃんは、3000ｇを超え、身長（頭の先からつま先まで）は50㎝前後にまで成長しているでしょう。出生時の赤ちゃんは、平均的に男の子のほうが、女の子よりも少しだけ身長も体重も大きいようです。

特別な日を迎え、きっとソワソワ落ち着かないことでしょう。この時期になると、体が重くて何をするのも大変だし、寝つきも悪くなっていることでしょう。ようやく眠れそうだと思えば、赤ちゃんが動き出したり、お腹が張ったりして、結局眠れないかもしれません。休める時に休み、リラックスしましょう。この時期は、決まった生活習慣をこなしていくのは難しいことです。

*diary & memo*

人生でもっとも大切なものは「物」の中からは見出せない。
Anthony J. D'Angero

## 出産予定日以降

体重　　　　　kg
ウエストサイズ　　cm

### 40週と1日
### 267日目
出産予定日プラス **1**日

　出産予定日が過ぎても心配しないように。一生妊娠している、ということはありません。出産予定日は、単なる予定日にすぎないということを覚えておきましょう。赤ちゃんの出生前の成長は完了しています。すでにひとりひとりの赤ちゃんには個性があり、それぞれのペースで産まれてきます。

### 40週と2日
### 268日目
出産予定日プラス **2**日

　科学者でさえ、何がお産を引き起こすのかは、はっきりわかってはいません。妊娠が進むと特定の酵素やホルモンに対して子宮が敏感になり、ママの体の生物学的なバランスが変わってくることに関係しているといわれています。もしかしたら、子宮底を押す赤ちゃんのサイズや重さも関係あるのかもしれません。

　ウォーキングがお産を進めることもありますが、この時期には、速いペースで歩いたり、遠くまで歩いたりしないようにしましょう。お産を早めることにつながらなかったとしても、ウォーキングは体によい運動です。

### 40週と3日
### 269日目
出産予定日プラス **3**日

　ソワソワと落ち着かないことでしょう。お産が痛くて大変なものであるとわかっていても、「ここまできたのなら早く産んでしまいたい」と思うのはごく自然なことです。でも、こうした落ち着かない状態の時、人は不安になったり、怒りっぽくなったりします。できるだけ冷静になることが大切です。感情がゆれ動くと、体内のエネルギーを余計に使います。たとえポジティブな気持ちになれない場合も、ネガティブな感情からは気をそらすよう、心がけてみましょう。あなたにならできます。

### 40週と4日
### 270日目
出産予定日プラス **4**日

　いま、お腹の中の赤ちゃんはどうしているでしょう？　赤ちゃんには、外で生きていく準備がしっかりできています。肺の中では、肺胞嚢と肺を広げるために大量のサーファクタントが製造され続けています。髪の毛や爪も伸び、体重も増えています。もし、大きくなりすぎて普通分娩が難しい場合、医師は陣痛促進剤を使うか、帝王切開をすることをすすめるかもしれません。

*diary & memo*

## 出産予定日以降　267日目〜273日目

### 40週と5日　271日目　出産予定日プラス5日

ずっと妊娠していることはあり得ません。胎盤はとても機能的な器官ですが、使い捨ての器官でもあります。通常の妊娠期間はその働きを維持しますが、出産予定日以降は徐々に衰えていきます。この時期の健診で、医師は胎盤の働き具合もチェックします。胎盤をいい状態に保つことは、赤ちゃんを健康に保つことと同じです。

### 40週と6日　272日目　出産予定日プラス6日

ほかの生物に比べてみると、人間の妊娠期間は短いとはいえません。かといって、もっとも長い妊娠期間を過ごすわけではありません。アジア種の象（耳が小さい象）は、赤ちゃんをお腹の中に20〜23カ月も抱えます。もし人間の妊娠期間が23カ月間だとしたら、いまのあなたは、まだ妊娠の半分も終えていないことになります。哺乳類の中でもっとも妊娠期間が短いのは、オポッサム（大型のネズミ）やイースタン・ネイティブ・キャットで、妊娠期間は、わずか8〜13日間。1年に1回ではなく、1カ月に2〜3回も子どもを産めるとしたら、どんな人生を送ることになるのでしょうか？

### 41週と0日　273日目　出産予定日プラス7日

無事赤ちゃんを産み終えたら、お産はどのように進んだのか、何が起こったのか…お産の際の出来事を196〜201ページに書いておきましょう。そうすれば、いつか成長した子どもが、自分の誕生について知ることができます。あなたが自分の生まれた時の話を両親から聞いているとしたら、それも書き記し、成長したわが子に渡しましょう。子どもは、自分の生まれた時とママの時とを比較することができます。自分の出生時のことを知らない人は、自分のお母さんや、出生の逸話を知っている人に聞いてみましょう。

*diary & memo*

> 私たちは、つい子どもの心を狭いと思ってしまいがちだが、もしかしたら私たちの心より大きいかもしれない。
> 彼らは、努力しないでもたいていのことを受け入れることができるからだ。
> Christopher Morley

### 41週と1日
### 274日目
出産予定日プラス8日

　今日で出産予定日から1週間がたちますが、心配することはありません。実際には、全体の85%の赤ちゃんは、出産予定日の前後2週間以内に生まれており、あなたの赤ちゃんは「後ろ」の枠に入っているだけのことです。医師が「ママも子どもも問題ない」といっている限り、何も心配することはありません。

### 41週と2日
### 275日目
出産予定日プラス9日

　赤ちゃんの性別を聞いていない人は、この時期に予想して楽しみましょう。あなたやパートナーの家族は女系ですか？　男系ですか？　女の子と男の子の両方の名前を用意していますか？　どのようにして、その名前を考えましたか？　このような考えを巡らして楽しむ一方、いまのあなたにとって、赤ちゃんの性別はいちばん大切なことではないことも覚えておきましょう。いちばん大切なことは、赤ちゃんの健康です。引き続き、健康な赤ちゃんを産むためのよい生活を心がけていきましょう。

### 41週と3日
### 276日目
出産予定日プラス10日

　上の子がいる場合、新しく生まれてくる弟か妹をどのようにして迎えるか、家族と一緒に計画を立てて時間を過ごしましょう。上の子が大きければ大きいほど、その子はママの妊娠や生まれてくる赤ちゃんに理解を示すでしょう。でも、どんな子にも、親からの関心や自分だけの空間、きままに家族と一緒に過ごす時間は必要です。

　さらに、たいていの子どもは変化を好まないので、赤ちゃんが加わることにより、それまで使っていたベビーベッドを赤ちゃんに譲り、違う場所で寝なければならないといった変化がある場合、早めに準備を始め、徐々にその変化に慣れていけるようにしてあげましょう。ママが考えているそうしたアレンジを彼らが嫌がる場合は、けっして無理強いはせず、違うやり方を考えてみましょう。

　そして、赤ちゃんのお世話の仕方や遊び方、抱き上げたり、食事を食べさせたりする方法を、時期を見はからって、上の子にも教えましょう。この時も、その子がやりたいことをやらせ、やりたがらなかったら、それはそれでよいと考えましょう。彼らが弟や妹を受け入れることを忍耐強く待ちましょう。

*diary & memo*

## 出産予定日以降 274日目〜278日目

### 41週と4日
### 277日目
出産予定日プラス11日

　赤ちゃんの寝場所はもう決まっていますか？世界中のほとんどの文化では、赤ちゃんや幼い子どもは、両親と一緒のベッドで眠ります。アメリカでは、眠りの深い親、アルコールや薬を飲んでいる親、ひどく疲れている親と、1歳以下の子どもが一緒に眠ることは奨励されていません。

　親が赤ちゃんのすぐそばで寝ることのメリットは、赤ちゃんに目が届きやすい、授乳しやすい、両親の出す寝息や温かさで子どもがよく眠れるといったことがあります。でもその反面、眠りを邪魔される、夫婦生活が制限されるといったデメリットもあるし、いずれひとりで寝かせる時期がきます。

　「赤ちゃんがほかの部屋で寝ていると泣き声に気づかない」と心配する人もいますが、よほど眠りの深いタイプでない限り、親は子どもの泣き声に敏感に反応するようになるものです。自分の生活には、どのスタイルがいちばんよいのか考えましょう。あれこれ考えるより、実際にいろいろ試してみるのがいちばんいいかもしれません。

### 41週と5日
### 278日目
出産予定日プラス12日

　病院や助産院で出産する場合、赤ちゃんを車で家に連れて帰る際には、チャイルドシートが必要です（これは法律で決められていることです）。多くの新米ママは、だれかに運転してもらい、自分で赤ちゃんを抱いて帰ろうとします。でも、これは危険なのでやめましょう。車が急停止したら、あなたの腕の中で赤ちゃんはどこか筋を違えてしまうかもしれません。万一、車が衝突してしまったら、あなたとダッシュボードの間で、赤ちゃんをつぶしてしまうかもしれません。抱っこして車に乗るのは危険です。必ず認可ずみのチャイルドシートを購入し、つねに赤ちゃんをそのシートに乗せ、ママもシートベルトを締めるようにしましょう。チャイルドシートのいちばん安全な取りつけ位置は、後部座席の真ん中です。

*diary & memo*

> だれでも自分が良い人生を送ったと聞きたいものだ。そのため、子どもたちが違うふうに考えていると聞くと、無視したい誘惑がやってくる。子どもの声を聞くことは、無視することよりも多くの勇気が必要になる。
> John D.Rockefeller Ⅲ

### 41週と6日
### 279日目
出産予定日プラス **13**日

　いまのママはおそらく、何をするにしても落ち着かないか、何もすることがなくて時間を持てあましていることでしょう。この本をゆっくりと読み返してみましょう（おそらく、出産後のママには、妊娠時代をゆっくり思い返す時間はありませんから）。妊娠がわかった日から今日まで、あなたはどんなことを感じ、どのように過ごしてきましたか？

### 42週と0日
### 280日目
出産予定日プラス **14**日

　今日で出産予定日を過ぎて2週間になります。予定日から2週間以上たっている場合、医師が赤ちゃんの健康状態をチェックし、今後どのような方法を取るかを決定します。健診直後に自然に出産が始まることもあれば、陣痛誘発剤など人工的な助けが必要な場合もあります。いま、あなたとお腹の赤ちゃんがどういう状態なのかを把握するためにも、冷静さを失わず、医師には何でも質問しましょう。ここまできたら、もう妊娠生活は長くありません。

*diary & memo*

# Free Space

メモ欄として使ったり、妊娠中に撮影した写真や、健診でもらった超音波写真をはったり……。自由に使いましょう。

## Free Space

メモ欄として使ったり、妊娠中に撮影した写真や健診でもらった超音波写真をはったり……。自由に使いましょう。

# 出産の記録

### お産の始まり方について

😊 陣痛が規則的になったのはいつですか？
日にち
時間

😊 その時、あなたはどこで何をしていましたか？

😊 最初に規則的な陣痛を感じた時、
　陣痛は何分間隔でしたか？

😊 以下のような症状はいつ起こりましたか？
・胎児が骨盤の底のほうに下がってきたと感じたのは？

・子宮に重いという感覚や圧力を感じたのは？

・破水したのは？

・自分ではコントロールできないような「いきみたい」
　感覚を感じたのは？

・吐き気や気分の悪さを感じたのは？

😊 主治医にはいつ連絡しましたか？
いつ？
どんな状態の時？（陣痛の間隔やその時の状態を記入しましょう）

### 病院や助産院で出産した人へ

😊 いつ病院や助産院に行きましたか？

😊 だれと、どのような手段で行きましたか？

😊 家を出る時、陣痛は何分間隔でしたか？

😊 病院に到着後、最初にしたことは何ですか？

😊 その時感じたのはどんなことですか？

😊 子宮口が全開大になったのはいつですか？

上の質問に加え、自宅を出発してから分娩台に上がるまでのお産の進み方や起こったこと、その時の気持ちなどを自由に記入してみましょう。

### 自宅で出産した人へ

😊 助産師はいつ来ましたか？

😊 その時の陣痛の間隔はどのくらいでしたか？

😊 助産師が来た後、
　お産はどのように進みましたか？

😊 陣痛はどのようにしてこらえましたか？

😊 子宮口が全開大になったのはいつですか？

上の質問に加え、お産の進み方や起こったこと、その時の気持ちなどを自由に記入してみましょう。

陣痛がスタートしてから出産するまでの、あなたの様子やお産の進み具合を、付き添ってくれた人に記入してもらいましょう。

入院した（助産師が来た）時刻

破水した時刻

子宮口が全開大になった時刻

分娩台に上がった時刻

妊婦がいちばん苦しそうに見えた時刻

お産の進み具合やあなたの様子などをメモしてもらいしょう。

---

自分の親の言動が正しかったかもしれないと気づく頃には、我々はもう親になっており、
今度はその子どもたちが我々の言動を間違っていると否定するようになるものだ。
作者不明

### 赤ちゃん誕生の瞬間について

😊 赤ちゃん誕生の瞬間には
　だれが立ち会いましたか？

😊 だれがいちばん重要な役割を担いましたか？

😊 出産に立ち会った人々は、
　どのような反応を示しましたか？

😊 出産には何時間かかりましたか？

😊 赤ちゃん誕生の瞬間、
　あなたはどのように感じましたか？

😊 出産という経験はどんな感じでしたか？

😊 事前にイメージしていたものと比べ、
　実際の出産はどのようなものでしたか？

😊 経産婦の人は、前回の出産に比べて、
　今回の出産はどうでしたか？

左記の質問に加え、お産の最終段階から赤ちゃん誕生までで感じたことを自由に記入してみましょう。

### 帝王切開をした場合

😊 なぜ帝王切開をしたのですか？

😊 帝王切開をして大変だったことは何ですか？

😊 帝王切開をして楽だったことは何ですか？

😊 手術中はだれが立ち会いましたか？

😊 帝王切開は、あなたが頭の中で
　思い描いていたものと同じでしたか？

### 赤ちゃん誕生直後について

🍎 生まれてきた赤ちゃんを見て、
最初に気づいたことは何ですか？

🍎 赤ちゃんが生まれてすぐにしたことは何ですか？
最初に頭に浮かんだこと、
感じたことは何ですか？

🍎 へその緒はだれが切りましたか？

🍎 出産直後に赤ちゃんを抱きましたか？
どんな気持ちになりましたか？

🍎 出産直後に授乳をしましたか？
どんな気持ちになりましたか？

🍎 もう1回出産するとしたら、
どこを変えたいですか？
どこは同じでいいと思いますか？

🍎 赤ちゃんの誕生を
最初に知らせた5人はだれですか？

### 出産後の母体の回復について

🍎 出産後どのくらいで起き上がりましたか？

🍎 病院にはどのくらい入院しましたか？

🍎 自宅で、日常生活に戻るのに
どのくらいかかりましたか？

---

親は子育てに忙しくて、親の立場がどのくらい素晴らしいことかを実感しそびれてしまいがちだ。
ちょうどこれは、落ち葉かきの大変さ故に、
大樹の壮大さを見過ごしてしまうことと似ている。
Marcelene Cox

## 赤ちゃんについて

赤ちゃんの名前
名付けの理由

誕生日
出生時間
出生時の体重
出生時の身長

👶 生まれてきた赤ちゃんの髪の毛はどんな感じに生えていましたか？

👶 白っぽいクリーム状の胎脂は赤ちゃんの皮膚についていましたか？
ついていた場合、どこの部分についていましたか？

👶 産毛は生えていましたか？ それはどこに？
あざやほくろはありましたか？ それはどこに？

👶 耳が折れていた、頭の形がゆがんでいた等の、出産による一時的な赤ちゃんの変化はありましたか？

👶 赤ちゃんの姿を見て、いちばん好きだと思ったのはどこですか？

👶 赤ちゃんの姿を見て、いちばん驚いたのはどこですか？

👶 出産予定日前に生まれたとしたら、どのくらい早く生まれましたか？ 後に生まれたとしたら、どのくらい後に生まれましたか？

👶 赤ちゃんを抱っこした最初の数回、あなたは赤ちゃんに対してどんなことをしましたか？

👶 母乳やミルクをあげた時の感想

👶 だれが、あなたを最初に「ママ」と呼びましたか？ あなたはそれに対してどのように反応しましたか？

上の質問に加え、赤ちゃんと対面して感じたことなどを自由に記入してみましょう。

- 赤ちゃんが生まれた日の天気

- 赤ちゃんが生まれた日のニュース、イベント

- 赤ちゃんが生まれた時に住んでいた場所

- 当時の親友

- 乗っていた車

- いちばん好きだったテレビ番組／音楽／映画／本／場所／食べ物

- 趣味やいちばん好きだったこと

- 仕事を持っていた人は、どんな仕事をしていましたか？

- 学生だった人は、どの学校に通っていましたか？　何年生でしたか？

妊娠中と出産に関して、あなたが感じたことを自由に書いてみましょう。

母親と子どもの関係は、矛盾していて、ある意味悲惨だ。母親は、子どもに最大限の愛情を注ぐが、この愛情は子どもが母親から独立し、親元を離れていくことを助ける。
Erich Fromm

# 索引 INDEX

※右の数字は、主な掲載ページを示しています。妊娠にまつわる特有の用語については、説明を加えてあります。
※母体に起こる変化や症状に関連するキーワードは、205ページの「妊娠中に起こりやすい体の変化・症状」に、子育てに関する情報の索引は、206ページの「子育てに関する情報」にまとめてあります。

## あ

亜鉛……………………………………………20・69
アルコールの摂取について……………24・28・36
遺伝子…………………………………………………51
一卵性双生児…………………………………………15
産毛……………………………………88・104・109
hCG（ヒト絨毛性ゴナドトロピン）………………19
　妊娠中に生産されるホルモン。受胎直後から胎児の栄養膜（胎盤の一部）で作られる。卵巣にある黄体の分解を防ぎ、人間の妊娠に重要であるプロゲステロンの生産を促す働きがある。
エストロゲン（女性ホルモン）………20・42・75・183
　女性ホルモンのひとつで「卵胞ホルモン」とも呼ばれる。排卵の準備や妊娠を維持する働きがあり、妊娠中は分泌が高まる。
X線……………………………………………………50
塩分の摂取について……………………………55・84
オーガニック製品…………………………………178
オリエンティング・リスポンス（定位反応）……172
　光の方向に自然に向くといった、視聴覚刺激に対する本能的な反応。

## か

外胚葉…………………………………………………24
　受精の初期段階に現れる組織。のちに脳や感覚器、皮膚等となる。
加工食品の摂取について………………………17・26
褐色脂肪………………………………………93・108
　体内に存在する脂肪細胞のうちのひとつ（もうひとつは白色脂肪。→【白色脂肪】の欄参照）。首のまわり、脇の下、肩甲骨のまわり、心臓、腎臓のまわりに分布し、体内に蓄積された余分なカロリーを熱に替え、放出させる働きがある。出生までに約100ｇ作られ、出生後は減っていく。
カフェイン……………………………………………26
カリウム………………………………………25・50
カルシウム……………25・40・45・56・83・88・145
車の運転について…………………………………127
ケーゲル体操…………………………………………38
　膣と会陰部の筋肉を引き締める体操。分娩時の会陰切開や裂傷を予防する。産後の子宮回復にも役立つとされる。
血島……………………………………………………24
　血球や原始血管を形成する細胞の集合体。
原始線条………………………………………………24
　受精後約14日の段階で細胞に現れる細い溝のようなもの。
抗体……………………………………………68・157
　体内に入ったウイルス（抗原）に対して抵抗し、再度の発病を防ぐ物質。
骨化……………………………………………48・64
　軟骨状だった骨が固くなること。レントゲンで撮影できる程度に骨が固くなるのは、4歳を過ぎてからとされる。

## さ

サーファクタント（界面活性剤）…………102・121・179
　肺胞内で生産される物質。肺胞の内側を覆い、肺胞を拡張した状態を保つ。通常、妊娠中期以降から生産が始まる。

最終月経 ……………………………………………… 12
臍帯雑音 ……………………………………………… 171
　胎児の心音と同テンポで聞かれる「シャーシャー」といった音。おそらくは臍帯から生ずる。
魚の摂取について …………………………………… 26
サプリメントの摂取について ……………………… 24・26
産院を決める ………………………………………… 31
産道（の通り抜け方） ……………………………… 183
子宮 …………………………………………………… 69・105
子宮頸管 ……………………………………………… 167
　子宮の入り口部分。子宮と腟をつなぐ管。
子宮口 ………………………………………………… 106・162
　子宮の入り口。子宮の収縮により子宮口が全開大（10㎝）になると、胎児が通り抜けることができる。
子宮内膜 ……………………………………………… 12・16
　子宮のいちばん内側を覆う粘膜組織。この部分に受精卵が着床する。
脂肪分の摂取について ……37・38・41・59・92・95・104・120
絨毛 …………………………………………………… 18
　絨毛膜から出ている分岐した円柱状突起。母体組織と一緒になって胎盤を形成する。
絨毛検査（CVS） …………………………………… 22
　胎盤から組織を採取し、遺伝子や染色体の異常をチェックする検査。妊娠初期（妊娠10～12週前後）に行われるが、日本ではすべての妊婦が対象ではなく、実施している施設は限られている。
絨毛膜 ………………………………………………… 22・25
　胚体を包む膜のいちばん外側にある層。一部は尿膜と結合して胎盤になる
受精 …………………………………………………… 14
出産の兆候 …………………………………………… 170
出産予定日（の割り出し方） ……………………… 34・70
初期妊娠因子（EPF） ……………………………… 14
　受精後の卵子によって生成されるタンパク質。卵子が母親の体内にある抗体システムに攻撃されることを防ぐ役割をする。
食品の調理方法 ……………………………………… 17・48・51
食物繊維 ……………………………………………… 68・113
助産師（の役割） …………………………………… 109・110
心臓管 ………………………………………………… 26・27
　受精後21日頃に発生する心臓のもととなる管。
初乳 …………………………………………………… 76・149
　産後1週間前後に出る黄みがかった母乳。通常の母乳より、抗体、栄養を多く含んでいる。とくに出産後1時間以内の初乳にもっとも抗体が多く含まれている。
陣痛 …………………………………………………… 175・176・177・179・180
陣痛誘発剤 …………………………………………… 192
髄鞘形成 ……………………………………………… 87
　神経細胞の軸索を脂肪質（ミエリン）で包むことにより、神経の電気信号をスムーズに伝達するようにすること。
水分の摂取について ………………………………… 22・35・54・66・98・118
精子 …………………………………………………… 12・14
接合体 ………………………………………………… 14
　精子と卵子の受精により、最初に作られる赤ちゃん細胞。
摂取エネルギーの算出方法 ………………………… 13

泉門 …………………………………………………… 184
　乳児頭蓋骨の未縫合の部分。この部分を重ね合わせ、頭蓋骨を小さくすることで、産道を通りやすくする。赤子の頭部の中央前にある柔らかい部分を大泉門、後頭部にあるのを小泉門と呼ぶ。

## た

胎芽 …………………………………………………… 18・49
　妊娠初期の胎児のこと。妊娠8週目までを胎芽と呼び、それ以降を胎児と呼ぶ。
胎脂 …………………………………………………… 91・185
　子宮内の胎児の皮膚や細胞を守るクリーム状の物質。妊娠5カ月後半あたりから作られ始め、出産が近づくと徐々に少なくなる。
胎児姿勢 ……………………………………………… 143・174
　母親の子宮の中にいた時の、手足を体の前で折り曲げ、体を丸めた姿勢のこと。出生後も数週間、この姿勢を取ることがある。
胎児の見る夢 ………………………………………… 101
胎動 …………………………………………………… 52・74・83・87・96・107・127・143
胎盤 …………………………………………………… 18・27・63・81・83・85・92・95・167
　妊娠すると、母体の子宮の内側に形成される円盤状の臓器。胎児の成長に必要な栄養や酸素を送るほか、胎児の未発達の肺、消化器、肝臓、腎臓の役割をサポートする。
胎便 …………………………………………………… 84・175・176
　子宮内の胎児の腸で作られる便のこと。濃い緑色をしている。通常、出生後、授乳を開始すると、便として排泄される。
タバコ ………………………………………………… 54
炭水化物 ……………………………………………… 21・46・64
タンパク質 …………………………………………… 16・34・58・94・105
チアミン ……………………………………………… 36
チャイルドシート …………………………………… 160・191
着床 …………………………………………………… 17・18
　受精卵が卵管を通って子宮にたどり着き、子宮内膜に根を下ろすこと。受精後、7日目頃に行われる。臨床上、この着床をもって妊娠成立とみなす。
中胚葉・中胚葉節 …………………………………… 24・27
　受精15日目頃に赤ちゃん細胞は3つの層（胚葉）に分かれるが、中胚葉はその真ん中の組織群。ここから、骨、筋肉、血管系、生殖器、排泄器などが形成される。
超音波検査 …………………………………………… 34
帝王切開 ……………………………………………… 110・188
テストステロン（男性ホルモン） ………………… 51
　男性ホルモンの一種。男子胎児の生殖器発達に関係するとされ、妊娠6～24週にかけて多く分泌される。また、胎児期から生後6カ月にかけてのこのホルモンが、大脳の性差に影響を及ぼすと考えられている。
鉄分 …………………………………………………… 16・58・63・84・163
銅 ……………………………………………………… 20
頭臀長 ………………………………………………… 26・30
　頭のてっぺんからお尻までの長さのこと。CRLと表記されることもある。妊娠中、超音波検査による胎児の計測では、頭臀長を計測する。
瞳孔反射 ……………………………………………… 147
　明るさに応じて瞳孔の大きさが変わる反応。反射神経のひ

とつ。

ドップラー胎児心拍計 …………………………31
　胎児の心拍数やリズムを確認する超音波装置。この装置を使うことで、妊娠6週くらいから胎児の心音を聞くことができる。

## な

ナイアシン……………………………………38
内胚葉…………………………………………24
　受精15日目頃に現れる細胞の3つの層（胚葉）のうちいちばん内側の層。ここから、消化器官や肺の内面、肝臓などが形成される。
妊娠周期の数え方 …………………12・34・160
妊娠中の運動………………52・72・94・121・145
妊娠中の性行為 ……………………………108
妊娠中の入浴…………………………………64
妊娠中の寝る姿勢 …………………99・123・140
妊娠中の旅行 ………………………139・158
妊娠判定薬……………………………………19
妊婦健診 ………………………………69・175

## は

ハーブティ……………………………………17
胚盤……………………………………………16
　受精後5〜7日後の着床前の細胞のことを「胚盤胞（はいばんほう）」と呼び、胚盤は、胚盤胞の内側にある一部分で、これが赤ちゃん（ヒト）そのものになっていく。
排卵……………………………………………12
白色脂肪…………………………108・136・173
　全身、とくに下腹部、お尻、太もも、内臓のまわり等についている脂肪。体内の余分なカロリーを中性脂肪の形で蓄積する働きがある。日常で「脂肪が増えた（太った）」などと使う時はこの白色脂肪を指している。
破水………………………………………174・179
　胎児を包んでいる卵膜が破れ、羊水が母体の体外に流れ出ること。陣痛が起こる前に破水することを、前期破水という。
バックレイバー………………………………184
　出産時、胎児の頭部が通常とは逆の方向を向いているために、胎児の後頭部が母親の背骨や尾てい骨を圧迫することによって激痛が起こる現象。
母親（両親）学級 ……………………………109
反射神経 ……………………………37・82・116
パントテン酸…………………………………36
飛行機による移動 …………………………139
ビオチン………………………………………34
ビタミンA ………………………42・46・76・83
ビタミン$B_6$ …………………………………45
ビタミン$B_{12}$ ……………………………19・78
ビタミンC ………………20・54・62・64・107・112
ビタミンD ……………………………………33
ビタミンE ……………………………………42
ビタミンK ……………………………………44
ファイトケミカル……………………………29
　食物の持つ合成物質で、その種類は数千以上あるとされる。抗酸化作用にすぐれ、動脈硬化や生活習慣病の予防に役立つといわれている。
ブラクストン・ヒックス収縮 ………146・163・173
　妊娠期における子宮の無痛性収縮。妊娠後期に入ると強く頻繁にリズミカルになる。「お産の予行演習」「偽の陣痛」と呼ばれることもある。
プロゲステロン（黄体ホルモン）……………………20
　排卵や妊娠に関わるホルモン。排卵後に分泌が増えて着床を促し、妊娠後は妊娠を維持させる働きがある。
へその緒 ………………21・52・80・100・156・181
　胎児と胎盤をつなぐひも状のもので、このへその緒により、胎児に栄養や酸素が送られる。へその緒の中には、栄養や酸素を運ぶ1本の静脈と、老廃物や二酸化炭素を母体側に送る2本の動脈がある。臍帯とも呼ぶ。
へその形………………………………………71
ベビーブルー（産後うつ）…………………173
ホメオパシー…………………………………72
　「類似療法」と訳される療法。動植物、ミネラル等から作られた物質を投与し、自然治癒力を高めようというもの。

## ま

マグネシウム……………………………25・70
マタニティ服……………………………62・89
ミエリン……………………………………140
　神経細胞を外側から包む物質で、神経の電気信号が体の各部位に伝わる速度を速める役割がある。【髄鞘形成】の欄も参照。
無痛分娩……………………………………156
　分娩時の陣痛による痛みを、麻酔や鎮静剤を用いて軽減する出産方法。麻酔による母体と胎児への安全性は確立している。局所麻酔である硬膜外麻酔を背中から注入し、下半身の感覚を鈍くさせる方法などがある。
免疫…………………………………………157
　病原菌や毒素等が体内に入っても、病気にかかりにくい状態にあること。抗体は免疫体のひとつ。

## や

葉酸……………………………………15・19
　ビタミンB群の一種で、赤血球の合成、タンパク質の合成に不可欠な栄養素。妊娠初期は、妊娠の正常な維持と血管障害を予防するため、1日に440μgの摂取が推奨されている。
ヨウ素…………………………………………67
羊水……………………18・35・57・66・98・119・158・166
　子宮内の胎児を包んでいる水分。胎児を保護し、出産時には分娩を容易にする潤滑油の働きをする。
羊膜………………………………………18・20
　子宮内の胎児を包んでいる膜。双子の場合、二卵性では別々の羊膜に包まれ、一卵性では、同じ羊膜に包まれているケースと別々の羊膜に包まれているケースがある。
羊膜腔…………………………………………18
　胎児と羊膜の間の羊水で満たされた空間。

## ら

卵黄嚢………………………………18・20・33
　胎盤が機能していない妊娠初期段階に、胎芽（胎児）に栄

養を送る「栄養の袋」。妊娠5週頃の超音波画像で見ることができる。最初は胎芽（胎児）のすぐ横にあるが、次第に離れ、13週頃にはその役割を終える。

卵管 ……………………………………………………14
　卵巣と子宮を結ぶ管。受精卵は細胞分裂を繰り返しながら卵管を通って子宮に入り、着床する。

卵子 ……………………………………………………12・14

リン ……………………………………………………50

ルーティング反射 ………………………………………59
　生後5カ月くらいまで見られる反射で、赤ちゃんの頬を指でつっつくと、刺激された方向に顔を向けるというもの。これにより、乳首が口の付近にあたると乳首の方向に顔を向ける。赤ちゃん特有の反射で、成長に伴い、徐々に消えていく原始反射のひとつ。原始反射には、唇にふれたものに吸い付こうとする「吸てつ反応」などがある。

## 妊娠中に起こりやすい体の変化・症状

足のつり・こむらがえり …………104・111・148・167
あばら骨付近の痛み ……………………………………139
息切れ ……………………………………………………146
イライラする（妊娠初期） ………………………………39
おりものの変化 ……………59・84・109・140・170
下腹部の強い張りや痛み（妊娠初期） …………………41
お腹の痛み（妊娠中期） ………………………77・108
お腹の痛みや張り（妊娠後期） ……………144・147
外陰部のかゆみ …………………………………………126
カンジダ感染 ……………………………………………126
　カンジダというカビの一種である真菌によって引き起こる病気をカンジダ腟炎という。女性の場合、外陰部の腟のかゆみや痛み、おりものの増加といった症状が現れる。カンジダはもともと体内におり、通常は症状が出ないが、抵抗力が低下している時や抗生剤の服用、妊娠中などに起こりやすくなる。

クモの静脈（スパイダー・ベイン） …………………102
　皮膚に浮き出た毛細血管のこと。広がったクモの巣のように見えることから、こう呼ばれる。妊娠することで、ふくらはぎや膝の裏などに起こるケースがある。

血圧が高く（低く）なる ………………………124・159
血管が透けて見える …………………………53・68・78
呼吸が浅くなる …………………………………………128
骨盤が痛む ………………………………………………129
転ぶ ………………………………………………………144
シミ・肌が黒ずむ（色素沈着） ………49・55・91・93
痔 …………………………………………104・118・119
出血（妊娠初期） …………………………………………41
出血（妊娠後期） ………………………………………171
静脈瘤 …………………………………44・53・138・154
　ふくらはぎや太ももの血管の一部が小さなコブ状にふくらむこと。妊娠すると、大きくなった子宮が血管を圧迫し、下半身の血行が悪くなること、黄体ホルモンの影響で血管壁の緊張がゆるむことが原因で起こりやすくなる。外陰部や肛門周辺に起こることもある。長時間立ち続けると悪化しやすい。

背中の痛み ………………………………………………112
体重の増加 ……………………55・57・75・88・112
立ちくらみ・めまい ……………………59・80・131
乳房の変化 ………………………26・46・66・91・153
頭痛 …………………………………………………………59
つわり ……20・21・22・29・40・41・53・60・63・114
手足がうずく ……………………………………………116
尿もれ ……………………………………………………132
妊娠マスク ………………………………………………91
　妊娠中、おでこや頬にできるシミのこと。
妊娠悪阻 ……………………………………………………41
　つわりの程度が重く、嘔吐を繰り返し、ほとんど食べられないことで母体の衰弱が激しくなった状態のこと。点滴等の治療が必要になる。
妊娠高血圧症候群（妊娠中毒症） ………………75・135
　妊娠して血管に対する負荷が大きくなることで起こる血管の病気を指す。おもな症状として高血圧がある。妊娠後期に起こりやすく、悪化すると胎児に十分な栄養と酸素を送れなくなったり、妊娠が継続できなくなることもある。唯一の治療法は安静。極端に太っている人、体重が急激に増えた人、高血圧の家系の人、多胎妊娠の人などがなりやすいとされている。これまで「妊娠中毒症」と呼ばれていたものを、2005年4月より「妊娠高血圧症候群」と改めた。

妊娠線 ………………………………………………58・74
　妊娠によってお腹や乳房が急激に大きくなることで、皮膚の下の組織が断裂を起こし、毛細血管が透けて見えるようになること。最初は赤っぽく、出産後は銀白色になって残る。急激に太らないことや保湿が予防方法。

妊娠糖尿病 ………………………………………………125
　妊娠をきっかけに発症した糖尿病を指す。妊娠中は、通常、食後の血糖値が高くなり、ホルモンの影響でインスリンの働きも弱まるため、糖尿病になりやすい。妊婦の2〜3%に起こるとされる。

寝つきが悪い・眠りが浅い ……………140・153・181
吐き気→【つわり】の欄へ
歯ぐきのはれ、出血 ……………………………………100
肌荒れ …………………………………………………40・45
鼻血 ………………………………………………………75
鼻づまり …………………………………………………77
皮膚のかゆみ ……………………………………………109
貧血 ………………………………………………………103
頻尿 …………………………………………………30・63
便秘 ………………………………………68・104・152
膀胱炎 ……………………………………………118・132
母乳らしきものが出る …………………………………149
むくみ・浮腫 …………………73・117・130・149・167
虫歯 ………………………………………………………100

胸やけ・消化不良 …………………… 46・67・116
モントゴメリー腺 …………………………………… 48
　妊娠すると乳輪に現れる、ぶつぶつとした突起。乳腺が変化したもので、乳頭を保護する役割がある。
指先がじんじんする、しびれる ………………………… 67
夢を頻繁に見る ……………………………………… 154
腰痛 ………………… 65・90・91・93・94・95・98・112

## 子育てに関する情報

※数字の横にある文字は、掲載位置を示しています。

無印 … 育児の小さな知恵
赤 … 赤ちゃんの食事
兄 … 兄弟が生まれるママへ
重 … ●重要●
知 … 知ってた？
情 … 情報
い … 出産文化いろいろ
考 … 考えてみましょう
マ … （イラスト）

### ●赤ちゃんのお世話・子育てに関するアドバイス

母乳の成分 …………… 64知・127重・129知・135赤・144赤
母乳の作られ方・出るしくみ
　……………… 110マ・130知・138赤・139知・146赤・152知
母乳育児のメリット
　………………… 134い・136赤・141知・157知・187マ
ママの食事と母乳の関係 ……………… 141赤・146赤
授乳に便利な服装 ……………………………… 129
授乳時の姿勢 ……………………………… 126・127
夜中の授乳 ………………………………………… 131
授乳後のゲップ ……………… 126・140赤・148
母乳の冷凍保存 ………………………………… 142赤
搾乳したほうがいい時 ………………………… 158
人前での授乳に抵抗がある時は ………………… 147赤
初乳の重要性 ……………………………………… 149マ
粉ミルクの与え方 ………… 118・131・143・153・186
哺乳ビンの保存・洗浄方法 ……………… 129・130・132
赤ちゃんの満腹 …………………………………… 125
赤ちゃんの排泄・おむつ替え ………………… 113・117

赤ちゃんの入浴 …………… 117・124・146・149・178
パートナーとのコミュニケーション ……… 122考・132考
赤ちゃんの生活リズム ……………………… 122・157
赤ちゃんに対する愛情 ……………………………… 123
赤ちゃんの寝床 ……… 128・137・138重・140・145・147
赤ちゃんの寝かせ方 ……………………… 137・140・144
新生児の窒息を防ぐ ……………………………… 139
泣きやまない赤ちゃんに ………………………… 141
スリングを使う場合 ……………………………… 142
新生児はなるべく裸にしない ……………… 143・172
働くママについて ………………………… 153・154
赤ちゃんと一緒に外出する時 ……………… 156・178
チャイルドシート使用時の注意点 …… 160・191（278日目）
事故防止対策 ………………… 160・165・167・176
トランジッショナル・オブジェクト …………………… 161
赤ちゃんの健診に行く時 ………………………… 162
赤ちゃんに与えるオモチャ ……………………… 163
赤ちゃんを預ける時 ……………………………… 164
おじいちゃんおばあちゃんの呼び方 ……………… 166
赤ちゃんの爪を切るコツ ………………………… 167
赤ちゃんの歯を健康に保つコツ ………………… 168
赤ちゃんに薬を飲ませるコツ …………………… 171
子育て期間中の調理のコツ ……………………… 172
協力者確保の重要性 ………………………… 174重
子ども服の整理のコツ …………………………… 174
アザをつくった時の対処法 ……………………… 175
赤ちゃんの熱を計る時 …………………………… 176
新生児の抱っこ ……………………………… 177・184
お尻ふきの使い道エトセトラ …………………… 177
おむつかぶれの予防＆対処法 …………………… 179
ビデオで記念日を記録する ……………………… 181
写真の撮り方もひと工夫 ………………………… 182
赤ちゃん連れで飛行機に乗る時 ………………… 183
赤ちゃんが安心する環境作り ……………… 184・187
電子レンジを使う時 ……………………………… 185

### ●上の子がいるママへのアドバイス

経産婦でも食生活に気を配る ………………… 27重
新鮮な気持ちで妊娠生活を ………………… 32考
妊娠中の上の子の入浴 ……………………… 92情
上の子の赤ちゃん返り ……………… 114・166兄
幼児期の子を持つママの授乳 ……………… 136赤
出産中の上の子のお世話 ……………… 145・180
上の子が母乳を飲みたがった時 ………………… 152
赤ちゃんのお世話について ……… 156兄・161兄・163兄
スムーズにお兄ちゃんお姉ちゃんになるために ……… 158兄
赤ちゃんばかりにかまいすぎない ……………… 168兄
新しい環境に慣れるコツ ……………… 164兄・167兄
兄弟をポジティブな関係にするために
　……………………………… 170兄・190（276日目）
絆（きずな）を築くには時間がかかる ………………… 171兄
上の子を出産に立ち会わせたい時 ……………… 181

### 監修者紹介
**竹内正人（たけうち　まさと）**
医学博士、産婦人科医。1987年、日本医科大学医学部卒業。アメリカ留学をへて、日本医科大学大学院修了。専門は胎児生理学、多胎妊娠。その後、1994年より2005年夏まで、葛飾赤十字産院勤務。産科部長として、母子保健、周産期医療に力を注ぐ。現在は産科医としてより母子にやさしいお産を目指し、活動の拠点を全国に広げる。2006年冬、東峯ヒューマナイズドケアセンター・東峯ラウンジクリニックを開設。著書に『はじめての妊娠・出産・育児』（ナツメ社）、監修書に『最新妊娠大全科』（主婦の友社）、監訳書に『シアーズ博士夫妻のマタニティブック』（主婦の友社）など多数。

栄養監修　　　伊藤和香子（管理栄養士）
本文デザイン　釜内由紀江（GRiD）
イラスト　　　佐古百美
日本語訳　　　太田浩世
編集協力　　　松本ゆかり

はじめての妊娠・出産
# 安心マタニティブック

著　者　A. Christine Harris
監修者　竹内正人
発行者　永岡修一
発行所　株式会社永岡書店
　　　　〒176-8518　東京都練馬区豊玉上1-7-14
　　　　代表　03(3992)5155
　　　　編集　03(3992)7191

ＤＴＰ　　センターメディア
印　刷　アート印刷
製　本　若林製本

ISBN978-4-522-42310-3　C2077⑨
落丁本・乱丁本はお取り替えいたします。
本書の無断複写・複製・転載を禁じます。